사랑만 남긴 김동명 목사

일러두기

- 큰 따옴표 안의 내용은 김동명 목사와 증인의 말을 직접 인용한 부분입니다. 증언을 바탕으로 한 인용이며, 불필요한 경우 증인의 이름을 밝히지 않았습니다.
- 김동명 목사가 시무한 로스앤젤스한인침례교회의 표기는 교회의 공식 표기를 따랐습니다.
- 지명, 교회명, 학교명 등의 표기는 저자의 의견을 따랐으며 현재와 다를 수 있습니다.

사랑만 남긴 김동명 목사

송미경 지음

To. 용서받은 탕자들에게
From. 하나님의 심정에 빚진 자 드림

아직도 거리가 먼데

아버지가 그를 보고 측은히 여겨

달려가 목을 안고 입을 맞추니

누가복음 15:20

김동명 목사 (1922-2013)

내가 또 너를 이방의 빛으로 삼아

나의 구원을 베풀어서

땅 끝까지 이르게 하리라

이사야 49:6

김동명 목사의 묘비
(Hollywood Forest Lawn Memorial Park, Los Angeles, CA)

김동명 목사(1922-2013)의 발자취

1922년 11월 23일 • 평안북도 철산에서 출생
1945년 • 일본 고베 공업 전문학교 졸업
• 해방 후 귀국하여 서울대학교 공과대학 토목과 입학
• 서울대 최초의 기독학생회를 조직하고 초대 회장 취임
1948년 • 서울대학교 공과대학 토목과 졸업 후 도미
• 델라웨어주 윌밍턴 소재 훼이스 신학교(Faith Theological Seminary)입학
1949년 • 안이숙과 결혼
• 빌리 그레이엄 목사를 만나 미니아폴리스 노스웨스턴 신학교(Northwestern Bible College)로 전학
1950년 • 사우스캐롤라이나주 밥 존스 대학교(Bob Jones University) 신학부에서 동양문화 강의
1952년-1957년 • 텍사스주 포트워스에 있는 사우스웨스턴 침례신학원(Southwestern Theological Baptist Seminary)에서 석사학위 취득 및 박사과정 수료
1957년 3월 10일 • 미국 남침례교단 소속 국내선교사로 파송받아 로스앤젤레스시 아담스가에 있는 방 한 칸 아파트에서 첫 개척 예배
1958년 10월 12일 • 미국 남침례교단이 버렌도가 1324번지에 있는 예배당을 제공
1959년 10월 11일 • 버렌도가침례교회(Berendo Street Baptist Church, BSBC) 탄생

1964-1965년	미국 남침례교단 캘리포니아주 총회 부회장으로 선출
1973년	안이숙 사모와 함께 일본 종단 집회
1977년	로스앤젤스한인침례교회(Berendo Street Baptist Church, BSBC) 성전 건축
1979년	캘리포니아 침례신학대학에서 명예 신학박사 학위 수여
	남미 아르헨티나 부에노스아이레스에서 집회
1980년-1983년	남미 선교
1980년	부에노스아이레스한인침례교회 개척
1981년	베네수엘라 까라까스한인침례교회 개척
	파라과이한인침례교회, 막까인디언교회 개척
1981년-1982년	동양인 최초로 미국 남침례교단 전국총회 부총회장으로 선출
1982년 6월	미국 남침례교단 한인교회 총회 초대 총회장
1982년	브라질 쌍파울로제일한인침례교회 개척
1983년	파라과이 막까인디언교회 헌당
	러시아 선교
	중국 선교
1989년	코리아타운 발전에 기여한 공을 인정받아 로스앤젤레스시의 공로패 수상
	로스앤젤스한인침례교회 은퇴, 원로목사 취임
	팔로알토버클랜드침례교회 부임
1995년	마운틴뷰 새누리교회 건축

	• 대전 새누리교회 개척
1997년	• 안이숙 사모 소천
1998년	• 김제니 집사와 결혼
1998년-2000년	• 일본 선교
2000년	• 마운틴뷰 새누리교회 성전 헌당
	• 《용서받은 탕자》 출간
	• 마운틴뷰 새누리교회 은퇴
	• 미국 남침례교단 캘리포니아주 총회에서 공로상 수상
2001년	• 대전 새누리교회 은퇴
2002년	• 골든게이트 신학원(Golden Gate Theological Seminary)과 사우스웨스턴 신학원에 'Pastor Don Kim' 기념 강의실 설립
2010년	• 신장 투석 시작
2012년 11월 23일	• 90세 생일을 맞아 미국 남침례교단의 축하를 받음
2013년 3월 22일	• 소천

울보 목사

"하나님은 사랑이심이라" 요한일서 4:8.

김동명 목사의 이름 앞에 오는 수식어는 여러 가지다. 한국인 최초의 미국 국내선교사와 동명관(식당) 주인, 코리아타운의 아버지와 미국 한인침례교회 개척자, 미국 남침례교단 부총회장과 남침례교단 한인교회 초대총회장 등이다. 이렇듯 김 목사의 약력을 쓰면 종이 한 면이 넘어간다. 그러나 김 목사가 자기 자신을 지칭하는 말은 따로 있다. 철산 상놈, 용서받은 탕자, 죄인의 괴수, 엉터리 목사, 미련한 양.

김 목사는 한국교회에서 흔히 볼 수 있는 목회자가 아니었다. 겉으로는 점잖은 옷차림에 부드러운 인상을 가졌지만, 영적 지도자가 쓰는 신비한 베일을 벗어 던졌다. 설교할 때는 강대상에서 내려와 한 손에 성경을 펼쳐 들고 다른 한 손을 흔들며 설교하거나 큰 목소리로 말하기 일쑤였다. 설교 시간에 성도들에게 호통을 치거나 말씀을 전하다가 혼자 흐느낀 적도 많았다.

그러나 체면 때문에 할 말을 하지 못하거나 할 일을 안 하는 법은 없었다. "우리 교인들은 내가 체통을 좀 지켰으면 하겠지만, 난 척하면서 일하긴 싫습니다. 그런 꾸며낸 표정을 하고 싶지 않아요." 김 목사가 남침례교단 국내선교부 기자에게 한 말이다.[1]

한번은 어느 주일에 주일학교 교장이 교회에 나타나지 않자, 그의 집으로 찾아간 적이 있다.

"폴 어디 있소?"

그러자 교장의 아내가 대답했다.

"남편이 좀 안 좋아요."

그러나 김 목사는 물러서지 않았다.

"지금 어디 있소?"

"방에 누워 있지요."

김 목사는 곧바로 그의 방에 들어가 이불을 걷어내며 말했다.

"폴, 일어나시게."

나중에 김 목사는 이 일을 두고 이렇게 말했다. "나는 교인에게 오냐오냐하지는 않지만 무슨 일이든 사랑으로 합니다."

---

1 1976년 남침례교단 국내선교부가 발행한 <아메리칸 몽타주>는 김동명 목사와 로스앤젤스한인침례교회를 소개하는 글을 실었다. Celeste Loucks, *American Montage: The Human Touch in Language Missions Atlanta*: Southern Baptist Convention Home Mission Board, 1976, 158-81.

또한 김 목사는 자기 체면뿐만 아니라 다른 사람의 체면을 봐주는 일도 없었다. 제자훈련을 할 때는 부목사와 전도사, 평신도 지도자와 일반 평신도 할 것 없이 모두 앉혀놓고 가르쳤다. 부목사의 체면도 신경 쓰지 않았다. 원하는 답이 안 나오면 "바보" "맹꽁이" 하면서 면박을 주기도 했다. 하나님 앞에 모두 죄인이기에 목사라는 이유로 다른 대우를 하지 않았다.

거침없이 말하고 사람들이 어떻게 생각하든 개의치 않았던 김 목사는 자신의 감정을 숨기지도 않았다. 언젠가 새누리교회의 헌금 찬양 시간에 클라리넷을 배운 지 얼마 안 된 성도가 연주한 적이 있다. 그때 연주자는 열심히 연주했지만 소절마다 악기에서 삑삑거리는 소리가 났고, 그곳에 있던 교인들은 웃음을 참고 있었다. 그런데 그때 김 목사가 갑자기 킥킥 웃기 시작했다. 그제야 사람들도 마음 놓고 따라 웃었다. 또 김 목사가 은퇴 후 연명치료거부 동의서에 서명했을 때였다. 옆에서 누가 받쳐주어야 간신히 서명할 수 있을 정도로 몸이 좋지 않았던 때다. 그때도 김 목사는 서명을 하며 킥킥 웃었다. 그리고 새누리 선교교회의 김옥경 권사가 웃는 이유를 묻자, 이렇게 말했다. "생각해봐, 코에 줄을 끼고 누워 있는 모습을. 우습다, 우스워." 재미있는 상황극을 보듯 자기 모습을 생각하며 키들댔다.

그런 김 목사는 눈물도 많았다. 하나님께 감사해서 울고, 죄송해서 울었다. 새벽기도 시간 내내 꺼이꺼이 울었다. 그래서 철야기도 시작 전에는 아예 손수건부터 챙겼다. 강대상 앞에 엎드려 기도할 때는 물론이고, 교인들을 위해 기도하다가 따라 울기 예사였다. 교회가 텅 빈 시간에 손수건으로 눈물을 닦으며 기도했고, 오후 시간까지 이어졌다. 가까이 가 보면 "내가 얼마나 부족한데." 하면서 울고 있었다. 교인 앞이라고 일부러 눈물을 참지 않았다. 박의식 안수집사(선교사)는 말했다.[2] "목회를 그렇게 오래 하시고도 목사님께 아직 눈물이 남아있다는 사실은 경이롭습니다."

새벽에 기도하고 있는 김 목사 옆에 앉아 있으면 기도 소리가 다 들렸다. "목사님은 자기가 얼마나 죄인이고 부족한지, 그런 기도를 하셨어요. 양을 잘 섬기도록 힘을 달라는 기도를 매일 하시면서 마냥 울기만 하셨습니다." "우리 목사님은 감정이 좀 앞서는 편이지요." "그래도 목사님이 우시는 걸 보니 좋았습니다."

김 목사는 늘 자신이 삯꾼 목자라고 하면서 흐느꼈다. 양을 섬기는 일은 끝이 없고, 아무리 섬겨도 하나님 앞에 부족한 죄인이었기 때문이다. 그래서 하나님 이야기만 나오면 벌써 눈에 눈물이 글썽거렸다. 구원이 감격스러워서 울고 "나 같은 탕자를" 하면서 또 울었다. 사람들은 수건이 다 젖도록 우는 김 목사를 보며, 무슨 죄를 그리 많이 지어서 우는지 의아해하기도 했다. 그러나 김 목사에게 누가복음 15장을 배운 교인들은 하나님께 죄송하고 감사해서 함께 울었다. 자신이 바로 하나님의 심정을 모르는 탕자라는 사실을 알게 되었기 때문이다.

---

2 <아메리칸 몽타주>, 159쪽

아르헨티나에서 선교할 때였다. 김 목사가 예배를 인도하면서 시작 기도를 하다가 갑자기 "하나님 아버지"라고 하더니 울기 시작했다. 예순이 넘은 어른이 그토록 우는 모습은 생경했다. 그렇게 한참을 울던 김 목사는 말했다. "예수님이 이천년 전에 우리를 위해 돌아가셨어요." 십자가 이야기만 나오면 언제나 눈물부터 흘렸다.

김 목사는 아르헨티나에 있을 때, 권영국 선교사가 인도하는 성경공부반에 학생처럼 함께 앉아서 배웠다. 그러던 어느 날, 김 목사를 제외하고는 소감문 숙제를 해온 사람이 없자 김 목사가 소감문을 읽게 됐다. "하나님, 이 늙은 것이 교인들 마음의 포도원을 가꾸려고 신경 쓰면서 내 마음의 포도원은 소홀히 한 죄를 용서해 주세요." 그리곤 소감문을 읽다 하염없이 눈물을 흘렸다. 그러자 김 목사의 눈물을 보고 긴장한 안수집사들은 다음 주에 모두 소감문을 써서 제출했다.

김 목사가 마운틴뷰 새누리교회에 홀로 부임하여 사역하고 있을 때, 골든게이트 침례신학교에 다니던 임용재 목사가 찾아온 적이 있다. 김 목사가 그에게 말했다. "나 말이야, 아까 밥 먹으면서 엉엉 울었어. 누가 봤더라면 저 늙은이가 중풍에 걸린 몸으로 냉동밥을 데우고 고추장에 풋고추를 찍어 먹으면서 신세가 처량하여 통곡을 하는구나, 했을 거야." 당시 김 목사는 몇 년 전 동맥을 넓히는 수술을 받고 가벼운 중풍까지 앓은 상태였다. "그런데 말이야, 밥을 먹으면서 이런 생각이 드는 거야. 하나님이 나같이 누추한 죄인을 용서하시고 자녀로 삼아 주시며, 하나님의 사랑을 전하는 목자로 만드신 걸 생각하니까 감사와 감격이 끓어오르는 거야. 그래서 엉엉 울었어." 김 목사는 불편하고 외로울 때 하나님을 떠올렸고, 그때마다 그의 눈은 금세 젖었다.

새누리교회 은퇴 직전, 김 목사가 오랜만에 설교를 했다. 그때도 설교 시간 내내 하나님의 사랑만 얘기하며 북받쳐 울었다. 성전을 가득 채운 교인들은 그 모습을 보고 어리둥절했다. 하나님의 사랑을 말하지 않는 목사는 없었지만, 눈물로 설교하는 목사는 드물었기 때문이다.

새누리교회의 박영주 자매는 김 목사에게 힘든 일을 털어 놓으면서 운 적이 있다. 그때 김 목사가 기도해주었는데, 기도가 끝나고 눈을 들어보니 김 목사도 울고 있었다. 이렇듯 김 목사는 자기 양과 함께 아파하며 울어준 목자이기도 했다.

김 목사는 가는 곳마다 복음을 전하고 교회를 세웠지만 옛 제자들에게 교회와 교인 이야기는 하지 않았다. 임용재 목사도 이따금 만날 때마다 김 목사가 "죄인을 구속하신 하나님의 사랑과 은혜가 감사해서" 눈물을 흘렸다고 했다.[3]

김 목사는 하나님께 감사하는 마음이 끓어오를 때마다 주체하지 못했다. 주님의 은혜가 너무도 고맙고 감사해서, 울어도 충분하지 않았다. 그럴 때면 양복을 입고 넥타이를 맨 후에 정중한 자

---

[3] 임용재, <故김동명 목사 천국 환송예배 추모사>, 2013년 3월 30일

세로 절을 했다. 안 사모도 김 목사가 양복을 차려입고 땅에 엎드려서 하나님께 절을 했다고 증언한다. 이처럼 하나님께 감사하는 김 목사의 마음은 어떻게 표현해야 하지 모를 만큼 뜨거웠다.[4]

"늘 울어도 그 큰 은혜 다 갚을 수 없네."(찬송가 151장 3절)

하나님 앞에서 어쩔 줄 몰라 하는 어린 아이와 같았던 김 목사는 임종 무렵에 "하나님이 죄인인 나를 사랑하시니 은혜가 너무 크다."고 울먹거린, 평생 하나님을 눈물겹게 사랑한 울보목사였다.

---

4 《그럴 수도 있지》, 안이숙, 요단, 1990, 408쪽

울보 목사 _11

#첫 번째 편지. 나를 아시는 분
믿음의 대를 잇다 _25
안이숙의 동역자가 되다 _30

#두 번째 편지. 외침은 울림이 되어
동명식당 _47
미국교회의 한국인 목사 _57

#세 번째 편지. 언제나 아버지가 계셨다
로스앤젤레스의 해결사 _69
용서받은 탕자 _80

#네 번째 편지. 빚진 자의 빛 된 삶
교회 건축 _95
남침례교단 전국총회 부총회장에 선출되다 _106
나는 빚진 자라 _110

#다섯 번째 편지. 마음을 전하는 마음

나는 양을 위하여 목숨을 버리노라	_117
다음 세대를 위한 목회	_128
살아도 주를 위하여 살고	_132
착한 청지기	_138

#여섯 번째 편지. 사랑하는 일

찾아가는 말씀	_147
남미에 복음의 씨앗을 뿌리다	_151
남미에 교회를 세우다	_161

#일곱 번째 편지. 하나님의 심정에 울고 웃다

불량품이 순정 부품으로, 안드레 교구	_175
사람을 낚는 어부가 되게 하리라	_179

#여덟 번째 편지. 다시, 세움

팔로알토버클랜드침례교회 _193
하나님의 심정 _202
교회 건축: 새누리교회 _217

#아홉 번째 편지. 목자의 의미

대전 새누리교회 _233
가르치든지 배우든지 _252

#열 번째 편지. 함께 한다는 것

사람이 혼자 사는 것이 좋지 아니하니 _263
두 번째 은퇴 _276

#열한 번째 편지. 마지막 제자

아버지께서 이끌지 아니하시면 아무도 내게 올 수 없으니 _287
하늘에 있는 영원한 집 _295

이 책이 나오기까지	_308

부록
김동명 목사가 남긴 흔적 1, 2	_317
김동명 목사를 기억하며	_342
김동명 목사와 함께한 사람들	_355

참고문헌	_359

첫 번째 편지

나를 아시는 분

아버지께 참되게 예배하는 자들은

영과 진리로 예배할 때가 오나니 곧 이 때라

아버지께서는 자기에게

이렇게 예배하는 자들을 찾으시느니라

_요한복음 4:23

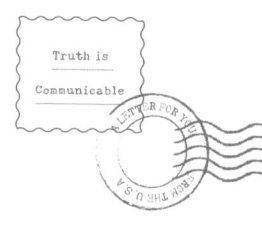

믿음의 대를 잇다

실리콘밸리의 젊은 엔지니어들이 은퇴 후 바깥출입을 하지 않는 김 목사를 찾아갔다. 김 목사는 처음 만난 그들에게 거침없이 물었다.

"몇 살이야?"

"삼십입니다."

"금방 팔십 돼!"

김 목사의 인생에서 팔십 년 전으로 돌아가면 일제강점기 아래 있는 조선 땅을 만날 수 있다. 평안북도 철산, 그곳의 겨울은 길다. 그래서 봄이 오려면 서너 달을 더 기다려야 한다. 그리고 그 혹독한 추위 끝에 햇살이 반가운 어느 날이었다. 미국에서 온 선교사는 김홍식 목사의 아내 정상보 사모가 몸을 풀었다는 소식을 들었다. 셋째 아들이었다. 1922년 11월 23일, 철산 유지 김 장로는 손자를 보았고 손자의 돌림자는 동東자로, '동쪽의 밝은 빛'이라는 의미의 동명東明이라는 이름이었다. 김 장로의 믿음은 삼대로 이어졌다.

 동명의 아버지인 김홍식 목사는 평안북도 선천신학교에서 선교사에게 신학을 배운 후, 평안북도 곽산에서 목회를 했다. 그의 자녀들은 동명의 아래로 동생들이 더 태어나 모두 팔 남매였기에, 동명의 할아버지인 김 장로가 아들 내외의 어려운 살림을 도왔다. 그렇게 둘째와 셋째 아들은 할아버지 집에 맡겨졌고, 피부가 뽀얗던 소년 동명은 동네 아주머니들의 귀염을 받았다. 한편, 일제의 핍박이 갈수록 심해지자 김 장로는 아들에게 중국으로 몸을 피하라고 이른다.

 철산 고을에서 유일한 명문학교였던 신의주 동중을 다닌 동명은 수줍음이 많고 소심한 성격이었다. 그래서 겨울에 코트를 사달라는 말을 못해 추위를 견디며 학교를 다녔고, 또 돈이 없어서 수학여행을 가지 못할 때나 어머니를 만난 날에는 뒷산에 올라가 울었다.

 동명의 할아버지는 손자를 데리고 교회에 다녔다. 그러다 보니 목사 아버지와 장로 할아버지를 둔 동명은 태어날 때부터 교회에서 살았고 목사님과 장로님, 권사님께 공손히 대하여 칭찬도 많이 받았다. 그러나 동명은 할아버지와 아버지, 그리고 목사님이 믿는 그분이 누구인지 궁금했다. 또 거듭남은 무엇이고 선악과와 삼위

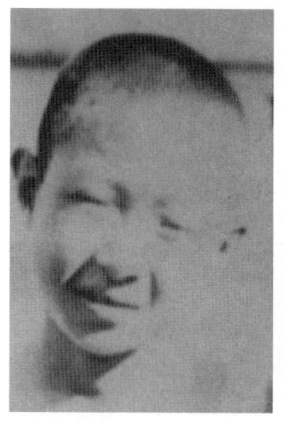 

어린 시절   신의주 동중 시절

일체는 무엇인지 궁금했다. 그래서 용기를 내어 목사님께 여쭤보면 꾸중만 들었다. 목사님은 믿으면 된다고 했고, 납득이 가는 설명은 듣지 못했다. 무얼 믿는다는 걸까, 동명은 자신에게 묻고 또 물었다.

이후 동명은 할아버지의 권유로 신의주 동중을 거쳐 일본으로 건너가, 고베 고공 토목과에서 공부하고 오사카부청에서 토목기사로 일했다. 일제 말기에는 오사카 해군 사령부의 건설기사로 징발되어 일했고, 1945년 종전이 되면서 그해 10월 귀국길에 올랐다. 중국에 있던 김홍식 목사 부부도 해방이 되면서 고향으로 돌아왔다. 그러나 일본이 물러간 고향 땅에는 공산당이 기승을 부렸다. 예배는 말할 것도 없고 목숨의 위협을 느꼈다. 결국 해방 후 일 년이 지나지 않아 첫째 아들을 제외한 모든 가족이 월남했다.

월남 후 고베 고공 졸업을 인정받은 동명은 서울대학교 공과대학 토목과로 전입했다. 그리고 서울대 최초의 기독학생회를 조직하여 초대 회장을 지내게 된다. 고향을 두고 온 학생들은 그곳에서 예수님의 이름으로 모여, 함께 기도하고 말씀을 공부했다.

한편 김홍식 목사는 월남 후 전라도로 내려가 목회를 하게 되었고 동명은 하숙집에서 지내며 광화문에 있는 새문안교회에 출석했다. 그리고 그곳에서 동명은 당시 교회에서 피아노 반주를 하던 자매를 연모했다. 은수라는 이름을 가진 자매였는데, 그녀를 얼마나 사모했는지 그 이름을 듣기만 해도 마음이 뜨거워졌다. 그러나 수줍음 때문에 고백 한마디 못 한 채 짝사랑만 하다가, 미국으로 건너가게 되었다. 세월이 흐른 후 동명은 은수 자매도 자신을 좋아했다는 사실을 알게 되었고, 그렇게 두 사람은 서로 좋아했지만 인연이 되지 못했다.

동명은 생활의 방편으로 숙명여고에서 수학을 가르치기도 했다. 그곳에서는 교장 선생님이 특별히 데려온 선생님이라는 소문이 났다. 수줍음이 많고 미남인 총각 선생님이었기에 학생들에게 인기도 많았다. 그러던 어느 날이었다. 학생들이 찾아와 좀처럼 다가오지 못하고 서로 미루며 쭈뼛거리더니 이내 0점이 매겨진 수학 시험지를 들고 왔다. 그리곤 한 학생이 울먹거리며 말했다.
"선생님, 너무해요."

동명은 그 아이들을 측은하고 안타깝게 여기는 마음에 모두 백점을 맞도록 가르쳤지만, 아이들은 선생님이 0점을 주었다며 원망했다. 그 일을 통해 동명은, 학생들이 잘되라고 가르치는 선생님의 마음이 하나님의 마음과 같다고 생각하게 된다. 하나님은 죄인을 구원하시려고 하는데, 죄인은 선생님의 마음을 모르는 학생들처럼 도리어 하나님이 지옥에 보낸다고 원망하듯 말이다.

이후 1948년에 서울대 토목공학과를 졸업한 동명은 MIT^{매사추세츠공과대학교}에서 공부할 뜻을 품는다. 일본과 한국에서도 공부했기에, 이제 더 넓은 세상에서 공부하고 싶었던 것이다. 고향인 철산에서 보았던 키 큰 선교사의 고향에 가면, 자신도 신앙생활을 알차게 하고 공부도 맘껏 할 수 있을 것 같았다.

그러나 당시 우리나라는 어수선한 상황이었다. 남한에는 정부가 수립되었지만, 유학을 가는 학생들에게 여권을 만들어줄 행정이 채비되어 있지 않았다. 하는 수 없이 동명은 미군정에 가서 여권을 만들고, 한국을 떠나 태평양을 건넜다. 그리고 한국을 스위스처럼 아름다운 공원으로 만드는 꿈을 꾸었다. 스위스처럼 평화의 상징이 되면, 어느 나라도 손대지 못하는 땅이 될 거라고 생각했다. 강대국의 횡포에서 자유로운 나라를 자기 손으로 만들겠다는 포부를 가졌다. 그때 동명은 하나님께서 자신을 사역자로 부르신다는 사실을 알지 못했다.

안이숙의 동역자가 되다

이에 제자들에게 이르시되 추수할 것은 많되 일꾼이 적으니 그러므로 추수하는 주인에게 청하여 추수할 일꾼들을 보내 주소서 하라 하시니라 마 9:37-38.

동명은 전영창 장로의 초청을 받아 미국으로 유학을 떠났다. 일본 고베 고공에 다닐 때 교회에서 만난 전 장로는 신사참배를 끝까지 거부했고 선교사의 후원을 받아 일본 고베에서 중앙신학교를 다닌 인물이다. 1941년 12월 7일, 일본의 진주만 공습 이후 일제의 신사참배 반대자 단속에 걸린 전 장로는 1년간 후쿠오카 감옥에서 옥살이를 했고, 일본 무교회주의 창시자인 우찌무라 간조 1861-1930의 저서를 탐독한 후 "조국을 구할 수 있는 것은 오직 복음 뿐"임을 깨달았다. 그리고 복음 전파에 헌신하기로 결심한 그는, 훗날 거창고등학교 교장으로 부임하여 기독교 신앙을 바탕으로 학생들을 가르쳤다.

일본 유학 시절에 동명을 퍽 아꼈던 전 장로는 나중에 동명에게 주일학교 교장을 맡긴다. 그리고 평소 수줍어서 말도 제대로 못했던 동명은 그 경험을 통해, 대중 앞에서 떨지 않고 말하는 훈련을 받았다. 자리가 사람을 만드는 경험을 한 것이다.

전 장로의 영향을 받은 동명도 우찌무라 간조와 그의 제자인 야나이하라 다다오 1893-1961의 사상을 접했다. 우찌무라는 일본 무교회운동을 창시하고 많은 제자를 길러낸 평화주의자이고, 그의 제자 야나이하라는 정의와 평화가 국가의 이상이 되어야 한다고 주장하며 일본의 대륙정책을 비판하다가 해직된 학자이자 무교회주의자다.[5] 또한 일본이 한국을 무단통치하고 기독교와 기독교인을 탄압하는 것을 비판한 인물이기도 하다. 동명은 나중에 나이가 들어서도 야나이하라의 저서를 즐겨 읽었다.

전 장로는 종전 후 2년이 지난 1947년에 미국으로 건너가서 동명을 초청하고, 동명은 1948년 10월에 3만톤급 미군 군용 여객선인 버흐너 장군함 General Buchner 을 타고 미국 유학길에 올랐다. 당시 배 안에는 귀국하는 미군뿐만 아니라 유학길에 오른 한국인 학생 30여 명이 섞여 있었는데, 동명은 배에서 주는 음식이 입에 맞지 않아 잘 먹지 못했다.

인천을 떠난 배는 일본 홋카이도를 거쳐 8일 만에 미국 샌프란시스코에 도착했다. 그리고 해 뜰 무렵 미국 수송선 위에서 바라본 금문교의 위용은 놀라웠다. 배에서 제대로 먹지 못한 동명은 입국심사를 마친 후에야 태평양을 무사히 건넜다는 안도감에 몹시 배가 고팠는데, 다행히 양주은 옹이 운영하던 중국식당에서 김치와 밥을 먹을 수 있었다.

그러나 꿈을 안고 도착한 샌프란시스코의 사람들은 이방인에게 호락호락하지 않았다. 그래서 한번은 이발소에 들어갔다가 "중국

---

[5] <야나이하라와 日 양심세력>, 박상익, 국민일보, 2019년 7월 14일, 23면

사람의 머리는 안 깎소"(We don't cut Chinese hairs)라는 말을 듣고 문전에서 쫓겨난 적도 있다.

또한 동명은 공학을 공부하기 위해 미국에 왔지만, 막상 도착해보니 영어로 의사소통하기가 쉽지 않았다. MIT에서 공부하기 어려운 상황이었다. 전 장로는 그런 동명에게 공학도 좋지만 먼저 신학을 공부해보라고 권유했고, 동명은 다시 길을 떠나 델라웨어주 윌밍턴에 있는 훼이스신학교에 도착했다. 그때 동명은 들쭉날쭉한 자신의 믿음 때문에 힘들어했다. 그래서 공학자가 되는 것보다 먼저 영적으로 거룩해지고 싶었다. "내 꼴이 한심해서 죽을 지경이었어요." 훗날 동명은 이렇게 회고하기도 했다. "조국을 위해서 능력 있는 평신도 지도자가 되고 싶었어요. 공학을 그만둔다는 생각은 안 했지요."

신학교에서의 첫 강의시간, 젊은 교수가 들어왔다. 그리고는 "진리는 전달가능하다"(Truth is communicable)라는 말을 칠판에 써놓고 강의를 시작했다. 하나님의 말씀은 진리이므로 전달 가능하다는 말이다. 진리이신 하나님의 말씀은 납득이 가고 이해가 되어야 한다는 믿음이 신학생 동명의 마음에 싹트기 시작했다. 그날 동명은 보고 들은 것을 오랫동안 잊지 못했다.

어릴 때부터 교회를 떠난 적이 없었던 동명은 하나님의 말씀을 이해하고 깨닫기보다 믿으라고 강요하는 목사님과 장로님, 그리고 권사님들에 둘러싸여 있었다. 그래서 천국에 가는 것이 별로 달갑지 않았다. 지옥에 가면 안 되니 천국에 가긴 가야 하는

데, 천국에 가도 무서운 하나님과 세상에서 제일 재미없는 목사님, 장로님, 권사님들만 잔뜩 있을 것 같았기 때문이다. 어린 동명에게 천국은 살풍경한 곳이었다. 게다가 교회는 하나님이 무서운 분이라는 인상을 심어주었다. 목사님, 장로님 할 것 없이 모두 굳은 표정으로, 하나님은 우리가 뭔가를 잘못하면 벌을 주신다고 했다. 동명에게 하나님은 두려운 분이었다. 그래서 교회 앞을 지나갈 때는 쓰고 있던 모자를 꼭 벗고 예배당을 향해 절하기도 했다. 하나님이 '인사도 안 하고 지나가느냐'고 꾸중할까 두려웠다. 훗날 동명은 창세기를 묵상하면서 두려운 하나님이 아닌 웃으며 기뻐하시는 하나님을 만나게 된다.

한편, 전 장로는 동명을 미국으로 부른 후 두 달 뒤에 안이숙을 초청했다. 사실 동명과 안이숙 두 사람은 한국에서 만난 적이 있었다. 동명이 서울대 기독학생회의 회장을 맡던 시절에 기독학생회 산하 조직인 성경연구회가 안이숙을 초청하여 간증을 들은 적이 있다. 예수님을 사랑해서 고난을 달게 받은 안이숙의 얼굴은 동명의 눈에 천사로 보였다. 반면에 안이숙은 동명의 "훌륭한 용모와 독실한 신앙심"에 놀랐다.[6] 그리고 젊은 과학자를 결혼상대로 생각했던 안이숙은 동명에게 호감을 느끼게 되었다.

안이숙은 일제강점기 말에 '한국의 엘리야'라고 불리던 박관준 장로와 함께 동경으로 건너갔다. 그리고 일본 제국 의회 의사당에

---

6 《죽으면 죽으리라(하)》, 기독교문사, 2013, 363쪽

신혼 무렵, 김 목사와 안 사모

1951년 3월 노상에서

서 "일본은 망한다"고 경고하다가 투옥되었다. 평양 형무소로 이감된 후 6년 동안 옥고를 치른 안이숙은 해방과 동시에 불과 사흘 차이로 순교를 면한, 자칭 '실격한 순교자'였다.

안이숙에게 영어를 가르쳐주라는 신학교의 부탁을 받은 동명은 도서관에서 영어를 가르치다가 그녀의 사연을 듣게 되었다. 그녀는 하나님께서 자기를 미국에 보내셔서 감옥에서 있었던 일들을 미국인들에게 간증하기를 원하신다고 확신했다. 그러나 감옥에 있으며 영어를 잊어버려서 어찌할 바를 모르고 있었다. 그러면서 자신이 마치 날개 잃은 비둘기 같다고 고백했다. 동명의 도움이 절실했다. "하나님이 나를 미국까지 보내셨는데 말이 통하지 않고 운전도 못하니 어찌할 바를 모르겠어요. 나를 업고 다닐 '학'이 있었으면 좋겠어요."

그녀의 말을 들은 동명은 감동해서 그만 눈물을 흘렸다. "제가 안 선생님의 학이 되어 드리겠습니다. 당신을 저의 큰 날개로 실어드리겠습니다." 안이숙이 건넨 프러포즈에 동명이 화답했다. 안이숙의 믿음에 동명 역시 믿음으로 답한 것이다. 동명은 안이숙을 도우라는 하나님의 부르심에 기꺼이 순종했다.

마흔 살이었던 안이숙과 결혼했을 때, 동명의 나이는 스물여섯 살이었다. 그러니 월남 후 서울에서 살고 있던 동명의 부모와 형제들은 열네 살 차이 나는 두 사람의 결혼을 한 목소리로 반대할 수밖에 없었다. 그러나 동명의 여동생인 이봉 집사[7]는 부모와 일가친척의 줄기찬 반대에도 불구하고 오빠의 의지가 결연했다고 회고한다.

신앙으로 한 마음이 된 김동명과 안이숙, 두 사람은 이듬해 1949년에 뉴욕한인감리교회에서 윤용팔 목사의 주례로 결혼했다. 그 후 동명은 수감생활의 후유증이 아직 회복되지 않은 안이숙을 대신하여 밥하고 빨래하는 일을 도맡아 했고, 동명의 수고와 보호 아래 안이숙은 안도했다.

또한 동명은 안이숙을 돕기 위해 자기가 가진 것을 내놓았다. 안이숙이 한국어와 일본어로 간증을 쓰면 동명이 그것을 영어로 번역했고, 차를 운전하여 안이숙이 미국교회를 돌며 간증하도록 도왔다. 그리고 안이숙의 간증을 들은 미국인들은 크게 감동하여 아낌없이 헌금을 내주었다. 동명 부부는 그렇게 받은 헌금으로 포드 자동차를 새로 사서, 미국을 두 바퀴 반이나 돌며 순회 간증을 했다.

그러던 어느 날, 두 사람이 간증을 하고 돌아오는 길에 차가 완전히 부서지는 사고를 당했다.[8] 눈과 이마를 다치고 안 사모의 태중에 있던 아기를 잃었지만, 두 사람은 기적적으로 살아났다. 그 소식을 들은 신학교는 두 사람을 위해 모금활동을 벌였고, 동명은

---

7 김동명은 7남 1녀 중 셋째였다. 동명의 바로 아래 여동생인 봉은 결혼 후 남편 성을 따르는 미국법에 따라 이봉 집사가 되었다.
8 《죽으면 살리라》, 안이숙, 기독교문사, 1976, 33-34쪽

1951년 2월, 노스웨스턴 신학교에서

모금 소식을 듣자마자 총장을 찾아갔다.

"총장님, 저희를 위해 모금하는 것을 다시 생각해주세요."

"다들 자발적으로 돕는 것인데요? 초청한 교회들도 돕겠다고 나섰어요."

"저희를 생각해주시는 마음을 잘 압니다. 그러나 외국인 학생이 저 말고도 50명이나 더 있지 않습니까? 그 학생들은 저보다 어렵게 삽니다. 저희에게 차를 사주시면 그 학생들의 마음이 어떻겠습니까? 힘든데 더 힘들지 않을까요?"

"아, 미처 그 생각을 못했군요. 고마워요, 당신은 훌륭한 목사가 될 거요."

1952년, 뉴욕에서 '죽으면 죽으리라' 간증 TV 촬영 후

그러나 이후에도 모금 활동은 계속되었고, 동명 부부는 초청한 교회와 친구 목사의 도움으로 새 자동차를 사게 되었다. 사고가 나서 버린 차보다 더 좋은 차였다. 그리고 두 사람은 새 차를 타고 하나님이 하신 일을 열심히 증거하며 다녔다.

훼이스신학교에서 공부를 시작한 지 1년쯤 지났을 때는 당시 유명했던 빌리 그레이엄 목사를 만나게 됐는데, 그레이엄 목사는 자신이 교장으로 재직하던 미네소타주 미니애폴리스의 노스웨스턴 신학교에 두 사람을 초청했다. 그리고 1950년 9월에 동명은 사우스캐롤라이나주에 있는 밥존스대학원 신학부에서 선교사 지망생들에게 1년 동안 동양문화를 강의하게 됐다.

밥존스대학원에 머물던 무렵, 동명은 미군부대 하우스 보이로 일하다가 미국으로 온 청년 김장환을 만나게 된다. 그는 한국전에 참전한 칼 파워스 미군 상사의 후원으로 밥존스고등학교에 다니던 중이었다. 동명 부부는 그를 집으로 초대하여 한국 음식을 만들어주며 보살폈고, 한글 성경도 선물로 주었다. 그때 교회에 다닌 적도 없고 예수님의 이름을 들어본 적도 없던 청년 김장환은 한글 성경을 읽고 회심하여, 한국에 있는 가족을 전도하리라 결심한다. 또한 받은 사랑을 잊지 않고 훗날 김동명 목사가 한국에서 교회를 개척할 때 큰 도움을 주었다.

그러나 동명의 영적 갈증은 아직 채워지지 않았다. 옮겨가는 신학교마다 자기 정당화에 급급한 교리를 펼치는 것을 보고 크게 실망했다. "자기를 볼 때는 망원경을 쓰면서 다른 사람한테는 현미경을 들이대고 있었지요."[9] 장로교 목사의 아들이었던 동명이 미국에서 처음 정착한 곳은 남침례교단이었는데, 1952년에 교단의 소개로 텍사스주 포트워스 소재인 사우스웨스턴침례신학교로 옮겨가서 공부하게 됐다.

그때 두 사람은 공부와 간증집회를 병행했다. 공부도 힘든데 간증집회를 해달라는 요청이 쇄도하면서 두 사람은 쉴 틈이 없었다. 특히 안이숙은 자주 유산했는데, 나이도 나이였지만 잦은 집회일

---

9 〈아메리칸 몽타주〉, 161쪽

정으로 늘 여행을 해야 했기 때문이다. 그러나 두 사람은 아기를 위하여 절대 안정하기보다 하나님이 하신 일을 증거 하는 쪽을 택했다. 한번은 아기가 태어나 동명과 이숙의 이름을 한 자씩 따서 '이명'이라고 불렀는데, 일주일을 넘기지 못했다.

한편, 두 사람에겐 미국을 순례하며 꼭 만나야 할 사람이 있었다. 바로 얼굴도 모르는 그들에게 선교헌금을 보내서 학비를 대준 코우Coe 부인이었다. 코우 부인은 자기 어머니의 유언에 따라 두 사람에게 1천 불을 보내주었다. 마침 방학을 맞아 미국 전역을 다니며 집회를 열었던 두 사람은 코우 부인에게 인사하기 위해, 오리건주 서북쪽 광야 일대에 있는 코우 부인의 집을 방문했다.

부인의 집에 도착하기 전에는 선교비를 그토록 많이 보낸 것으로 보아, 엄청난 부자일 거라 생각했다. 그러나 도착해보니 코우 부인의 집은 너무 낡아 있었고, 문과 벽은 틈이 많은데다 집안 물건들도 성한 것이 없었다. 자신을 위해 무엇 하나 제대로 사지도 않으면서 한 푼이라도 더 선교지에 보내고, 한 사람이라도 더 구원하려고 애쓴 것이다. 코우 부인의 믿음은 두 사람에게 감동을 주었고, 하나님께서 두 사람을 사역자로 준비시키기 위해 오리건주 광야에 사는 코우 부인을 사용하셨음을 알게 되었다.

그 후 1957년 1월, 동명은 신학박사 학위에 필요한 모든 과정을 수료하고 안이숙은 기독교교육 석사과정을 마쳤다. 그리고 동명은 다시 박사학위 논문을 준비했는데, 어찌나 열심이었는지 시간을 아끼기 위해 화장실에서도 공부했다.

김동명 목사의 사우스웨스턴 침례신학원 졸업 사진   1956년 1월, 안 사모와 함께

그렇게 창세기를 깊이 묵상하던 어느 날이었다. 어린 시절 교회에 다니면서 두렵기만 했던 하나님이 아닌, "인자하시고 자상하시며 멋있고 유머까지 있는 너무나 좋으신 하나님"을 만나게 됐다. 그러나 놀란 동명은 묵상을 통해 받은 은혜를 글로 어떻게 표현해야 할지 알 수가 없었다. 하나님의 은혜를 사람의 제한된 언어로는 담을 수 없었던 것이다. 그리고 그렇게 겨우 쓴 15쪽 분량의 논문제안서를 제출했다.

창세기 1, 2, 3장을 분석한 논문은 한국의 어머니가 자식을 사랑하는 마음을 성경에 적용했다. 엄하지만 자식을 위해 기꺼이 자기 자신을 희생하는 한국 어머니의 마음으로 하나님의 심정을 설명한 논문제안서는 기존 논문과 구별되는 독특한 관점을 가지고 있었다. 신학교 교수들은 "동양에서 위대한 신학자가 나왔다"며 칭찬했고, 그들 사이에서 화제가 되었다.

당시는 타자기로 논문을 작성하던 시절이었다. 그런데 동명은 원고를 쓰다가 조금이라도 마음에 안 들면 종이를 찢어버리고 처음부터 다시 썼다. 몇 날 며칠 동안 타이핑한 원고도 인정사정없이 파기했다. 안이숙은 옆에서 나무랐지만, 동명의 완벽주의를 고치진 못했다. 어느 날 그런 동명의 모습을 보던 안이숙은 기도 끝에, 논문을 잠시 중단하고 목회를 하자고 제안했다. 귀국하기 전에 동포들이 많이 사는 서부에서 목회 경험을 쌓자는 것이었다. 그리고 안이숙이 나눈 요한복음의 말씀은 동명에게 감동과 도전이 됐다. "내 양은 내 음성을 들으며 나는 그들을 알며 그들은 나를 따르느니라"요 10:27. 양은 미련하고 방향 감각이 없는 약한 동물이지만 목자만 따른다면 안전하지 않은가. 동명은 자신도 양처럼 하나님만 따르면 된다는 생각이 들었다.

이후 두 사람의 뜻을 알게 된 남침례교단 국내선교부는 그들에게 어디든 원하는 곳에 가서 전도하라고 해주었고, 두 사람은 먼저 샌프란시스코로 갔다. 그런데 당시 그곳은 이승만 박사 편에 선 사람들의 세도가 극심하여 동포들 사이에 민심이 흉흉했다. 또 로스앤젤레스에서는 동포들이 이승만파와 안창호파로 갈라져 서로 인사도 안 하고 말도 안 할 뿐 아니라 서로 담을 쌓고 살았다. 중국인들과 일본인들은 중국인 거리와 일본인 거리를 만들어 지내는데, 그들의 10분의 1도 안 되는 한국인들이 정치적 당파싸움을 하며 서로 미워하고 시기하면서 지냈던 것이다. 학생들도 상황은 마찬가지였다. 벼슬하는 집의 자녀와 그렇지 못한 자녀의 형편이 천양지차였고, 형편이 다르니 서로 소원하게 지냈다.

  동포사회의 현실은 실망감을 안겨주었다. 그러나 동명은 실망에서 멈추지 않고 안이숙과 함께 3일간 금식하고 기도했다. 그리고 두 사람은 금식 기도가 끝난 뒤에 힘을 얻었다. 예수님은 캄캄한 어둠 속으로 오셨고 선교사들은 낯선 땅 철산에 와서 복음을 전했음을 상기하며 마음을 다잡았다. 또한 동포들에게 복음을 전할 책임과 의무를 느꼈다. 성경 위에 세워진 나라 미국에서 같은 민족에게 진리를 전파하는 일인데 못 할 일이 있겠느냐는 생각을

1979년, 캘리포니아침례대학교 명예 신학박사 학위 수여식

했다.

그렇게 박사 논문을 접어둔 채 사역을 시작한 김 목사는 이후 다시 논문으로 돌아가지 못했다. 그리고 김 목사의 논문제안서를 기억하는 동창들은 완성되지 못하고 사장된 논문에 못내 아쉬워했다. 그런 동창들의 안타까운 마음을 대신하여, 김 목사의 후배이자 캘리포니아침례대학교의 총장인 제임스 스테이플즈 박사Dr. James R. Staples가 1979년에 명예 신학박사 학위를 수여했다.

두 번째 편지

외침은
····· 울림이 되어

외치는 자의 소리여 이르되

너희는 광야에서 여호와의 길을 예비하라

사막에서 우리 하나님의 대로를 평탄하게 하라

_이사야 40:3

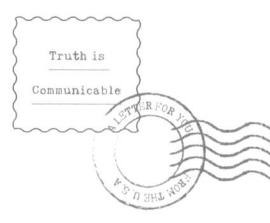

동명식당

1957년 1월, 미국 남침례교단 국내선교부는 김동명 목사를 미국 국내선교사로 임명한다. 한국인 최초의 선교사였다. 2차 세계대전 이후 남침례교단은 미국 남부뿐 아니라 전역으로 교세를 확장하고, 캘리포니아와 동북부 지역 선교에 높은 관심을 가졌다. 미국에 다른 인종과 언어, 문화를 가진 이민자들이 늘면서 '타언어권 선교'가 필요하다고 느낀 것이다.[10] 남침례교단은 타언어권 국가에서 온 이민자 선교를 언어 선교 Language Mission 라고 불렀는데, 이는 언어의 장벽을 넘어서 선교하는 것을 뜻한다.

---

10 Arthur B. Rutledge and William G. *Tanner, Mission to America: A History of Southern Baptist Home Missions. Nashville*: Broadman, 1969. 149.

교단은 로스앤젤레스 지역에 관심을 가지고 중국인이나 일본인에 비해 상대적으로 새로운 전도 대상인 한국인을 위한 사역자가 필요했고, 그렇기에 김 목사는 교단이 찾던 준비된 일꾼이었다.[11]

1957년 3월 10일, 김 목사는 안 사모와 함께 로스앤젤레스 웨스트 아담스가(街) 3814번지에 있는 방 한 칸 아파트에서 첫 예배를 드렸다. 부부는 많은 학생과 교민을 만나 예배에 초청했지만, 30여 개의 의자는 예정된 시간인 오전 11시가 지나도 채워지지 않았다. 오후 3시가 되자, 김 목사는 앞에 섰다. 그때 이화옥 장로가 신도 31명을 데리고 뒤늦게 나타났다. 다른 교회에 나가는 사람들이었다. "자, 시간이 되었으니 첫 예배를 시작합시다. 찬송가 '전능왕 오서서'를 부릅시다."

참석한 사람들은 그곳에서 큰 목소리로 찬송을 불렀다. 첫 예배를 인도한 김 목사는 감격에 겨워 감사 기도를 드렸고, 안 사모와 특별 찬송을 불렀다. 태평양을 건너올 때만 해도 김 목사는 공학 박사가 될 꿈을 꾸었다. 그러나 하나님은 그를 목자로 세우셨다. 미국 한인침례교회의 어머니 교회가 탄생한 순간이

---

11 허종수, 2021년 1월 6일 이메일에서 인용. 1968년 남침례교단은 한국에서 온 단과 에스더 킴(Don and Esther Kim)이 한국인 1만 명과 필리핀 이주민 1십만 명이 거주하는 캘리포니아에서 사역하고 있다고 보고했다(Rutledge and Tanner 157).

었다.[12]

그날 김 목사는 온 힘을 다해 설교했다. '광야의 소리'라는 제목으로 침례 요한이 광야에서 외친 소리를 큰 소리로 전했다. 또 젊은 유학생들과 한인 2세들이 광야와 같은 이 땅에서 오아시스와 같은 존재가 되게 해달라고 기도했다. 마침내 한인침례교회의 첫 씨앗이 뿌려진 것이다.

넉넉하게 준비한 음식은 예배 후에 사람들이 함께 먹었고, 남은 음식은 한국 음식이 그리워 찾아온 학생들의 차지가 되었다. 밤에도 학생들이 더 와서 음식을 남김없이 먹었다.

김 목사는 교회 개척을 목표로 하지 않았다. 당시 로스앤젤레스에 있던 한국인들은 약 300명에 불과했고, 그중 200명 정도가 유학생이었다. 올림픽가(街)의 한국 상점도, 코리아타운도 모두 들어서기 전이었다. 한인교회는 최용연 목사가 시무한 감리교회와 김성낙 박사가 담임한 장로교회밖에 없던 시절이다. 그래서 로스앤

---

12 〈열방을 향하여: 로스앤젤스한인침례교회 50년사〉, 박성근, 34쪽. 김동명 목사가 남침례교단 미국 국내선교사로 파송받기 1년 전, 1956년 5월에 워싱턴 D.C.에 있는 미국 침례교회 건물에서 한인들이 모여 예배와 친교 시간을 가졌다. 전 남침례교단 북미선교부 교회개척 책임자였던 문대연 박사에 따르면, 워싱턴 한인침례교회의 정체성은 1958년 안병국 전도사가 부임한 이후부터 시작된다. 어느 교회가 최초의 한인침례교회인지 따지기보다 미국 한인침례교회의 역사 속에서 어떤 위치에 있는지 살펴야 한다. 지구촌교회 원로목사인 이동원 목사는 로스앤젤스한인침례교회가 미국 내 한인교회들에 직간접적으로 영향을 주었다는 점에서 김 목사가 세운 교회를 어머니 교회로 부른다.

젤레스에 사는 한국인들은 대부분 두 교회에 이름을 올린 상태였다. 1990년 9월 1일, 김 목사는 미주 한국일보와 인터뷰 하는 자리에서 30여 년 전 첫 예배를 드렸던 때를 회고했다.

"교포가 겨우 3백여 명이고 한인교회는 이미 두 곳이 있는데 교회 개척을 한다는 것이 무슨 의미가 있겠습니까? 그나마 한인사회의 구심점이었던 동지회와 국민회는 두 쪽으로 갈라져 있었어요. 한인사회가 이 모양이니 우리 2세들은 오갈 데가 없어 목자 없는 양처럼 떠돌고, 2세 처녀들은 한인 신랑을 구하기 어려워 타민족과 결혼하고, 유학생은 대부분 고학생인데 한국식당이 없으니 회포를 풀 데가 없는 실정이었지요. 그래서 2세와 유학생을 위한 보금자리를 만들 수 없을까 해서 방이 하나 있는 아파트를 개방하게 된 것입니다."

당시 침례교회는 장로교회나 감리교회에 비해 한국에 잘 알려지지 않아서 이단 보듯 하는 사람이 많던 때이기도 했고, 김 목사는 교회 개척보다 유학생들을 위한 사역 그리고 교회에 잘 나오지 않는 2세들을 대상으로 하는 사역을 염두에 두었다.

그러나 유학생과 한인 2세를 전도하는 일은 쉽지 않았다. 그들은 낯선 땅에서 어려운 외국어로 공부하기 벅찼고 학비와 생활비까지 벌어야 하는 처지였다. 공부하랴, 일하랴 밥 먹을 시간도 내기 어려웠다. 어떤 학생은 화장실에서 샌드위치를 먹는 형편이었다. 몸도 마음도 지쳐있었기에 말씀을 배우러 교회에 올 여유가 없었다. 또 한인 2세는 언어와 문화의 차이로 인해 한인 1세인 부모와 갈등을 겪고 있던 터였다. 그래서 한국인은 모두 자신의 부모와 같은 줄 알고 한국인이 모이는 곳에는 오려고 하지 않았다.

그러자 김 목사는 먼저 대학마다 찾아가서 한국인 학생들을 만났다. 그리고 그들을 위로하고 집에 초대했다. "한국 음식이 드시고 싶지 않으세요? 우리 집에 드시러 오세요. 모시러 갈게요. 물론 모셔다 드리지요." 코리아타운은 상상도 할 수 없었고 한국식당도 없었기에 그 말을 들은 학생들은 반색했다.

그들은 차가 없어서 김 목사가 늘 데리러 가야 했다. 그리고 집에 데려와 잘 대접한 후에는 그들을 앉혀놓고 복음을 전했다. 그럴 때면 어떤 학생은 화를 냈다. "김 목사님, 우리는 미국에 공부하러 온 거지, 예수 믿으러 온 게 아닙니다." 이런 학생은 밥을 먹고 나면 바로 일어났다. 그러면 김 목사가 다시 집에 데려다 주어야 했다. 또 어떤 학생은 밥을 먹고 김 목사의 집에서 자고 가기도 했다.

김 목사 부부는 한인 2세들도 돌보았다. 당시 한인 1세들은 동지회 이승만파와 흥사단 안창호파로 갈라져서 서로를 원수처럼 여기며 지냈다. 죽자 살자 싸우며 서로를 외면했다. 반대파의 경조사에는 왕래하지 않았고, 자녀를 외국인에게 결혼시킬망정 반대파와는 혼인하려 하지 않았다. 한인 2세들의 삶도 별반 다를 것은 없었다. 1세들의 분란과 갈등을 고스란히 물려받아 삶에 제약을 받는 형편이었다. 신앙생활은 말할 것도 없었고, 배우자 선택이나 한인사회 형성에도 제약이 따랐다. 또한 그들은 부모 세대를 업신여겼다. 그래서 처음에는 김 목사가 한국인인 것을 알고 거리를 두었다가, 김 목사의 친절함에 차츰 마음을 열고 모여들었다. 그리고 그렇게 모인 젊은 한인 2세 2십여 명은 금요일 저녁 김 목사의 아파트에 모여, 한국어를 배우고 성경을 배우게 됐다.

아파트에서 모임을 갖는 동안에는 그곳에서 두 번이나 쫓겨났다. 밤에 젊은 청년들이 찾아오고 큰 소리로 찬송한다는 이유였다. 그런 연유로 나중엔 오후 시간에 미국교회를 빌려 사용했다. 그곳에 드나드는 사람이 30명쯤 되었다. 모임엔 안 오고 밥만 먹으러 오는 사람이 많아서 음식은 항상 30인분보다 더 많이 준비해야 했다.

한인 2세 중에는 마가렛 백이라는 얌전한 여학생이 있었다. 그녀는 백신구 선교사 1873-1947의 손녀로, 백신구 선교사는 평양신학교를 세운 마포삼열 선교사[13]에게 말씀을 배우고 그에게 한국어를 가르쳐 준 인물이다. 백 선교사는 1905년에 하와이로 가서 농장에서 일하며 말씀을 전했다. 교회를 빠지는 일이 없었던 마가렛

---

13 한국 장로교를 세우는 데 획기적 공헌을 한 Samuel Austen Moffett 선교사(1864-1939)의 한국 이름. 마포삼열 선교사는 1901년에 평양장로신학교를 세웠다. 학생 두 명으로 시작한 이 신학교에서 그는 17년 동안 총장으로, 1935년까지 교수로 섬겼다. 1907년 첫 졸업생이 나온 해, 한국 장로교회가 본격적으로 조직되었다. 1936년 일본 정부가 한국교회와 학교에 신사참배를 강요하자, 선교사들은 신앙을 지키기 위해 신학교를 폐쇄했다. 마포삼열 선교사는 한국에서 강제추방을 당했고, 3년 후 미국에서 사망했다.

은 나중에 석사학위를 받고 주일학교 교장으로 수고했으며, 한국에서 유학 온 문대연이라는 학생과 결혼했다. 두 사람은 안 사모가 맺어주었는데, 김 목사의 교회에서 첫 번째 부부가 된 사람들이다.

한편, 김 목사 부부가 로스앤젤레스에 안착한 지 얼마 되지 않았을 때, 〈로스앤젤레스 타임스〉와 인터뷰를 한 적이 있다. 그 후 로스앤젤레스로 온 부부의 사연이 종교 면에 게재되면서, 김 목사 부부는 그 지역에 알려지게 되었다. 마침 그곳에는 한국에서 입양된 자녀들이 미국사회에 적응하지 못해 고민 중이던 미국인 부모들도 있었다. 그들은 그 기사를 접한 후 김 목사에게 전화를 걸었다. 그리곤 김치가 무엇인지 물었다. 아이가 김치만 찾으면서 밥을 안 먹는다는 이유였다. 또 어떤 이는 집이나 교회로 찾아와 도움을 청했다.

그 일이 있은 후, 김 목사는 입양아 30명을 모아 놓고 토요학교를 열었다. 아이들에게 한국 노래와 찬송을 가르쳤고 양부모에게는 쉬운 한국어, 김치와 잡채 만드는 법, 찜 만드는 법 등을 가르쳤다. 어느 주말에는 양부모와 가족까지 합쳐 약 150명이 온 적도 있다. 이른 새벽부터 먼 곳에서 운전하여 온 가족도 있었다. 그곳에서 아이들은 한국어로 대화하고 함께 놀면서 하루를 즐겁게 보냈고, 부모들은 자기 자녀가 다른 아이들과 어울리는 모습을 흐뭇하게 지켜보았다.

한국식당 하나 없던 시절, 김 목사의 아파트는 한국 음식을 그리워하는 유학생들에게 사랑방과 같은 곳이었다. 한 주도 빠짐없이 한국 음식을 대접했던 그곳은 유학생들의 아지트이자 안식처였고, 유학생들 사이에서는 '동명식당'이라는 애칭으로 불렸다. 학생들이 다른 친구들에게 "동명식당에 밥 먹으러 가자"고 권유할 정도였다. 이렇듯 동명식당은 외로운 유학생들에게 영육의 갈증을 채워준 오아시스였다.

안 사모는 살림을 많이 하지 않아서 음식을 잘하지 못했다. 전기밥솥도 없던 시절이었기에 사람들은 선밥, 삼층밥을 먹기도 했다. 그러나 그들은 김 목사 부부의 정성을 반찬 삼아 맛있게 먹었고 한국 음식을 먹을 수 있다는 사실만으로도 기뻐했다.

또한 그곳에서 김치는 최고의 반찬이었다. 학생들은 김치가 그리워서 왔을 정도였다. 어느 날 한번은 배추를 절여야 하는데 절이기에 알맞은 통이 없었다. 그래서 그들은 할 수 없이 욕조를 깨끗이 씻은 후 그곳에 배추를 넣고 절이기도 했다. 배추를 양껏 구할 수 없을 때는 양배추 김치를 만들어 먹었고, 고춧가루가 귀할 때는 펀치를 넣어 분홍빛이 도는 피클 같은 김치를 만들었다.

좁은 아파트에는 한 번에 40~50명이 모여들곤 했다. 그런데 예배하기 전에 밥을 주면 먹기만 하고 가버리는 학생이 있어서, 나중에는 예배 후에 밥을 먹게 되었다. 그러다 보니 간혹 밥 먹는 시간에 맞춰서 오는 학생도 있었다. 그러나 김 목사 부부는 누구든 그저 와 주는 것을 고마워했다.

1958년 3월, 교회를 개척하고 첫 돌을 맞았다. 이날 김 목사 부부는 12명의 교인과 함께 아파트에서 감사예배를 드렸다. 그리

남침례교단으로부터 제공받은 교회 건물 앞에서, 김 목사 부부와 교인들

고 같은 해인 10월 12일에는 남침례교단이 김 목사에게 버렌도가(街) 남쪽 1324번지에 있는 200석 규모의 교회당 건물을 제공한다. 그곳은 그동안 김 목사가 오후 시간에 빌려 사용하던 장애인 교회였다. 캘리포니아주 총회는 그곳에 있던 장애인 교우들을 큰 교회로 편입시키고 김 목사에게 건물을 넘겨주었다.

김 목사는 이루 말할 수 없이 감격했다. 그래서 훗날 기회가 있을 때마다 남침례교단이 베푼 예수님의 사랑을 언급하면서, 주님 오시는 그날까지 교단의 후의를 잊지 말아야 한다고 강조했다. 이때 교인 수는 19명이었다.

교회를 개척하고 첫 예배를 드린 지 2년 반이 지난 1959년 10월 11일, 버렌도가교회는 교단에서 교회 인가를 받는다. 그리고 교단이 제공한 예배당 건물에서 정식으로 버렌도가침례교회^{BSBC:} Berendo Street Baptist Church가 태어난다. 교인들이 길을 잃지 않고 잘 찾아오도록 그곳 거리의 이름을 넣어 지었다.

버렌도가교회는 로스앤젤레스 젊은이들의 아지트였다. 당시 유학생이었던 김지수 집사는 이렇게 말했다. "유학생이나 2세들에게 우리 교회는 유일한 안식처였죠. 교회에 가야 밥도 얻어먹고 영혼의 양식도 채우고 남녀교제까지 할 수 있으니, 당시 유학생들에게는 우리 교회가 제일 인기였어요. 그때만 해도 교포들이 미국 사회와 연결도 없고, 또 일한다고 해야 중국식당 접시닦이 아니면 UPS나 파킹보이 정도가 고작이었으니 교회가 생긴 후 너도나도 굶주린 양처럼 몰려들었어요." 김 목사 부부는 유학생들에게 영육의 양식을 공급하며 영적 부모의 역할을 했다.

남침례교단에서 'Dr. Dan Moon'으로 잘 알려진 문대연 목사는 불신자 가정에서 자라, 1960년대 초 미국으로 유학 온 버클리대학교^{U.C. Berkeley} 학생이었다. 김 목사는 유학생들을 전도하기 위해 버클리까지 찾아간 적이 있는데, 유학생들이 기거하는 숙소에서 밤이 늦도록 복음을 전했다. 그때 김 목사의 전도로 중생한 문 형제는 주말마다 버스를 타고 로스앤젤레스에 와서 교회에 출석했고, 김 목사의 집에 기거하면서 안 사모가 지어 준 밥을 먹었다. 김 목사 부부는 문 형제에게 부모나 다름없었다.

이후 문대연 목사는 김 목사의 첫 번째 제자로서 미국 한인침례교회 개척과 성장에 큰 역할을 담당했다. 남침례교단 국내선교부

교회개척 책임자로 일하며 많은 한인침례교회를 세우는 데 산파 역할을 했다. 문 목사는 김 목사와 안 사모의 고결하고 순수한 신앙과 희생적 사랑에 빚졌다.

한편, 김 목사 부부는 한국 유학생뿐만 아니라 장차 각 나라에서 일할 인재들도 섬겼다. 당시 로스앤젤레스에는 각국에서 유학 온 학생 5천여 명이 있었는데, 김 목사는 그들이 각자의 나라로 돌아가서 사역할 미래를 꿈꾸었다. 그리고 한국뿐만 아니라 전 세계의 사람들을 품고 기도했다.

이렇듯 버렌도가교회는 전 세계에 선교하겠다는 꿈 위에 세워졌다. 그리고 과연 김 목사에게 말씀을 배운 제자들은 가는 곳마다 교회를 세웠고 말씀을 전했으며, 열매를 맺었다.

미국교회의 한국인 목사

하나님의 말씀이 점점 왕성하여 예루살렘에 있는 제자의 수가 더 심히 많아지고 허다한 제사장의 무리도 이 도에 복종하니라 행 6:7.

교회 건물을 제공받은 김 목사는 그곳에서 주일 예배는 물론이고 주일학교와 저녁 신앙훈련학교, 저녁 예배와 삼일 기도회를 지켰다. 그때는 미국교회를 비롯한 몇 개 안 되는 한인교회들도 교통과 시간문제 때문에, 주일 저녁 예배와 기도회를 열지 못하는 상황이었다. 그러나 버렌도가교회는 불을 환하게 켜고 성경공부를 하며 모이기에 힘썼다.

모든 예배 순서와 절차는 영어로 진행되었는데, 그로 인해 교회 앞을 지나가던 미국인들이 찬송 소리를 듣고 교회로 들어오게 됐다. 그리고 그들은 동양인 목사의 친절하고 온후한 태도에 감복했다. 그 후 교인들은 일단 교회에 한번 오면 꾸준히 출석하면서 교회를 돕는 일에 전심을 다했다. 사람이 사람을 불러왔다. "코리안 목사인데 친절하고 참 좋아. 같이 가 봐요!"

미국인 교인들과 함께 친교 모임

김 목사 부부는 유학생들과 한인 2세들을 집중해서 전도했고, 미국인들은 제 발로 찾아왔다. 그리고 어느 덧 다른 나라 유학생들과 미국인들이 교회를 채우면서 한국인은 교인의 3분의 1 정도가 되었다. 교회에 이십여 민족이 모이면서 다양한 인종과 국적을 가진 성도가 주의 사랑 안에 한 형제자매가 되었다. 교회는 마치 유엔 총회와 같았다.

교인들은 어느 민족이든지 예수님을 믿으면 한 가족처럼 감정이 통하는 것을 경험하면서, 서로 아끼고 사랑하게 되었다. 또한 김 목사 부부를 한국인으로 여기지도 않았다. 사우스캐롤라이나주 출신의 인종차별이 심했던 폴은 이렇게 말했다. "목사님은 동양인이라는 느낌이 하나도 안 드는데 이게 어떻게 된 일이죠?" 또 어떤 백인도 말했다. "목사님은 아주 매력적인 미남인데요."[14] 이후 1963년 버렌도가교회는 침례를 받은 교인만 190명이었고 등록교인은 226명, 훈련된 주일학교 교사는 26명이 되었다.

어느 무더운 여름날 저녁, 성도들이 창문을 활짝 열어놓고 찬송을 부르고 있을 때였다.[15] 밖에서 찬송 소리를 들은 남루한 차림의 여자가 교회 안으로 들어오더니 이내 다시 나가버렸다. 그 모습을 본 안 사모가 눈치를 채고는 그녀를 데리고 들어왔다. 그리곤

---

14 《그럴 수도 있지》, 537쪽
15 나이나 포이 이야기는 《죽으면 살리라》 68-90쪽을 재구성했다. 당시 교인들이 니나(Nina)라고 부르지 않고 나이나라고 불렀기 때문에 그들의 발음을 존중한다.

그녀의 이름을 물었다. "나는 이름이 없어요." 여자는 자신의 이름을 밝히길 꺼려했다. 그녀의 몸에선 심한 악취가 났다. 인사하려고 다가왔던 사람들은 그 악취에 모두 슬금슬금 피했다. 그러나 안 사모가 개의치 않고 친근하게 대하자, 여자는 선심 쓰듯 자신의 이름이 나이나라고 알려주었다. 안 사모는 나이나와 함께 앉아 기도를 드렸다.

다음 주일, 나이나는 교회에 왔고 김 목사가 그녀에게 다가가 반겨주었다. 그녀는 사람을 오랜만에 만나서인지 끝없이 얘기했다. 여전히 그녀의 몸에선 악취가 났지만 김 목사는 나이나의 이야기를 끝까지 들어주었다. 그리곤 나이나에게 말했다.

"나이나, 우리 동네에 백만장자가 있다고 합시다. 나이나가 돈이 없어서 부자에게 돈을 빌렸어요. 1백 불씩, 2백 불씩, 어떨 때는 1천 불씩. 한두 번도 아니고 몇십 년 동안 말입니다. 얼마를 빌렸는지 모를 만큼 많은 빚을 졌다고 해봅시다. 하루는 이 부자가 그동안 빌린 돈을 다 갚으라고 합니다. 나이나는 겁이 나고 빚이 너무 많아서 도망가려고 했어요. 부자는 그 사실을 알고 '빚을 모두 탕감해 줄 테니 도망가지 말라'고 하는 거예요. 그런데 가만 보니 부자는 나이나 뿐만 아니라 다른 사람의 빚도 모두 탕감해 주었어요."

"그런 이야기가 어디 있어요?"

"여기 있지요. (누가복음 7장을 펴고) 자, 보세요. 시몬의 집에 들어와 예수님의 발을 자기 눈물로 적시고 머리털로 씻은 여인은 얼마나 죄인인지 몰라요. 그런데 예수님은 그 죄를 다 용서해 주셨어요."

이 말은 들은 나이나는 충격을 받은 듯 멍하게 있다가 이내 반박했다. "목사님이 모르셔서 그렇지, 제 문제는 그렇게 단순하지 않아요. 제 일은 아무도 몰라요."

그러자 김 목사도 다시 말했다. "예수님은 우리를 만드신 분이에요. 우리를 만드신 분이 우리를 모르시겠어요? 예수님은 나이나보다 나이나를 더 잘 아시는 분이에요. 나이나가 모르는 것까지도 아시거든요. 예수님은 당신을 찾으시고 기다리십니다."

김 목사의 간곡한 설명에 그녀의 영혼이 열리기 시작했다. "나이나, 탕자가 집에 돌아오기도 전에 아버지는 집 나간 아들을 벌써 용서하고 애타게 기다리셨어요. 기다리는 아버지 마음이 어떻겠어요? 탕자의 아버지처럼 예수님도 나이나를 기다리신 거예요." 이 말에 나이나의 얼굴은 환하게 변했고, 김 목사는 그녀를 위해 간절하게 기도했다.

그 후 나이나는 저녁 예배와 기도회에 빠지지 않았고, 점점 더 오랫동안 교회에 머무르며 사람들과 서슴없이 이야기하게 되었다. 또한 예수님의 초청을 받은 후 속히 침례를 받기 원했다. 그때 자기 이름의 성이 포이Poy라는 사실도 알려주었다. 그녀는 침례를 받고 2년 동안 교회에 다니면서 완전히 다른 사람이 되었고, 입을 열 때마다 간증이 나왔다.

그러던 어느 주일이었다. 2주가 지나도 나이나가 교회에 오지 않았다. 걱정이 되었던 김 목사는 그녀를 찾아 나섰다. 그리고 그녀의 집에 도착했을 때, 그곳은 외양간과 다름 없는 모습이었다. 사람이 사는 집이라고는 믿기지 않을 만큼 성한 것이 없었다. 방 안에 들어서자, 예수님이 안고 있는 어린 양 그림이 그려진 낡은 달력 위에는 굵은 연필로 '나이나 포이'라는 이름이 쓰여 있었다. 그리고 달력의 빈 공간에 이런 문장이 쓰여 있었다.

일생동안 찾고 찾던 것을 이제야 찾았네.
아니, 내가 찾은 게 아니고
나를 찾던 그분이 찾아오셨네.
찾는 일은 이제 다 끝났다.
1963년 9월 1일 침례받은 날, 나이나 포이

찬송 소리에 이끌려 교회에 왔던 그녀, 그곳에서 새 생명을 얻은 가난한 백인 청소부 나이나는 자신을 위해선 아무것도 쓰지 않고 전 재산 2만 2천 불을 하나님의 교회에 남겼다. 김 목사는 강대상 위에 올라 나이나와 같이 잃어버린 양 한 마리를 찾으시는 주님의 사랑이 얼마나 큰지 이야기하며, 감격에 겨워 눈시울을 붉혔다.

한편, 교회는 점점 성장하여 어엿한 미국교회가 되었다. 버렌도 가에 자리를 잡고, 김 목사 부부의 헌신과 교인들의 충성이 어우러진 안정된 교회가 되었다. 그리고 국내선교사로 파송 받은 김 목사는 그곳에서 다양한 국적을 가진 로스앤젤레스 거주민들을 섬겼다. 평안북도 철산에 온 미국 선교사에게 복음을 들었던 한국인이, 다시 선교사의 나라에 와서 현지인들에게 복음을 돌려줌으로써 역방향 선교가 이루어진 것이다.[16]

김 목사는 처음부터 한국인뿐만 아니라 백인을 포함한 다양한 나라의 사람들에게 전도할 뜻을 가지고 있었다. 그런데 그 즈음 이민의 문이 활짝 열렸다. 1965년에 하트-셀러법이 통과되면서 그동안 동양권 국가에 가혹하게 적용되었던 이민 제한이 사라졌다. 또 가족 우선 정책에 따라 국제결혼으로 미국에 온 한국인 여성들과 유학생들은 시민권 취득 후, 한국에 있는 가족들을 초청할 수 있게 되었다. 그로 인해 초청을 받아 미국 땅을 밟는 한인 가정이 점점 늘어났고, 초청 이민뿐만 아니라 전문인 취업 이민과 특별 이민에 할당된 숫자도 적지 않았다.

이런 상황 속에서, 김 목사는 교회가 이민자의 정착을 도와주어야 한다고 생각했다. 1960년대 한국 정부는 엄격한 외환 규제 정책을 시행함으로 현금이 해외로 반출되지 못하게 막았다. 그래서

---

16 선교사를 통해 복음을 받아들인 나라에서 온 그리스도인이 다시 선교사를 보낸 나라에 와서 선교하는 것을 '역선교'(reverse mission)라고 한다. 허종수 목사의 논문에서 언급된 것처럼 역선교는 서구인이 아닌 사람이 주도하는 목회를 뜻한다(7). 로스앤젤스한인침례교회는 개척 초기부터 미국 내 다양한 인종을 품어 역선교의 모범을 보였다고, 허 목사는 말한다(16). Jongsu Heo, *The Koreans Are Coming!: Reverse Christian Mission in North Texas*. Southwestern Theological Seminary. PhD dissertation, 2019.

이민자들은 겨우 몇 백 불을 가지고 와서 낯선 나라에 정착해야 했고 그들의 형편은 아주 어려울 수밖에 없었다. 집도 없고 차도 없었으며, 언어도 유창하지 못하고 직업도 없어서 먹고 살 길이 막막한 경우가 많았다. 김 목사는 예수님을 위해 어려운 동포들을 돌보아야 한다고 생각했고, 이민자들의 영혼을 살리는 일이 자신의 사명이라고 믿었다.

이러한 사명을 가진 김 목사는 미국에 도착한 한국인들을 공항에서 데려오고 살 집을 얻어주었다. 또 직장도 알아봐주면서 갖은 수고를 다 했다. 이민자들에게 운전기사이자 변호사요, 직업 소개사가 돼주었고 김 목사의 아파트도 식당 겸 숙소로 내주었다. 동양선교교회의 임동선 원로목사는 김 목사가 유학생과 초기 이민자들에게 아파트 입주 안내, 직업 알선, 결혼 주선과 구제, 경조사 등을 챙겨주며 부모와 같은 역할을 했다고 증언한다.[17] 그만큼 1960년대 이후 로스앤젤레스에 내린 한국인들 중에서 김동명 목사의 이름을 모르는 사람은 거의 없었다.

김 목사는 영어를 사용하는 젊은 부사역자를 초청하여 영어권 교인들을 돌보도록 했다. 150명이 넘는 미국인들과 영어권 유학생들은 부사역자가 담당하고, 그동안 영어로 예배를 드렸던 한국 유학생들은 한어부로 편입되었다. 1963년 7월 21일에 예배가 한어부와 영어부로 이원화되었다.

---

17 〈열방을 향하여: 로스앤젤스한인침례교회 50년사〉, 37쪽

1963년, 버렌도가교회 한어부 신설

그런데 이로 인해 김 목사에게 섭섭한 마음을 품은 영어권 교인이 생겨났다. 한국 이민자들만 챙기고 자기를 소홀히 여긴다는 이유였다. 불평과 불만을 전해들은 김 목사는 도리어 그 교인을 책망했다.[18]

"당신은 정말 예수 믿는 사람이 맞소? 신앙으로 자라서 어른이 된 줄 알았는데 어쩌면 이리 어린 아이 같은 불평을 하는 거요? 신앙으로 자랐으면 가난하고 물정 모르는 사람을 찾아서 도와주

---

18 《당신은 죽어요 그런데 안 죽어요》, 안이숙, 요단, 1989, 189-191쪽을 재구성했음.

고 예수님의 사랑을 전해주어야 할 터인데, 이게 무슨 어린애 같은 말이오? 한국에서 이민 오는 사람들은 돈도 없고 집도, 직업도 없는 아주 불쌍한 사람들이오. 당신은 직업도 있고, 차도 있고, 언어도 자기 나라 말인데 이민 온 사람들을 도와줄 생각은 안 하면서 목사가 이민자들만 챙긴다고 불평하다니, 예수 믿는 사람이 할 일이오? 여러분이 예수님의 제자라면 도움이 필요한 사람을 찾아가서 돕고 봉사하시오. 예수님을 믿는다는 건 나만 잘사는 게 아니라, 내가 다른 사람에게 축복이 되어서 죄인이 주님 앞에 돌아오도록 일하는 것이오. 나는 이민 오는 사람들을 도와서 영혼을 살릴 테니, 여러분도 나를 도와서 어려운 사람들에게 봉사하고 복음을 전하도록 해주시오."

영어권 교인은 김 목사의 말에 감동했지민 그의 섭섭한 마음을 달랠 수 없었고, 결국 영어부는 부목사와 함께 교회를 따로 개척하여 떠났다.

애써 기른 교인들과 교회를 위해 밤낮으로 봉사했던 교인들을 하루아침에 잃은 김 목사 부부는 큰 아픔을 겪었다. 기도가 눈물로 변했다. 그리고 이제 남은 식구는 가난한 이민자들과 유학생들이었다. 그러나 미약하고 부족해 보여도 미국인들이 떠난 빈자리는 조금씩 줄어들었고, 버렌도가교회는 영어부가 이탈하는 진통을 거치며 한인교회로 세워져 갔다.

세 번째 편지

언제나 ~~~~~~~~~
····· 아버지가 계셨다

예수께서 모든 도시와 마을에 두루 다니사

그들의 회당에서 가르치시며

천국 복음을 전파하시며

모든 병과 모든 약한 것을 고치시니라

_마태복음 9:35

로스앤젤레스의 해결사

한국인들의 미국 이민 역사는 한인 이민 교회의 역사와 같다. 로스앤젤레스의 코리아타운은 김 목사가 세운 교회를 중심으로 생겨나서, 오늘날 미국 안에서 가장 규모가 큰 한인 이민 공동체가 되었다. 이처럼 교회는 힘겹고 어려웠던 이민 생활의 구심점이 되었다.

김 목사는 갈라졌던 한국 이민자들을 하나로 모아 한인 이민 공동체를 건설하는 데 기여했다. 김 목사가 로스앤젤레스에 당도한 1950년대에는 이승만파와 안창호파가 동지회와 흥사단으로 나뉘어 서로 싸우던 시절이었다. 그래서 어떤 학생이 흥사단에 가서 식사만 해도 영사관에서는 여권 연장을 해주려 하지 않았다. 또 성적이 좋지 않은 학생에게도 여권 연장을 거부했다. 그럴 때마다

1964년 5월, 김 목사의 모습   김문자 집사의 도자기 공장을 심방한 김 목사

김 목사는 학생들을 대신해서 나섰다. 영사관과 이민국을 수없이 드나들었고, 때로는 이민국 관리와 싸우기도 했다. "이 학생이 잘했다는 말이 아니오. 하지만 이 나라에 원대한 꿈을 품고 왔는데 이대로 추방당하면 가진 걸 모두 낭비한 셈이 되지 않소."

골치 아픈 문제는 모두 김 목사를 거쳐 해결되어서, 당시 유학생들 중 동명관을 거쳐 가지 않은 사람이 없을 정도였다. 또한 로스앤젤레스에는 불법 체류자가 많았는데, 김 목사는 딱한 처지에 있는 한인들을 돕기 위해 직접 샌프란시스코로 그리고 시애틀로 갔다. 변호사를 알선하고 이민국에 감금된 한인들을 위로하며 적절한 법률 처방도 내려주었다. 그러다 보니 한인들 사이에서 김 목사는 어떤 어려운 문제도 도와주는 사람, 만나서 이야기하면 무슨 일이든 해결해주는 사람으로 소문이 났다. 그리고 정말 그랬다. 김 목사는 로스앤젤레스의 해결사였고, 한인 사회의 아버지였다.

로스앤젤레스는 미국 이민의 관문이었다. 그래서 한국에서 소문을 들은 사람들은 불쑥 김 목사를 찾아오거나 교회로 전화하여 공항으로 데리러 와달라고 부탁했다. 그러면 김 목사는 믿는 사람, 안 믿는 사람을 가리지 않았다. 각양각색의 불신자가 찾아와서 신세를 졌다. 학생들의 발길도 끊이지 않았다. 잠깐 머물다 가는 학생도 있었고, 몇 달씩 머무는 학생도 있었다. 그래서 사람들은 갈 곳 없는 사람들에게 숙박을 제공한 김 목사의 집을 '동명관'이라고 불렀다.

교회는 코리아타운이 들어서기 전에 이미 자리를 잡고 새로 온 유학생들과 이민자들을 도왔다. 그들의 다양한 이유와 사연은 자정이든 새벽이든 가리지 않고 교회 전화벨을 울렸다. 공항에 내린 사람, 갈 데가 없는 사람, 소문을 듣고 전화한 사람 등 모두 도움이 필요한 전화였다. 그래서 김 목사는 시도 때도 없이 걸려오는 전화를 받기 위해 교회 사무실 바닥에 매트를 깔고 잤다. 그리고 전화를 받으면 밤낮을 가리지 않고 달려갔다. 누구라도 배고프고 한국 음식이 먹고 싶다고 하면, 길이 아무리 멀어도 당장 데리고 와서 음식을 만들어 먹이며 위로하고 도와주었다. 처음 보는 사람이라도 먹이고 재우는 데 주저하지 않았다.

자칭 '골치 아픈 교인'이었던 김문자 집사는 김 목사에게 신세를 많이 진 사람이다. 김 집사는 무슨 일이 있을 때마다 김 목사에게 연락했는데, 그러면 김 목사는 몇 시간이고 전화를 받아주었다. 어느 날 한번은 김 집사의 공장에 도둑이 든 적이 있다. 너무 놀란 김 집사는 그날도 울먹이며 김 목사에게 전화했다. 그리고 한 시간 뒤, 교회에서 꽤 먼 롱비치에 있는 김 집사의 집에 김 목사와 안 사모가 찾아와 함께 기도해주었다. "하나님, 감사합니다. 문자가 도둑을 맞을 만큼 많이 주셔서 감사합니다." 그 기도를 듣는 순간, 김 집사의 위축되었던 마음이 쑥 내려갔다.

또 어느 날은 김 집사의 사촌오빠가 이민국에 불려갔다. 이민국에 억류되면 국경 너머에 있는 멕시코로 이송된다고 했기에 김 집사는 먼저 김 목사에게 전화했다. "목사님, 어떡해요." 그럴 때마다 김 목사는 안 된다고 한 적이 없었다. "내가 갈 터이니 너무 염려 말게." "하나님의 아들 예수 그리스도는 예 하고 아니라 함이 되지 아니하셨으니 그에게는 예만 되었느니라" 고후 1:19b.

이민국은 오후 5시에 문을 닫았는데 오후 4시 30분쯤 이민국 앞에서 초조하게 기다리고 있는 김 집사의 눈에 양복을 입고 멀리서 뛰어오는 노신사가 보였다. 바로 김 목사였다. 그 후 사촌오빠는 김 목사의 주선 덕분에 멕시코로 이송되지 않고 풀려났다. 지금도 김 집사는 그때 저 멀리서 뛰어오던 김 목사의 모습이 눈에 선하다.

김 목사는 김금하 자매(전도사)의 아버지가 중병에 걸렸다는 소식을 들었다. 그의 자녀들이 아버지 옆에 모였고, 김 목사도 심방을 갔다. 그리곤 이렇게 기도했다. "하나님 아버지, 여기 금하 자매님의 아버님은 돌아가십니다." 그 순간, 분위기가 냉랭해졌다. 낫게 해달라고 기도를 해야 마땅하지 않은가? 그런데 그때 다시 기도 소리가 이어졌다. "아버님도 돌아가시고, 저도 죽습니다." 김 목사는 이렇게 기도한 후에 복음을 전했고, 김 자매의 아버지는 몇 년을 더 살면서 복음을 받아들인 후에 하나님 품에 안겼다.

새 생명이 태어나는 현장에도 김 목사가 있었다. 병원용 마스크와 모자, 가운을 착용한 김 목사는 아기 아빠와 함께 분만실에서 대기했다. 또 말이 통하지 않는 낯선 곳에서 아기를 낳는 산모를 위해, 쉬지 않고 얘기하고 기도해주며 위로했다. 김 목사는 낯선 땅에서 가족 없이 아기를 낳는 산모가 겪을 고통을 잘 이해했다.

김 목사에게는 뷰익Buick이라는 자동차가 있었다. 주로 사람들을 데려오고 데려다주는 용도였다. 교회에서 회의가 새벽 1~2시에 끝나면 김 목사는 그 차로 일일이 사람들을 집에 데려다주었다. 또 새벽기도 시간이 되면 운전이 서투른 사람들을 데리러 갔다가 예배 후에 다시 집 앞에 내려주었다. 사람들을 모두 내려준 후에는 다시 교회로 돌아와서 기도했다.

정월 초순, 아직 어둡고 추운 어느 날에 교인들을 데리러 가는 길이었다.[19] 감기에 걸린 김 목사가 마스크로 입을 가리고 털모자를 눌러쓴 채 집을 나섰다. 일본에서 생활할 때 생긴 습관이었다. 그리고 김 목사의 차는 문이 두 개라 앞좌석에 누군가 앉으면 교

---

[19] 《죽으면 살리라》, 447-451쪽을 재구성했음.

인들이 타고 내리기 불편했기에, 안 사모는 아예 뒷좌석에 앉아 있었다. 그때였다. "멈춰라!" 하는 고함이 확성기를 통해 들려왔다. 경찰이었다. 김 목사는 당황해서 길가에 차를 세웠다. 처음엔 강도인가 싶어 놀랐지만 경찰이라니 다행이다 싶었다. 그런데 경찰은 다시 더 크게 말했다. "두 손을 높이 들고 차 밖으로 나와라!"

김 목사는 밖으로 나오지 않고 두 손을 창밖으로 뻗친 후 고함을 질렀다. "나는 교회 목사요. 새벽기도회를 하려고 교인을 데리러 가는 중이오."

그러나 경찰은 매우 긴장한 표정으로, 김 목사를 향해 총을 겨눈 채 다가오며 물었다. "이 새벽에 무슨 일로 어딜 가는 겁니까?"

"교회에 가는 길입니다. 나는 침례교회 목사인데 이 시간에 우리 교회에선 매일 새벽기도 예배가 있어요. 운전을 못 하는 분들을 모시러 매일 이 길을 오고 갑니다."

"입은 왜 막았습니까?"

"이건 감기 마스크입니다. 감기에 걸려 기침을 하면 다른 사람에게 전염되니까 마스크를 하는 겁니다."

"뒤에 앉은 사람은 누구입니까?"

"아내입니다."

"아내라면 옆에 앉아야 하지 않습니까?"

"그렇지요. 하지만 이 차는 문이 두 개라서 아내가 앞에 앉으면 다른 사람이 타고 내리기 불편하니 아예 뒤에 앉은 겁니다."

경찰의 눈에는 마스크를 쓴 김 목사와 두꺼운 옷과 모자로 무장하고 뒷자리에 앉은 안 사모의 모습이 마치 운전자와 강도 같았고, 운전자가 강도의 협박을 받고 어딘가 급히 가는 것처럼 보인 것이다. 경찰은 차량 소유주가 김 목사인 것까지 확인하고 나서야 태도를 누그러뜨렸다. 김 목사는 추운 날 교인이 밖에서 기다리고 있어서 빨리 운전했다며 양해를 구한 후, 경찰과 인사를 나누고 헤어졌다.

그날 김 목사는 교회로 돌아와 새벽에 있었던 일을 성도들에게 들려주었고, 성도들도 처음에는 놀랐지만 이내 웃으며 안도했다. 그리고 다음날, 또 다음날에도 김 목사는 여전히 같은 시간에 같은 길을 달려 교인들을 데리고 교회에 갔다.

한편, 김 목사는 목자가 성도의 삶을 돌봐야 한다고 생각했다. 그래서 성도들을 장가도 보내고 시집도 보내기 위해 신랑, 신부 될 사람의 집을 찾아다니며 밤이 늦도록 설득했다. 얼마나 많은 부부를 맺어주었는지 일일이 세기 어려울 정도다. 그만큼 김 목사는 중매를 많이 했다. 폴 김 목사와 김금하 전도사도 김 목사의 중매로 결혼했다. 박정생 안수집사와 박홍자 선교사, 박준영 장로와 박문혜 권사도 김 목사의 손을 거쳐 부부의 연을 맺었다.

이홍수 청년(장로)은 체류 문제가 해결되고 난 후 한국에 신붓감을 찾으러 나갔던 적이 있다. 그때 그의 장인은 믿을 만한 지인에게 전화하여, 이 청년이 어떤 사람인지 물어봤다. 바다 건너 타국에 딸을 보내려고 생각하니 걱정이 이만저만이 아니었던 것이다. 그 지인은 다시 김 목사에게 전화해서 그에 대해 물어보았고, 김 목사는 장인이 될 사람을 안심시켰다. "나한테 딸이 있으면 이 청년에게 시집보냈을 겁니다." 결국 이 청년은 김 목사 덕분에 무사히 신부를 얻을 수 있었다.

정지봉 장로의 딸은 흑인 청년과 결혼하고 싶어 했다. 브래들리(Tom Bradley) 로스앤젤레스 시장의 양아들이었다. 그러나 정 장로의 식구들이 극구 반대하자, 김 목사는 먼저 흑인 청년을 만나 얘기를 나눴다. 그 후 그가 믿을 만한 청년이라고 느낀 김 목사는 결혼을 시키도록 권고했고, 결국 정 장로는 딸의 결혼을 허락했다.

어느 날은 김홍준 장로의 집에 김 목사를 비롯한 여러 사람이 모였다. 조카가 중국인 크리스천 처녀와 결혼하려고 한다며 염려하는 한 사역자가 있었기 때문이다. 그러나 그 자리에서 김 목사는 "그게 뭐가 문제냐?"며 일갈했고, 젊은 사역자보다 더 유연한 시각을 가지고 있었다.

신부 집안의 반대로 결혼이 성사되지 못할 위기에 처한 청년도 있었다. 법조인인 신부 아버지는 평범한 이민자 가정에 딸을 주려고 하지 않았다. 김 목사는 그런 그를 만나 새벽 3시까지 설득했고, 결혼을 성사시켰다.

김 목사는 교인들의 가정에 큰아버지 같은 존재였다. 부부싸움을 하는 가정이 도움을 청하면, 시간을 가리지 않고 새벽 2시에도 찾아가 중재했다. 교회 근처에 사는 교인들의 집에 허물없이 들러 저녁 식사를 대접받기도 했고, 교인들의 가정 대소사도 함께 했다. 한번은 새로 온 성도 중에서 자기 아내에게 큰 잘못을 저질러

구속까지 된 사람이 있었다. 제임스 정 집사(선교사)가 딱한 사정을 알렸고, 김 목사는 그 일에 선뜻 나섰다. 전연 알지 못했던 그 성도를 구하기 위해 보석금까지 마련해서 갔다. 그때 김 목사와 함께 갔던 사람들은 그가 보여준 그리스도의 사랑으로 가슴이 먹먹해졌다.

1985년에는 정택용 안수집사 장인의 후배가 로스앤젤스교회에 두세 번 정도 출석했던 적이 있다. 그는 햄버거 가게에서 일했는데, 그곳에서 일하던 어느 날 강도에게 총격을 받고 병원으로 급히 이송되는 일이 일어났다. 소식을 들은 정 집사가 김 목사에게 사정을 알렸고, 김 목사는 정 집사를 급히 불러 함께 롱비치 병원으로 달려갔다. 정 집사는 속으로 다음 날 갔으면 했지만, 김 목사는 한사코 바로 가자고 재촉했다. 병원에 도착하니 면회 시간이 지나서 환자를 만날 수도 없었다. 정 집사는 마음속으로 '시간도 늦었고 일도 많은데, 다음 날로 미뤄도 되지 않았을까'라고 생각했다. 그런 정 집사의 마음을 읽은 김 목사는 그에게 되물었다. "만약 그 사람이 오늘 세상을 떠난다면…?" 그 말을 들은 정 집사는 한 영혼을 구하려는 김 목사의 열정 앞에 고개를 숙였다.

어느 금요일 밤이었다. 김 목사가 철야기도실에서 기도하던 성도들에게 오늘은 철야하지 말고 귀가하라고 권했다. 방금 교회 사무실에 강도가 왔다 갔으니 그만 집에 가라는 것이었다. 놀란 교인들은 김 목사에게 어찌된 영문인지 물었다. "자고 있는데 누군가 내 머리에 총을 대는 거야. 언뜻 시계를 보니 12시 40분이야.

원하는 게 뭐냐고 물어봤지." 감옥에서 나온 지 얼마 안 된 강도는 아들, 딸이 있었는데 먹을 게 없어서 돈이 필요하다고 했고, 김 목사는 그에게 말했다. "돈이 필요해요? 돈이 필요해서 총을 가지고 왔어? 내가 보니 당신에겐 예수님이 필요해요." 그 순간, 강도는 손에 든 총을 떨어뜨리고 눈물을 흘렸고 그런 그를 위해 김 목사는 예수님이 그 사람의 마음속에 들어오셔서 그가 말씀 안에서, 믿음 안에서 구원받도록 기도해주었다.

그 이야기를 들은 교인들은 무섭기는커녕 힘이 났다. "목사님, 그러니까 더 기도해야지요. 여기서 기도 더 열심히 하고 갈게요."

당시 유학생에게 있어서 영주권과 시민권을 획득하는 일은 큰 시험이었다. 유학생이었던 이홍수 형제(장로)도 뜻하지 않게 미국 밖으로 나가 다른 나라에서 미국 영주권을 신청하고 기다려야 했다. 그때 김 목사는 이 형제가 믿음을 가지고 도전하도록 격려했고, '보내시는 이도 불러들이시는 이도 하나님'임을 믿은 이 형제는 얼굴도 모르는 이민국 관리와 상원의원의 도움을 받아 기적적으로 미국에 들어왔다. 하나님이 아니시면 할 수 없는 일이었다. 그리고 이 형제의 인생에 기념비적 사건이 된 이 경험은 그의 믿음생활에 전환점이 되었다. "하나님이 너무도 부족한 나를 이토록 사랑하신다."는 간증이 절로 나왔다. 김 목사에게 늘 들었던 하나님의 엄청난 사랑을 실감한 순간이었다.

박홍자 자매(선교사)는 1968년 로스앤젤레스 공항에 도착하여 김 목사의 집에서 3개월 동안 신세를 졌다. 그곳에 머물면서 김 목사가 아침마다 시내에 내려주고 직장도 소개해주었다. 그리고 그 무렵, 주말이 되면 어김없이 라스베이거스와 애리조나주에 있던 한국 학생들도 동명관에 찾아왔다. 한국 음식도 먹고 한국 사람도 만나고 싶었던 학생들은 6시간 운전하는 일도 마다하지 않았다. 또한 그들은 거실에 침낭을 깔고 잤는데, 다리를 안으로 하고 머리를 바깥쪽으로 해서 다 같이 빙 둘러 잤다. 당시 동명관에 드나들었던 사람들에게는 평생 잊을 수 없는 추억이다.

동생의 초청을 받고 미국으로 온 한정자 집사는 안 사모의 교회로 알려진 버렌도가교회에 전화했다. 그때만 해도 침례교회는 한국에 잘 알려지지 않았기에 미국까지 와서 이단에 빠지는 건 아닌지 걱정되었던 것이다. 김 목사는 그런 한 집사를 위해 심방을 갔다. 그리곤 "우리 집에 가자!"고 하며 한 집사의 가족을 데리고 갔다. "내 집이라 생각하고 냉장고 안에 있는 것 마음대로 먹고, 마음대로 쓰시게."

그 후 한 집사의 가족은 김 목사의 집에서 일 년 동안 머물렀다. 그동안 안 사모가 취직도 시켜주었고 첫 돌이 막 지난 아들 요셉도 돌봐주었다. 교회에서 자던 김 목사도 오랜만에 집에 와서 아이를 돌보았다. 새벽기도에 갈 때도 요셉을 데리고 가서는 옆에 세워놓고 아이 손을 붙잡고 설교했다. 그 모습을 본 교인들은 나무랐다. "아이 엄마가 있는데 왜 목사님이 애를 보시나." 그러나 김 목사는 "애가 날 잘 따라." 하며 아이의 손을 놓지 않았다.

김 목사는 예수님 때문에 사람들을 도왔고 복음을 위해 목숨을 걸었다. 삶으로 복음을 실천하면서 복음 그대로 살았다. 그리고 그로 인해 로스앤젤레스 공항에 내린 이민자들 중에 김 목사를 모르는 사람은 없었다. 또 김 목사에게 신세 진 사람 중 믿는 사람은 더 잘 믿게 되었고, 안 믿던 사람은 믿음을 갖게 되었다. 이렇듯 김 목사는 이민자의 아버지였다.

용서받은 탕자

이에 일어나서 아버지께로 돌아가니라 아직도 거리가 먼데 아버지가 그를 보고 측은히 여겨 달려가 목을 안고 입을 맞추니 눅 15:20.

1990년 8월, 김 목사는 미주 한국일보 기자에게 이렇게 말했다. "교포 사회나 우리 조국이나 살 길은 한 길 밖에 없다고 생각합니다. 올바로 예수를 믿어야 한다는 거지요. 올바로 믿으면 사람이 바뀝니다. 지금 당장 교포사회에 필요한 것은 올바로 믿기 운동입니다. 한국 교인이 1천만 명이면 뭐하고, 2천만 명이면 무슨 소용이 있습니까? 누구든지 하나님의 심정을 바로 깨달으면 내 삶이 변화를 받아 바로 살게 되고, 감사하고 감격하면서 하나님께 순종하는 힘을 얻게 되는 것입니다."

김 목사에게 올바로 예수를 믿는 길이란, 하나님의 심정을 깨닫는 것을 뜻했다. 그러면서 김 목사는 많은 사람이 각자 자기 식대로 믿으면서 신앙인 줄 착각한다고 진단했다. 열심히 신앙생활을 하면 된다고 믿는 사람도 많다고 한탄했다. 신앙이 없는 사람도 문제지만 잘못 믿으면서 열심을 내고 자기가 옳은 줄 아는 사람은 더 큰 문제라고 생각했다.

"예수님을 믿는다는 것은 하나님과 올바른 관계를 맺는 것이에요. 올바른 관계란, 바로 하나님이 내 아버지가 되고 내가 그의 아들이 되는 것이지요. 그 아들이 바로 용서받은 탕자입니다."[20]

용서받은 탕자는 누가복음 15장에 나오는 탕자의 비유를 중심으로 김 목사가 평생 외친 핵심 메시지다. 탕자이고 죄인인 우리가 하나님을 만나서, 우리를 사랑하시는 하나님의 심정을 깨닫고 거듭난다는 메시지다. 탕자는 하나님의 엄청난 사랑을 받기만 했고 믿기만 했다.

"여러분, 탕자를 보세요. 탕자가 만약 믿지 않았다면 어떻게 되었겠어요? '아버지가 도대체 왜 이러실까? 아버지가 노망이 드셨나? 정신이 이상해지셨나? 왜 이러시지?' 그러지 않고 받았잖아요? 받았더니 거듭났잖아요? 믿어야 합니다."[21]

"여러분은 분명히 믿어야 해요. 여러분의 살 길이 뭐냐면 말이죠. 내가 부족하고 염치가 없어도 하나님이 날 사랑하시는 것을 믿는 것이에요. 그럼 하나님께 더 미안하고 더 감사하지. 가룟 유

---

20 〈폭풍 중의 신앙〉, 김동명, 대전 새누리교회 자료, 1999, 134쪽
21 〈말씀이 육신이 되어〉, 김동명, 대전 새누리교회 자료, 1995, 53쪽

다는 믿지 않아서 죽은 거야. 예수님을 팔아먹어서 죽은 게 아닙니다. 우리는 예수님을 하루에 백 번도 더 팔아먹어요. 예수님을 팔아먹었지만 그래도 안 죽어요. 생각해봅시다. '예수님, 예수님은 죄인을 찾으러 오셨지? 예수님은 의사라 했지? 내가 병자인데 할 수 없지' 하면서 뻔뻔스러워도 철면피가 되어야 해요. 죽어도 그 사랑을 믿는 거야, 그러니까 정말 감사해요. 죄가 우글우글해도 나는 하나님의 사랑을 믿으니까, 내가 죄인인데도 하나님이 날 사랑하시는 것을 믿으니까, 하나님이 감사해 죽겠고 내가 사는 거야."[22]

김 목사에 의하면, 하나님이 제일 섭섭하게 생각하시는 것은 우리가 하나님의 사랑을 믿지 않는 것이다. 하나님은 우리가 그 사랑을 모를 때 제일 섭섭해 하신다. 그러면서 김 목사는 하나님의 사랑을 어머니의 사랑으로 비유했다.

"엄마가 언제 제일 섭섭해요? 자식이 '엄마가 날 뭘 사랑해?' 할 때입니다. 자식이 나쁜 짓을 해도 엄마 마음이 상하지만, 자기 생명보다 사랑하는데도 자식이 그 사랑을 믿지 않을 때 제일 속상해 합니다. 그 말은 엄마의 마음에 못을 박는 겁니다. '하나님이 날 뭘 사랑해?' 하면 예수님을 십자가에 못 박는 겁니다."[23]

김 목사의 십팔번인 '용서받은 탕자'는 이후 2000년에 책으로

---

22 〈말씀이 육신이 되어〉, 63쪽
23 〈말씀이 육신이 되어〉, 64쪽

묶어 나왔고, 책은 평생 가르친 용서받은 탕자를 성경공부로 풀어냈다.

책으로 발간한 《용서받은 탕자》

누가복음 15장에 나온 탕자의 비유는 바리새인과 서기관을 상대로 예수님이 직접 말씀하신 비유이다. 하나님이신 예수님께서 자신이 어떤 분인지, 죄인을 어떻게 사랑하시는지를 직접 말씀해 주셨다. 누가복음 15장에 나오는 아버지는 하나님을 가리킨다. 탕자의 아버지는 이제나저제나 동구 밖에서 서성거리며 집을 나간 아들을 기다리고 있었다. 그리고 살아 있는 아버지에게 유산을 나눠 달라고 요구한 작은 아들은 당시 율법을 어긴 패륜아였음에도, 먼저 아들을 알아본 아버지가 달려가 아들을 끌어안는다. 보고 싶어서 기다렸던 사람이 먼저 상대방을 알아보는 것처럼, 하나님의 일방적이고 절절한 사랑을 잘 드러내는 구절이다.

김 목사는 대전 새누리교회의 부활절 설교 시간에 이렇게 고백했다. "제 스스로 주님을 믿는다고 했지만, 목사의 아들이요 장로의 손자로 교회에 열심히 다녀서 다른 사람의 칭찬을 받았지만, 주님을 정말로 알기 전에 저는 소망이 없는 죄인이었습니다. 끓어오르는 감격도 기쁨도 없었습니다. 인생의 목적도, 의미도 뚜렷하지 않았습니다. (중략) 소망이 없고 어쩔 수 없는 죄인인 나를 하나님께서 어떻게 사랑하시는지 모릅니다. 누가복음 15장의 세 가지 비유에서 하나님께서는 탕자와 같은 나를 얼마나 일방적인 사랑으로 사랑해 주시는지 되풀이해서 가르쳐 주셨어요…."[24]

김 목사는 흔히 '돌아온 탕자'로 불리는 이 비유를 구태여 '용서받은 탕자'로 바꾸어 불렀다. 그리고 말씀을 가르칠 때마다 강조했다. "돌아온 것만으로 안 돼. 용서받은 걸 깨달아야 해." 그러면서 탕자인 아들이 돌아온 행위는 구원의 조건이 되지 않는다고 설명했다. 구원의 주체는 아들이 아니라 하나님 아버지이기 때문이다. 아들은 방탕한 삶을 후회했기 때문에 구원받은 것도 아니고, 집에 돌아왔기 때문에 구원받은 것도 아니다. 구원은 아들을 기다리던 아버지에게 달려 있다. 그리고 그 아버지는 아들이 돌아와서 잘못했다고 빌어야만 비로소 용서하는 아버지가 아니었다. 아들이 돌아오기 전부터, 아니 아들이 유산을 요구할 때부터 아들을 용서한 아버지였다. 그래서 아들은 아버지에게 종으로 삼아 달라고 간청할 생각으로 돌아왔지만, 아버지는 아들이 하는 말을 다 듣지 않는다. 하인을 불러 신을 신기고 좋은 옷을 내어 입히라고 말한다. 그리고 패륜아를 아들로 받아준다.

김 목사는 구원을 전적인 하나님의 은혜로 보았다. 아들이 돌아오기 전부터 용서하고 기다리던 아버지의 엄청난 사랑 때문에

---

24 〈폭풍 중의 신앙〉, 108쪽

아들이 구원받았다고 주장했다. 사람에게는 회개할 능력이 없다고 보았고 하나님의 은혜와 사랑으로만 회개가 가능하다고 주장했다.

그런데 기독교인 중에는 하나님이 죄인에게 은혜를 베푸시는 것을 쉬운 일로 여기는 사람이 많다. 마치 부자가 돈주머니에서 얼마씩 나누어 주면서 호의를 베푸는 것 정도로 생각하는 것 같다. 그러나 김 목사는 탕자 아버지의 심정을 가출한 자식을 가진 어머니의 마음에 비유했다. 그러면서 하나님은 탕자를 용서하기 전에 이미 말할 수 없는 마음의 고통과 희생을 겪으셨다고 설명했다.[25]

지구촌교회의 이동원 원로목사는 로스앤젤스교회에서 네 차례나 부흥 집회를 했는데, 그가 처음 교회에 왔을 때 김 목사는 이렇게 말했다.

"이 목사, 내가 한마디 해도 될까?"

"예, 말씀하시죠."

"회개를 너무 강조하지 않았으면 좋겠어."

"아니, 성경에 회개하라고 나오는데요."

"회개하라 이놈아, 한다고 회개가 되나? 하나님 아버지의 사랑을 깨달아야 회개가 되지."

사람이 하나님 아버지의 사랑을 깨닫고 용서받은 탕자가 되어

---

[25] 《용서받은 탕자》, 김동명, 요단, 2000, 66쪽

야 비로소 회개한다고 말했다.

또한 김 목사가 용서받은 탕자를 묵상하면서 자주 언급했던 성경 인물은 십자가에서 구원받은 강도다 눅 23:39-43. 예수님과 함께 십자가에 매달린 행악자 중 한 명은 예수님을 비방하고 조롱했지만, 다른 한 명은 예수님을 믿고 천국이 있음을 믿었다. 그리고 예수님은 그의 영혼을 구원하셨다. "예수께서 이르시되 내가 진실로 네게 이르노니 오늘 네가 나와 함께 낙원에 있으리라" 눅 23:43. 김 목사는 이 예화를 즐겨 인용하면서 누구든지 죄를 용서받고 구원받을 수 있다고 강조했다.

"저 흉악한 한 강도는 제 죄를 깨달아
죄 없으신 주 예수를 구주로 믿었네
내 지은 죄 흉악하나 주 예수 믿으면
용서받은 강도같이 곧 구원 받으리"

(찬송가 269장 2절)

김 목사에게 있어서 용서받은 탕자의 자세는 바로 신앙생활의 기본자세다. 우리가 용서받은 탕자임을 자각하고 나면, 하나님께 죄송하고 감사해서 어쩔 줄 모르게 된다. 천지를 만드신 하나님이 우리를 사랑하시니, 이제 어떻게 하면 아버지를 기쁘시게 할지 그 생각만 한다. 용서받은 탕자는 구원받은 사람의 증거다. 김 목사는 용서받은 죄인이라는 생각이 없으면 구원받은 사람이 아니라고 강조했다. "천국에 아무리 빈자리가 많아도 용서받은 탕자가 되지 않은 사람은 들어갈 수가 없어요."[26]

용서받은 것을 알지 못하면 하나님의 엄청난 사랑을 깨닫지 못하고 감사도 없다. 그래서 김 목사는 우리가 죄인이라는 사실을 인정하지 않으면 겸손함이 없고, 죄인이라는 자각 없이 교회 일을 하면 우리 힘으로 명예를 위해 일하게 된다고 설명했다. 용서받은 탕자라는 깨달음 없이 봉사하는 사람이 있다면 바로 그 사람이 교회에 문제를 일으키게 된다고 누누이 말했다.

김 목사는 설교 시간에 교인들을 사정없이 야단칠 때도 있었다. 용서받은 탕자가 왜 혈기를 부리느냐는 질책으로 교인들의 마음을 찔렀다. "내가 형편없는 죄인인데 욕 좀 먹으면 어떻고, 오해 좀 받으면 좀 어떻고, 고생 좀 하면 어때. 하나님이 죽어 마땅한 날 용서해 주셨는데 불평할 게 뭐 있나, 감사 밖에 뭐가 있나." 그러면서 "용서받은 탕자가 뭐가 잘났다고 큰 소리야!" 하면서 나무랐다. 어느 날은 설교 시간에 "탕자가 무슨 말이 그렇게 많아? Shut up!" 하고 소리치기도 했다.

그만큼 김 목사는 교인들의 눈치를 보지 않았다. 사람의 마음을 달래주거나 위로하려고 하지도 않았다. 오직 자기 양들이 하나님을 올바로 알고 구원받은 사람으로 살기를 원했다. "내가 지금까지 사람들의 기쁨을 구하였다면 그리스도의 종이 아니니라" 갈 1:10.

---

26 〈폭풍 중의 신앙〉, 122쪽

1969년에 안 사모의 책 《죽으면 죽으리라》를 출판하기 위해 안 사모와 함께 한국에 나갔을 때, 김 목사는 일부러 서순덕 형제를 찾아갔다. 서 형제의 동생인 박홍자 자매(선교사)가 믿음이 없는 오빠를 찾아가서 설득해 달라고 간곡히 부탁했기 때문이다. 그 후 1970년 3월 서 형제가 로스앤젤레스에 도착했을 때, 김 목사는 직접 공항에 마중을 나갔다. 그리고 주일마다 그를 데리고 교회에 갔다. 그러나 교회에 끌려 다닌 지 3년이 지나고 용서받은 탕자 이야기도 수없이 들었지만, 그는 복음을 들어도 도무지 감이 잡히지 않았다. 게다가 평소 과로했기에 예배 시간에는 졸기 일쑤였다.

그날도 그가 설교를 듣다가 졸기를 반복하고 있을 때였다. 그의 귀에 용서받은 탕자 이야기가 들려왔다. 서 형제는, 아이고 또 저 소리구나, 하면서 졸았다. 그때 서 형제가 3년 동안 졸고 있는 것을 지켜보았던 김 목사가 손가락으로 가리키며 큰 소리로 말했다. "서순덕 형제!" 서 형제는 졸다가 번뜩 잠이 깼다. "용서받은 탕자가 누구야?" 서 형제는 주변을 돌아보았다. 사람들은 킥킥거리고 있었다. 그러나 아무리 봐도 누가 용서받은 탕자인지 알 수 없었다. "모르겠습니다." 그러자 김 목사가 말했다. "자네가 바로 용서받은 탕자야."

김 목사의 말에 사람들이 와, 하고 웃었다. 그날 이후, 서 형제는 정신을 차리고 설교를 듣기 시작했다. 아니, 설교가 들리기 시작했다. 그리고 '용서받은 탕자' 덕에 믿음을 얻게 되었다.

1981년, 김 목사는 미국 남침례교단 부총회장에 선출되었다. 로스앤젤스교회에 경사가 났다. 담임목사가 미국에서 제일 큰 교단의 2인자가 되자, 교인들은 어깨를 으쓱대며 컨벤션센터로 몰려갔다. 안내를 맡은 집사들은 한복을 맞춰 입고 갔다.

마침내 김 목사가 지명을 받고 단상에 올라섰다. 미국인 목사와 함께 서 있어도 김 목사의 큰 키 때문에 동양인이라는 느낌이 들지 않았다. 교인들은 김 목사가 수많은 미국인 앞에서 무슨 말을 할지 두근거리는 마음으로 귀를 기울였고, 김 목사가 드디어 입을 떼어 말했다. "I'm a sinner." (나는 죄인입니다)

김 목사는 늘 사람을 의식하고 말하지 않았고, 미국인이든 한국인이든 사람이 아무리 많아도 하나님 앞에 죄인이자 탕자로 섰다.

또한 설교할 때도 매번 '나는 죄인'이라고 고백했다. '죄인의 괴수'라고 했다. 처음에 교인들은 세상 어디에 내놓아도 뒤지지 않는 배경과 경력을 가진 김 목사가 왜 '나 같은 것'이라고 말하는지 이해할 수 없었다. 그러나 이내 자신을 낮추고 비우는 김 목사의 모습을 보며 은혜를 받았다.

용서받은 탕자는 김 목사의 단골 설교였다. 한번은 김 목사가 주일 설교 시간에 눈에 띄는 안수집사에게 가차 없이 질문했다. 그 안수집사는 처음에는 당황했지만 어떤 질문이든 "용서받은 탕자" 하고 대답하면 된다는 것을 알게 되었다. 김 목사는 그때마다 "70점!"이라고 하며 통과시켜 주었다.

김 목사는 평생 용서받은 탕자를 반복하면서 중요한 건 되풀이 해야 한다고 입버릇처럼 말했다. 또한 용서받은 탕자는 크리스천의 기본자세라고 강조하며, 귀에 못이 박히도록 들어야 말씀이 우리 몸과 마음에 밴다고 생각했다. 그렇기에 주일마다 새로운 얘기를 하려고 하지 않았다. 사람들에게 인기 있는 설교자가 되기 위해 애쓰지 않았다. 예화를 들거나 재미있는 얘기를 해서 사람들의 관심을 끌려고 하지 않았다. 유창하거나 세련된 설교를 하려고 하지 않았다. 그저 성경을 올바로 가르치고자 했고 진리를 전해주려고 애썼다. 그리고 진리를 전하려는 열정과 양을 사랑하는 마음이 가득한 그의 설교는 회중을 감동시켰다.

김 목사는 설교 때마다 구원도 얘기했다. 구원이 무엇인지, 어떻게 구원받는지 교인들이 신물 나도록 듣게 했다. 교인들이 지루하다고 해도 개의치 않았다. 오히려 구원만 몇 년을 계속 얘기해도 된다고 했다. 설교가 길다고 하는 말에는, "강의도 2시간 하는데 1시간 설교가 뭐가 길어?" 하고 반문했다. 그래서 김 목사를 잘 모르는 사람들은 그의 설교를 이해하지 못했다. 어렵다고 말하는 사람도 있었고 설교가 두서없어서 잘 모르겠다는 사람도 있었다. 왜 매번 죄인이라고 하고 같은 말을 반복하는지 의아해했다. 오직 김 목사의 절절한 마음을 아는 몇몇 제자만이 설교를 듣고 끝없이 밀려오는 은혜를 받았다. 그 중 한 명인 임혜자 사모는 2년 동안 설교를 들을 때마다 눈물을 흘렸다. 김 목사가 전하는 하나님의 사랑에 울다가 웃었다. 주일마다 울어서 주위 사람들에게 창피할 정도였다. 김 목사가 야단칠 때는 마음이 찔려서 울었고, 또 구원받은 게 감사해서 울다가 웃었다.

김 목사는 말씀밖에는 능력이 없다고 확신했다. 또한 복음이 사람을 새롭게 변화시키는 기적을 일으킨다고 강조하면서, 복음이야말로 세상을 살릴 수 있다고 굳게 믿었다. "내가 복음을 부끄러워하지 아니하노니 이 복음은 모든 믿는 자에게 구원을 주시는 하나님의 능력이 됨이라 먼저는 유대인에게요 그리고 헬라인에게로다"롬 1:16. 또한 복음을 절대로 부끄러워하지 않았고 복음이 아닌 것과는 타협하지 않았다.

2013년 3월, 김 목사가 소천하기 전에 로스앤젤스교회^{2018년에 남가주 새누리교회로 개명했다}의 박성근 목사가 찾아왔다. 박 목사가 교인들에게 전할 영상편지를 부탁하자, 김 목사는 그 영상에서 이렇게 말했다.

"핵심은 뭔가? 나는 참 악해. 하나님이 다 아셔, 그런데 하나님이 이 악한 나를 사랑하셔. 난 이것이(용서받은 탕자) 역사할 때 하나님의 뜻이, 하나님의 나라가 이루어진다고 생각해."

삶을 다하는 순간까지 용서받은 탕자를 외친 김 목사는 한 사람 한 사람이 하나님의 심정을 깨닫고 거듭나기를 바랐다. 모두 용서받은 탕자로 하나님 앞에 서기를 원했다. 그리고 자신부터 용서받은 탕자로 살고자, 그리고 죽고자 했다.

네 번째 편지

빚진 자의
……… 빛 된 삶[27]

---

[27] 이 장에 소개된 이야기는 다음 책을 참고하여 재구성함. 〈열방을 향하여: 로스앤젤스한인침례교회 50년사〉 92-101쪽, 《당신은 죽어요 그런데 안 죽어요》, 193-202쪽

이 예수는 너희 건축자들의 버린 돌로서

집 모퉁이의 머릿돌이 되었느니라

_ 사도행전 4:11

교회 건축

1957년 6월 방 한 칸 아파트에서 첫 예배를 드리고 석 달 후, 김 목사는 1백 불을 건축 헌금으로 내놓는다. 그리고 이 헌금은 훗날 20년 후에 있을 교회 건축을 예약하는 종잣돈이 된다.

한편, 1958년에 교단에서 예배당을 제공받은 후 교회의 규모가 커지고 교인들이 앉을 자리가 모자라게 되자, 여기저기서 새 성전을 지어야 한다는 이야기가 나왔다. 그러나 돈도 없고 집도 없던 학생들과 이민자들은 서로의 얼굴만 쳐다볼 수밖에 없었다. 그때 한 학생이 일어나 말했다. "지금까지 우리는 목사님 가정을 통해 하나님의 사랑을 받기만 하고 살아왔으니, 이 기회에 한번 사람이 되어 봅시다. 학생들은 돈이 없지만 장학금에서 조금씩 떼어 노력하면 매달 20불을 절약해서 하나님께 드릴 수 있을 것입니다. 저

남침례교단이 제공한 예배당에서 설교 중인 김 목사

는 2천 불을 약속하고 매달 20불을 드릴 테니, 김 목사님이 그 돈을 은행에 저축하시고 보증을 세우시면 2천 불을 빌릴 수 있을 것입니다. 우리가 저마다 이런 방식으로 하면 은행에서 대출하여 건축을 할 수 있으리라 믿습니다."

김 목사 부부의 수고는 허사로 돌아가지 않았다. 아무리 멀어도 달려가 학생들을 데려와서 아낌없이 베풀고 사랑해준 김 목사 부부에게, 학생들은 은혜를 갚겠다고 나섰다. 한 학생의 진지한 발언 후 저마다 1천 불씩 2천 불씩 줄지어 약정하는 바람에, 회의는 감동과 흥분으로 가득 찼다. 그리고 그때 약정했던 학생들은 모두 약속을 지켰다. 반면, 좋은 직장에 다니며 여유 있게 살던 한 가족은 3천 불을 약정하고도 지키지 못해 교회를 떠났다.

한편, 부인회 회원들도 고민에 빠졌다. 학생들이 장학금을 절약하고 은행 대출까지 받아 2천 불을 작정했다는 사실이 알려지면서 부인회는 교회의 어머니로서 적어도 5만 불을 바쳐야 한다고 생각했다. 부인회 회장인 정승희 집사가 말했다. "우리는 그날그날 죽도록 일해서 먹고사는 이민자입니다. 하루 벌어 하루 먹는 처지이지만, 어려워도 죽을힘을 다해 하나님의 전을 짓는다면 얼마나 보람 있고 자랑스럽겠어요? 사람의 생각으로는 안 된다 싶어도 믿음으로 하는 일이니 한번 해보자고 건의합니다."

마음을 모아 건축 헌금으로 5만 불을 작정한 부인회는 헌금을 구체적으로 어떻게 마련할지도 의논했다. "김치를 만들어서 팔아요. 깍두기, 된장, 고추장도 만들어 팔고요." "빈대떡과 떡, 만두도 만들어 팔면 됩니다." 여기저기서 제안이 쏟아졌다. "옷장사도 남습니다. 집에서 옷을 만들어 팔아요. 공장에서 싸게 사다가 팔면 남아요. 무엇이든 팔릴 만한 걸 만들면 되지요."

그 후 김 목사는 약정 헌금 1십만 불을 가지고 은행에서 2십만 불을 빌렸다. 그러나 은행 융자를 받은 후 건축회사에 알아보니

500명을 수용할 수 있는 예배당을 지으려면 적어도 5십만 불이 든다고 했다. 할 수 없이 김 목사는 남침례교단 국내선교부에 가서 의논했고, 2십만 불을 도와주겠다는 답변을 얻었다.

하나님은 새 성전 건축을 위해 많은 일꾼을 사용하셨다. 그 중 한 명인 서순덕 형제(선교사)는 한국 여의도에 있는 국회의사당을 설계한 건축가로, 당시 한국에서 와서 회심한지 얼마 안 된 새 신자였다. 김 목사는 그런 서 형제에게 새 성전의 설계를 맡겼다. 그러자 교회 지도자들은 한국에서 온지 얼마 안 되어 영어도 서툴고 미국 건축사 자격증도 없는 사람에게 성전 설계를 맡길 수 없다며 반대했다. 그때 김 목사는 역정을 내며, 국회의사당을 설계한 사람이 교회를 왜 못 짓겠느냐고 했다. 결국 서 형제는 김 목사의 지지 아래 미국인 건축가, 시공자와 함께 일하게 됐다. 자격증이 없었기에 대외적으로 이름을 걸지 못했지만, 서 형제는 교회를 대표하여 교회 건축을 책임진 사람이었다.

김 목사는 기회가 있을 때마다 서 형제를 위해 기도해야 한다고도 말했다. 서 형제가 무탈해야 교회가 잘 지어진다고 했다. 교인들은 밤낮으로 서 형제를 위해 기도했고, 분에 넘치는 기도를 받은 서 형제는 무거운 책임감과 감사함을 동시에 느꼈다. 성전 건축을 마친 후, 서 형제는 교회의 중견 일꾼이 되었다. 또한 교회 건축 중에 미국 건축사 자격증을 취득하여 건축 후에 설계 회사를 차렸다. 그리고 그곳에는 건축을 앞둔 다른 한인교회들이 김 목사의 추천으로 줄지어 찾아왔다.

윤인동 집사는 교회 근처에 살면서 어린 아기를 봐주는 일을 했는데, 건축위원회가 회의를 할 때마다 새벽에 한남체인에 가서 장을 보고 음식을 준비하여 건축위원들을 대접했다. 그러던 어느 날, 교회 앞 도로에서 길을 건너던 윤 집사가 교통사고를 당해 하늘나라로 가는 일이 일어났다. 김 목사는 그런 윤 집사의 죽음을 가슴 아파하고 그의 피와 희생을 두고두고 기억하면서, 교회에 충성하다가 죽은 윤 집사를 잊지 못했다.

교인들은 대부분 편물 공장, 넥타이 공장 등에 다니며 생계를 꾸려갔지만, 하루하루 생계를 위해 일하면서도 교회 건축을 위해 애썼다. 김치와 된장, 고추장을 만들고 한국에서 옷을 가져다 팔면서도 고생을 고생인 줄 모르고 일했다. 또 공장에서 종일 일하고 밤에는 옷을 만드느라 잠도 못 자고 수고하면서도 교인들은 기뻐했다. 모두가 성전 건축을 위해 기쁜 마음으로 충성했다.

정지용 장로의 가족은 토요일과 주일마다 교회에서 온종일 일했다. 그러던 어느 날 정 장로의 부인인 정승희 부인회장은 건축헌금 5만 불을 작정하고 난 뒤 자신이 위암에 걸린 것을 알게 되었다. 죽음이 다가왔다는 것을 알게 된 정 회장은 예수님을 만나면 무엇을 말해야 할지 생각했다. 돌이켜 보니 다섯 아이를 키우느라 일만 했지, 예수님을 위해 한 일은 없다는 생각이 들었다. 죽기 전에 주님을 위해 원 없이 일하고 싶었다. 일하다 죽은들 예수님께 갈 터이니 대수도 아니었다. 그렇게 정 회장은 제대로 먹지도 마시지도 못하는 몸을 이끌고, 새벽에 미니밴을 운전해서 밭에

1976년, 로스앤젤스교회 건축 현장

1976년 7월 25일 기공예배, 에델 브래들리 로스앤젤레스 시장 부인과 함께

갔다. 낡은 차문이 어찌나 덜컹거리는지 도중에 길에서 문이 열릴 것 같았다. 정 회장은 그곳에서 배추와 무와 양념거리 등을 차에 잔뜩 싣고 곧장 교회에 와서 김치를 만들기 시작했다.

한편, 김 목사는 늘 그랬듯 그날도 새벽기도 후 교인들을 집에 데려다주고 교회로 돌아왔다. 그런데 부엌에서 수상한 인기척이 느껴졌다. 도둑이 들었다고 생각한 김 목사는 몽둥이를 들고 다가갔다. 그리고 그때, 쌓아놓은 배추와 무 옆에 쓰러져 있는 정 회장을 발견하게 된다. 그 모습에 놀란 김 목사가 달려가자, 그 사이 정신이 든 정 회장이 김 목사를 쫓아냈다. "목사님, 이 시간에 여기 들어오시면 안 됩니다. 얼른 나가세요!"

정 회장의 서슬에 놀라 얼떨결에 쫓겨나온 김 목사는 사무실로 돌아가 그만 울어버렸다. "양은 이렇게 충성하는데, 주여, 저는 참 목자입니까?" 그리고 그 길로 깊은 산으로 가서 실컷 울고 집에 돌아왔다.

부인회의 헌신은 하루에 그치지 않았다. 부인회장이 중병에 걸린 사실을 알게 된 회원들은 팔을 걷어붙이고 팔 수 있는 건 무엇이든 만들었다. 한마음으로 물건을 만들어 팔고 함께 나누어 먹으니 교회가 왁자지껄해지고 잔칫집 같았다. 그리고 결국 부인회는 2년 만에 주님께 약속한 5만 불 이상을 헌금했고, 죽기를 각오하고 충성한 정 회장은 기적처럼 완쾌되었다. 또한 부인회가 성전 건축을 위해 헌신한 이야기는 로스앤젤레스교회의 역사 속 미담이 되었다.

사실 로스앤젤스교회의 건축은 단기간에 이루어진 일이 아니다. 교회는 1963년에 교회 바로 옆 아파트 네 채를 4천 불 다운페이하고 나머지 금액은 융자를 받아 총 2만 불에 구입했다. 또 유학생들은 자진하여 은행에서 각자 1백 불 혹은 2백 불씩 빌려 4천 불을 마련했다. 이후 구입한 아파트 한 채는 주일학교 공간으로 사용했고, 나머지 세 채는 집세를 받아 매달 갚아야 할 융자금으로 돌렸다. 1969년에는 두 채, 1971년에는 세 채를 보탰다. 그리고 그곳으로 이민 오는 교포와 유학생을 입주시켜 재정을 늘렸다. 그렇게 교회 주변에 한인 인구가 늘어나면서 올림픽가를 중심으로 코리아타운이 형성되었다.

1972년 2월, 교회에 건축위원회가 정식으로 발족되었고 임종식 집사가 초대 건축위원장을 맡게 되었다. 같은 해 10월에는 버렌도가 975번지에 교회를 짓기로 의결했다. 또 1974년 11월에 대지를 2십만 불에 구입하고 1975년 3월에는 남침례교단 국내선교부에 17만 5천 불을 융자해 줄 것을 요청한다. 25만 불 내외의 교회 채권 발행을 주총회에 의뢰했고, 같은 해 8월에 채권이 발행되었다. 이후 최완식 집사에 이어 박의식 집사(선교사)가 건축위원장을 맡아 수고했다.

건축위원회는 버만Bob Burman과 스튜어트 안에게 설계를 의뢰하고, 그레이스커뮤니티교회Grace Community Church를 지은 마이클슨 장로Burton Michaelson에게 시공을 맡겼다. 그리고 서순덕 형제가 사실상 교회를 대표해서 새 성전 건축을 주도했다.

1977년, 완공된 로스앤젤스교회의 건물

교인들도 교회 건축을 위해 헌신했다. 교인 중에는 10불을 바친 사람도 있었고 5천 불을 바친 젊은이도 있었으며, 1만 불을 바친 젊은 어머니가 있는가 하면 1천 불을 바친 노집사도 있었다. 심지어 돈을 꾸어서 바친 사람도 있고 옷을 팔아 바친 사람도 있었다. 어린 자녀에게 고기 한번 주지 않고 밥과 김치만으로 생활하면서 수천 불을 바친 가정도 있었다. 이들의 이러한 수고와 정성은 성전 건축의 토대가 되었다.

김 목사는 하루에도 몇 번씩 공사 현장을 둘러보았다. 그리고 "교인들의 사랑과 열성 덕분에 기적이 일어났다."고 하면서 "교인들의 적극적인 협조에 그저 하나님께 영광을 돌릴 뿐"이라고 말했다.

1976년 7월 25일, 교회는 드디어 버렌도가 975번지에서 기공예배를 드린다. 그리고 기공 예배를 드린 지 1년이 지난 1977년 7월 31일에는 로스앤젤레스의 이민교회로는 처음으로, 1백만 불을 들인 교회 건물을 하나님께 올려드리게 되었다. 대지 1,329평 위에 250평씩 2층으로 지어진 건평 500평짜리 건물로, 교회 개척 20

1989년, 톰 브래들리 시장에게 공로상을 받음

년 만의 일이다. 새 성전은 로스앤젤레스 10만 이민 사회와 교계에 자랑거리가 되었다. 이때 '로스앤젤스한인침례교회'를 교회의 이름으로 처음 사용했고, 그동안 썼던 '버렌도가한인침례교회'도 함께 사용했다.

새 교회는 소요된 건축비 때문에 화제가 되었을 뿐만 아니라 독특한 건축 양식 덕분에 한인 타운의 명소가 되었다. 교회는 대지 약 1,300평을[1] 에이커 최대한 활용하여 정사각형 모양의 건물을 짓고, 그 안에 성도의 교제코이노니아를 상징하는 원형 예배당을 세웠다.

또한 김 목사는 교회 안에 있는 것은 무엇이든 합당한 목적이 있어야 한다고 주장했다. "아름답게만 만들려고 하지 말고 생각을 해야 합니다." 그래서 성가대 좌석을 교인 좌석 뒤 강단과 마주 보는 곳에 배치했다. 인간의 소리가 하나님의 말씀보다 앞서지 않도록 했다. 침례 공간도 정면이 아니라 옆으로 배치했다. 침례를 받는다고 구원받은 것은 아니라는 이유였다. 강대상도 흔히 보는 강대상과 달랐다. 김 목사는 기존 강대상이 너무 형식적이고 권위적이라고 생각했다. "교회는 성도의 집입니다. 성도는 서로 마주 보아야 합니다." 그래서 새 성전의 강대상은 성도들 위에 군림하지 않고 성도들이 서로 마주 보도록 중심을 잡아주었다. 건축에 참여한 건축가 스튜어트 안Stuart Ahn은 이 교회가 매우 기능적이면서 아름다운 공간이라고 말했다.

이후 교회가 세워지고 올림픽가에 한인 가구가 많지 않을 때,

교회는 주변 아파트와 주택을 사들여서 새로 온 이민자들과 유학생들을 입주시켰다. 그러자 교포들이 교회를 중심으로 올림픽가의 주변 상권을 확보하게 됐고, 한인 상권이 좌우로 넓어지면서 코리아타운이 형성되었다.

로스앤젤스교회는 코리아타운이 태어나는 데 산파 역할을 했으며, 코리아타운의 모퉁잇돌이 되었다. 명실공히 한인 이민 공동체를 섬기는 대표 교회가 된 것이다. 이후 1989년에 브래들리Tom Bradley 시장은 김 목사가 로스앤젤레스에 끼친 공로를 기려 공로상을 수여했다.

남침례교단 전국총회
부총회장에 선출되다

항상 우리를 그리스도 안에서 이기게 하시고 우리로 말미암아 각처에서 그리스도를 아는 냄새를 나타내시는 하나님께 감사하노라 고후 2:14.

김 목사는 로스앤젤레스 유지들과 사이가 좋았다. 그래서 새 성전 기공 예배를 드릴 땐 브래들리 시장이 그의 부인 에델 브래들리 여사와 함께 와서 축하해주었다. 또 추수 감사예배를 드릴 때면 김 목사와 친분 있는 미국인들이 가족과 함께 교회를 찾아오기도 했다.

그러나 김 목사는 꼭 필요한 경우가 아니면 지역 유지를 만나지 않았다. 복음을 위해서만 외부 활동을 했다. 명예나 세상 이익을 위해 대외활동을 하지 않았다. 그러면서 종종 세상의 명예를 '똥'이라고 불렀다. 자신이 가진 학벌이나 경력도 주저하지 않고 '똥'이라고 했다. 교회의 직위도 마찬가지였다. 김 목사는 대전 새누리교회의 이병균 목사에게 자주 이렇게 말했다. "이 목사, 담임목사 그거 다 똥이야."

그런 김 목사의 영향력은 한인 공동체에만 국한된 것이 아니었다.

1981년 6월 25일, 한국일보와의 인터뷰

"김 목사님은 동양인에게만 유명한 분이 아닙니다. 교단의 지도자입니다." 캘리포니아 침례대학교의 총장 스테이폴즈 박사는 그러면서 김 목사를 "소명의식이 분명한, 남침례교단에 널리 알려진 일꾼"이라고 소개했다.[28]

1981년 6월 10일, 김 목사는 로스앤젤레스 컨벤션 센터에서 열린 124차 남침례교단 총회에서 동양인으로서는 최초로 부총회장에

---

28 〈아메리칸 몽타주〉, 181쪽

선출되었다. 백인 목사가 독점해온 남침례교단에서 동양인 목사가 처음으로 이룬 성과였다. 이 총회에는 성도 1천4백만 명이 소속된 13,500여 개의 미국교회 대표로, 목사 및 평신도 3만 5천여 명이 참석했다. 반면, 당시 미국 전역에 한인침례교회는 175개였다. 김 목사는 추천된 후보 7명 가운데 1차에서 42%를, 2차에서 74%의 지지를 받아 당선됐다.

"사실 감투는 별로 중요하지 않다고 생각해요. 하지만 중요한 직위를 맡으면 후배를 돕는 데 큰 힘을 보탤 수 있기 때문에, 주어진 임무를 열심히 수행해보겠습니다." 김 목사는 1981년 6월 25일 미주 한국일보와의 인터뷰에서, 감투보다 감투 밑에 있는 인격이 더 중요하고 하나님을 위해 어떻게 봉사하는지가 중요하다고 말했다. 김 목사에게 명예와 감투는 내용보다 중요한 것이 아니었다.

그런 가운데 남침례교단에서 한국교회는 중국이나 일본교회에 비해 그 입지가 상대적으로 약한 편이었기에 김 목사가 부총회장에 선출되자, 한인 교계와 로스앤젤레스교회의 성도들은 큰 자부심을 느꼈다.

그 후 1982년 6월 15일에는 한인 목회자들이 루이지애나주 뉴올리언스에서 모여 '북미 남침례회 한인교회 협의회'[29]를 창립하고 김 목사를 초대 회장으로 선출했다. 그만큼 김 목사는 미국 한

---

29 이 협의회는 1994년 '미주 남침례회 한인교회 총회'로 개명되었고 인터넷사이트는 다음과 같다. http://www.cksbca.net

인침례교회의 아버지였다. 또한 남침례교단의 한인교회가 발전기로 접어드는 무렵 초대 총회장을 역임함으로써, 총회 발전에 큰 역할을 했다.[30] 평소 김 목사는 교회 이외의 직함이나 명예를 추구하지 않았지만, 한인교회가 연합하여 복음을 전하는 일에 의의를 두고 기꺼이 총회장을 맡았다. 이날 김 목사는 마태복음 5장 1~12절을 가지고 "천국 시민의 자격자"라는 제목으로 말씀을 전했다.

한편, 새 교회는 완공 후 얼마 지나지 않아 늘어나는 교인 수를 감당하지 못했다. 새 교회를 짓기 위해 첫 삽을 뜰 무렵에 이미 교인 수가 500명을 넘었다. 헌당 예배를 드린 후 10년이 지나지 않았을 때는 부족한 주차장 시설과 어린이 학교, 예배당을 개축하자는 이야기가 나왔다.

이후 로스앤젤스교회는 2대 담임 박성근 목사가 부임한 후에 김 목사가 교회 건너편에 사 놓은 부지에 새로 구입한 부지를 합쳐 새 성전을 지었다. 1997년에 교육관을 완공하고 본당을 증축한 데 이어, 2018년에 새 성전을 지은 후 교회는 '남가주 새누리교회'로 거듭났다. 김 목사가 세운 형제 교회와 같은 이름을 내걸고 김 목사의 뜻을 계승하기 위해서였다.

---

30 허종수, 2020년 1월 5일 이메일 내용.

나는 빚진 자라[31]

헬라인이나 야만인이나 지혜 있는 자나 어리석은 자에게 다 내가 빚진 자라 롬 1:14.

1977년에 로스앤젤스교회는 1백만 불을 들여 올림픽가와 버렌도가 사이에 새 예배당을 짓고 헌당 예배를 드렸다. 당시 이민사회에서는 드물게 교회당을 신축한 것이다. 그리고 예배당 모퉁잇돌에는 '나는 빚진 자라'는 사도 바울의 말씀이 새겨져 있는데, 이는 교회당에 들어서는 사람이라면 누구나 '빚진 자'라는 의식을 가지고 살기를 바라는 김 목사의 염원 때문이었다.

빚진 자라는 말의 어감은 부정적이다. 이 말은 듣는 사람에게 압박감을 주면서 어둡고 비굴한 마음을 불러일으킨다. 그런데 당시 교인들은 이미 매달 갚아야 할 아파트 렌트비와 집 융자금, 가겟세 등을 빚지고 살았다. 하루하루가 고단한 삶이었다. 그럼에도 불구하고 김 목사는 영적으로 빚진 자가 되어야 한다고 강조했다. 성경 인물들도 "나는 빚진 자"라는 생각으로 몸부림쳤기 때문이다. 성경 인물들은 하나님께 진 빚을 갚고자 몸 바쳐 충성한 사람이었고, 몸을 바쳐도 부족하다고 생각해서 "나는 무익한 종이니이

---

[31] 본문에 나오는 쌍따옴표를 표시한 구절은 김동명 목사가 1978년 나성춘추에 기고한 <나는 빚진 자라>에서 직접 인용했다.

로스앤젤스교회의 모퉁잇돌 모습

다."라고 외친 종이었다.

김 목사는 '빚진 자' 개념으로 구원을 설명했다. 우리는 예수님의 희생을 통해 죄를 탕감받았으니 예수님께 빚을 진 셈이다. 그렇기에 예수님을 믿지 않는 영혼을 찾아 전도함으로써, 예수님께 진 빚을 갚아야 한다고 했다. 구원의 개념이 아주 선명했다.

또한 김 목사는 자신이 예수님께 가장 많은 빚을 졌다고 했다. 그러니 자기 같은 사람을 구원해주신 예수님께 평생 빚을 갚아야 한다고 했다. 하나님이 사도 바울보다 자기를 더 사랑하신다고도 했다. "사도 바울은 말이지, 엄청난 일을 했지. 내 꼴을 보면, 나는 형편없는 목사야. 그런데도 하나님이 사도 바울이나 나나 똑같이 사랑하신단 말이야. 그럼 하나님이 사도 바울보다 나를 더 사랑하시는 셈이지. 그래야 똑같이 사랑하시는 게 되는 거지, 안 그래?" 하나님이 죄인인 자기를 사랑하시기에 자신을 편애하시는 거라고 했다.

그러면서 김 목사는 교인들도 모두 빚진 자로 만들었다. 그리고 우리가 빚을 졌으니 영혼을 구원해서 빚을 갚아야 한다고 가르쳤다. 빚을 진 자가 빚 갚을 생각은 안 하고 오히려 선물만 받으려고 하는 풍토를 한탄했다. "예수 믿고 병 고치고 부자 되고 축복 받자!"는 기치를 내건 흔하디흔한 부흥회도 좋아하지 않았다. 하나님은 죄인인 우리를 위해 그분의 독생자까지 주셨기에, 우리는 "그저 미안하고, 죄송하고, 감사하고, 회개하며 없는 정성이라도 바치지 못하여 몸부림칠 뿐"이라고 했다.

김 목사는 로스앤젤스교회가 빚을 졌다고 강조하기도 했다. 기회가 있을 때마다 1천 4백만 남침례교단의 형제자매에게 빚을 졌다며 상기했다. 앞서 이야기했듯이 교단은 1958년 10월 12일에 버렌도가 1324번지에 있는 2백석 규모의 예배당을 제공했고, 이 건물은 교회가 성장하여 현재의 성전을 짓는 데 발판이 되었다. "우리 교회가 역사 속에서 꼭 잊지 말아야 할 것은 국내선교부의 사랑입니다. 개척 초기부터 남침례교단은 우리에게 생활비는 물론 교회 건물까지 제공해 주었습니다. 예수님의 사랑이 아니면 어떻게 이런 일이 가능하겠습니까? 우리는 그 사랑에 보답하기 위해 교단을 통한 선교 사업에 적극 협력해야 합니다."[32]

로스앤젤스교회는 빚진 자를 표어로 삼고 성도들에게 "복음을 받았으면 다시 주어야 한다"고 가르쳤다.[33] 교회 안에서 이민 생활의 외로움을 달래는 데 그치지 말고, 복음을 들고 나가 다른 사람에게 전할 것을 강조했다. 그렇게 교인들이 저마다 빚을 갚으려고 애쓰다 보니, 교회는 날이 갈수록 성장했다. 빚진 자의 자세가 교회 성장의 원동력이 된 것이다.

김 목사에 따르면, 빚진 자라는 마음은 교회뿐만 아니라 각 사람에게 유익하다. 하나님께 빚을 진 사실을 깨닫게 되면 한량없는 "기쁨과 감사와 용기"를 얻기 때문이다. 빚진 자라는 의식이야말로 그리스도인으로 하여금 끈기 있게 봉사하도록 만드는 힘이다.

김 목사는 평생 자신이 빚진 자라는 의식을 붙들었다. 로스앤젤스교회의 창립 30주년을 겸한 은퇴식에서도 자신을 비롯한 교인 모두가 빚진 자임을 강조했다. 또한 이름도 얼굴도 모르는 남침례교단의 교인들에게 진 빚을 기억해야 한다고 다시 한번 말했다.

"나는 빚진 자라."

이 말은 김 목사의 신앙 고백이자 주장이었고, 유언이었다.

---

[32] 로스앤젤스한인침례교회 창립 30주년 기념 및 김동명 목사 은퇴 예배 주보, 1989년 10월 8일 오후 3시
[33] 〈열방을 향하여: 로스앤젤스한인침례교회 50년사〉, 74쪽

다섯 번째 편지

마음을
전하는 마음

나는 선한 목자라

나는 내 양을 알고 양도 나를 아는 것이

아버지께서 나를 아시고

내가 아버지를 아는 것 같으니

나는 양을 위하여 목숨을 버리노라

_ 요한복음 10:14-15

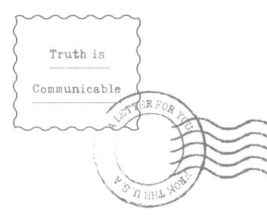

나는 양을 위하여 목숨을 버리노라

김 목사는 평소 목사 냄새 풍기는 것을 질색했다. 또 교인들에게 대접받으려고 하는 목사를 비판했다. 목사가 교인들에게 순종을 요구하는 일은 악하다고 생각했기 때문이다. 그래서 일부러 엄숙한 목소리로 기도하는 일부 목사를 나무랐다. 무슨 자격이 있다고 거룩한 척 하느냐고 했다. 자기 교회의 교인이 아닌 사람에게 목사 대접을 받는 것도 싫어했고, 목사는 양을 치는 자인데 양도 없으면서 목사라고 불리면 안 된다고도 했다. 반면에 교인은 동역자, 믿음 안에서 형제라고 생각했다. 그러면서 사도 바울을 '바울 형님'이라 부르자고 말하기도 했다.[34]

---

[34] 《그럴 수도 있지》, 413쪽

그러다 보니 김 목사는 단상에서 설교하는 것도 좋아하지 않았다. 단 아래에서 성경공부 하는 것을 더 좋아했다. "예수께서 무리를 보시고 산에 올라가 앉으시니 제자들이 나아온지라 입을 열어 가르쳐 이르시되"마 5:1-2. 예수님도 앉아서 가르치셨는데 서서 하게 되면 더 큰 소리가 나오게 되는 것 같다고 했다. 김 목사는 양들과 같은 눈높이에서 대화하고 싶어 했고, 양들에게 목회자의 권위를 세우려 하지 않았다.

북한 출신인 한동인 집사는 김 목사와 오랫동안 이웃으로 살았는데, 어느 날은 김 목사가 아래층에 내려와서 한 집사의 아내인 한병숙 집사에게 물었다.

"성남 아빠 있어?"

"아뇨, 없는데요."

"이것 좀 전해줘."

그리고는 한 집사에게 미안하다고 쓴 편지를 건네주었다. 의아했던 한 집사의 아내가 남편에게 무슨 일이 있었는지 물어보자, "서로 욱했지 뭐."라고 대답한 한 집사는 더 이상 말이 없었다. 이렇듯 김 목사는 교인들에게 편지나 카드를 자주 써서 보냈다. 은퇴한 후에도 고마운 마음을 말과 글로 자주 표현했고, 소천하기 석 달 전까지도 교인들에게 일일이 편지를 썼다.

또한 양들을 위해서라면 체면과 권위, 심지어 예의까지 내려놓을 때도 있었다. 상이군인 목사로 유명한 이천석 목사가 로스앤젤스교회에 와서 부흥회를 한 적이 있었다. 그때 이천석 목사는 말씀을 전하며 이렇게 말했다. "여기 와서 앉아 있다고 다 구원받는 줄 아세요? 아니에요. 하나님이 선택하시는 거예요. 선택받지 못할 거라면 고생하지 말고 집에 가서 편히 쉬는 게 나아요." 그러자 김 목사가 자리에서 일어나 저지했다. "그런 말 하지 마세요. 하나님은 우리를 다 선택하셨어요."

김 목사는 자기 양들이 조금이라도 말씀을 잘못 배우면 가만히 있지 않았고, 그것은 다른 목사가 설교하는 중이라도 예외가 아니었다.

그러나 교인들을 사랑한다고 해서 그들의 눈치를 보지는 않았다. 어느 제직회에서 김학경 집사는 김 목사가 어떤 일을 임의대로 결정한다고 생각하여 이의를 제기한 적이 있었다. 그때 김 목사는 이렇게 말했다. "거, 학경이는 좀 가만히 있으라고!" 그러나 그 말을 들은 김 집사는 마음이 상하지 않았다. 김 목사가 평소에 보여준 사랑으로 인해, 꾸지람을 들어도 존경하는 마음이 식지 않았기 때문이다.

한편, 김 목사는 한 사람의 현재 모습만을 보지 않았다. 복음의 힘으로 자라고 변화된다고 믿었기 때문이다. 이민교회에는 다양한 배경을 가진 사람들이 모여들었는데, 그중에 교회를 다니면서도 절을 오가던 자매가 있었다. 그러나 김 목사는 분명 하나님께서 그 자매를 쓰실 거라고 했다. 과연 김 목사의 말대로, 현재 그 자매는 케냐에서 미혼모를 돌보고 있다. 그 외에도 신앙이 미숙해 보였던 어떤 이는 북미감리교단의 여성 지도자가 되었고, 또 어떤 이는 약사로서 선교사가 되었다.

　김 목사는 미국에 온 유학생들을 훈련시켜 그들의 나라로 파송하고 싶어 했다. 그래서 박사학위를 받은 교인을 다른 사람들 앞에서 칭찬할 때가 있었는데, 어느 날 김문자 집사가 불평하며 말했다. "목사님, 박사학위를 못 받은 저 같은 사람은 기가 죽어서 교회에 못 오겠어요." 그러자 김 목사는 자신의 잘못을 금방 인정하며 말했다. "내가 이렇게 엉터리야. 그래도 박사가 된 사람의 노력은 알아주어야 하지 않을까."

　솔직한 김 목사의 말에 김 집사는 말문이 막혔다. 그리고 이런 모습 덕분에, 사람들은 김 목사를 존경하고 어려워하면서도 늘 허심탄회하게 질문할 수 있었다.

　팔로알토교회의 이춘옥 자매는 어느 날 병원에서 진단명을 듣고 김 목사에게 전화하여 눈물을 흘렸다. 그리고 한참을 울던 이 자매는 아버지와 같은 김 목사에게 마음속에 있던 이야기까지 털어놓은 후 큰 위로를 받았다. 그 후 수화기 건너편에서 이야기를 끝까지 듣던 김 목사는 이 자매를 위해 기도해 주었다. 이 자매는 누구나 받아주고 이야기를 들어주는 김 목사를 보며, 다른 사람의 말을 잘 들어주는 그리스도인이 되고 싶다는 소망이 생겼다.

　교인들을 돌보느라 교회 밖에서 보내는 시간이 많았던 김 목사는 잠도 도무지 제 시간에 잘 수 없었다. 쉴 새 없이 일했다. 교인들을 심방하고 이민 온 사람들을 공항에서 데리고 왔으며, 새벽까지 말씀을 가르쳤다. 또 새벽기도를 인도하면서 교인들의 부름에

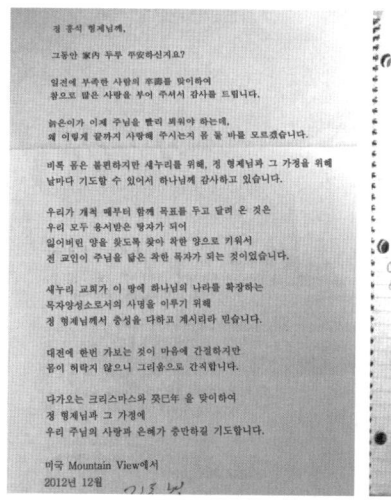

2012년 12월, 대전 새누리교회의　　　　요한복음 강의노트
정흥석 형제에게 보낸 편지

밤낮없이 응했다. 그래서 김 목사에게는 개인시간이 없었다. 휴가도 가지 않았다. 온전히 양들을 돌보기 위해 자기 삶을 조정했다. 로스앤젤스교회의 비서인 유명숙 집사도 김 목사가 24시간 일했다고 말한다.

그러다 보니 김 목사는 바쁜 일정 사이에 잠깐씩 눈을 붙였다. 운전을 하다가 신호를 기다리며 자는 일은 예사였고, 심방하는 집에 좀 일찍 가서 교인의 집 앞에 차를 세우고 부족한 잠을 보충했다. 새벽기도를 마친 후 성경공부를 시작하기 전에는 예배당 의자에서 코를 골며 자기도 했다. 한번은 저녁 예배 시간에 잠이 들어 코를 골았는데, 잠이 깬 김 목사가 정색하며 "나 사임해야 되겠다."라고 말한 적도 있다.

　김 목사는 해야 할 일에 주저하지 않았다. 직장을 잃은 교인의 딱한 사정을 들으면, 다른 교인이 말을 다 마치기도 전에 "자, 갑시다." 하고 일어섰다. 돕고 싶은 마음에 앉아서 기다리지 못했다.

　또한 늘 손에서는 책을 놓지 않았다. 대전에서 사역할 때, 그의 나이는 75세였다. 그런데 강 호 형제가 저녁 식사에 부르기 위해 가보면, 김 목사는 항상 책을 읽고 있었다. 양들에게 풍성하고 기름진 꼴을 먹이기 위해 부단히 책을 읽었고, 더 이상 책을 읽지 못하게 되었을 때는 온종일 하나님의 말씀을 묵상했다.

　토요일이 되면 거의 외부 일정을 잡지 않고 묵상에 전념했다. 그리고 설교를 준비할 때는 따로 설교 원고를 쓰지 않았는데, 김 목사의 설교노트는 A4 용지 반장 크기에 앞뒤로 쓴 것이 전부였다. 내용도 없이 설교 요지만 순서대로 나열했다. 김 목사는 악필이라서 지렁이가 기어가는 듯한 필체였고, 다른 사람이 알아보기는 쉽지 않았다.

　한편, 자기 자신을 포함하여 목사를 보는 기준이 높다 보니 김 목사는 다른 교역자들에게 많은 것을 기대했다. 부목사로 함께 했던 윤영준 목사는 이렇게 말했다. "김 목사님은 에너지가 넘치시는 분이에요. 아침부터 밤까지 일하세요. 제가 더 젊고 건강한 편인데도 목사님을 따라갈 수가 없어요." 김 목사 밑에서 일한 부교역자들은 힘에 부칠 정도였다.

　부교역자들의 어려움은 그뿐만이 아니었다. 그들에게 김 목사는 범접할 수 없는 그림자였고, 교인들은 김 목사에 비추어 다른 교역자를 평가했다. 게다가 김 목사를 따랐던 교인들이 주로 교회 지도층이었기에, 담임목사와 부목사를 비교하는 교인들의 시선은 부교역자들에게 큰 부담이었다.

  김 목사는 평신도와 사역자를 구별했다. 평신도들과는 함께 운동도 하고 식사도 하며 돈독하게 지냈고 자주 베풀었다. 그러나 사역자들에겐 냉정했다. 언젠가 한번은 어떤 부목사를 야단친 적이 있는데, 부목사의 아버지는 김 목사와 같은 고향 출신이었다. 또 김 목사가 부목사에게 다른 동창의 딸을 중매해주기도 했다. 그런데 그날 김 목사는 화가 난 나머지, 그에게 "네 아버지와 똑같다"고 말했다. 부목사는 그 후 발길을 끊었고 김 목사는 자기가 한 말을 후회했다.

  어느 날은 새누리교회의 박동선 형제(안수집사)가 당시 교회를 상대로 소송을 낸 아무개 목사를 가리키며, 그 목사도 '잃어버린 양'이 아니냐고 물은 적이 있다. 그러자 김 목사는 불같이 화를 냈다. 그러면서 예수님도 바리새인과 서기관에게 혹독하셨다고 말하며, 착한 마음으로 삯꾼 목자에게 관대하면 안 된다고 했다. 김 목사는 삯꾼 목자가 수백 마리의 양을 해친다고 생각했다.

  김 목사와 함께 했던 부목사들 중 많은 이가 이후에 교인들을 데리고 나가 인근에 교회를 개척했다. 어떤 사역자는 특정한 지방색을 들먹이며 안수집사를 선동해서 교회를 개척하기도 했고, 안 사모의 친척인 사역자도 교인들을 데리고 나갔다. 자신은 담임목사 기질이라며 떠난 부목사도 있었다. 그때마다 교회는 진통을 겪었다. 또 어떤 교인은 로스앤젤스교회에 와서 회심하고 침례를 받았다. 김 목사는 그 교인의 이름을 바꿔주며 축복해주었고 목사로 안수해주었다. 그 후 김 목사가 자신의 오른팔이라고 불렀던 그는, 김 목사가 터를 닦아 놓은 교회를 맡아 독립했다. 김 목사는 담임 목회를 시작한 그에게 재정적, 정신적 지원을 아끼지 않았다. 그러나 그 사역자는 김 목사와 관계를 끊었다.

어떤 부목사는 침례교회의 침례 규정 때문에 김 목사와 갈등을 빚기도 했다. 그 부목사는 침례를 거부하고 교인들을 데리고 나가 교회 인근에 교회를 개척했다. 부목사뿐만 아니라 장로교 출신의 장로도 침례 규정 때문에 교회를 떠났다. 김 목사가 침례교회 정관에 의거하여, 침례를 받아야 사역자와 등록 교인이 될 수 있다고 고집했기 때문이다. 그러나 김 목사는 로스앤젤스교회가 미국 내 첫 번째 한인침례교회라는 자각과 자부심을 가지고 있었기에, 앞으로 세워질 침례교회를 위해 침례 규정을 지키고자 했다.[35]

김 목사는 사우스웨스턴신학교에서 공부할 때, 성경 속 'baptism'이 '세례'가 아닌 '침례'라는 확신을 가졌다. 그렇다고 세례가 아닌 침례를 받아야 구원을 받는다고 믿지는 않았다. 침례는 구원의 전제조건은 아니지만, 구원받은 사람이 받는 의식이자 상징이라고 믿었다. 또한 타 교단에서 온 교인이 받은 유아세례를 인정

---

35 〈내가 이를 위해 왔노라〉, 김동명, 대전 새누리교회 자료, 1997, 57쪽

하지 않았다. 부모가 아닌 자기 스스로 구원을 받고 침례를 받아야 한다고 믿었다.

교인들 중에는 세례를 받았으면 됐지, 왜 침례를 받아야 하냐고 항변하면서 축도 시간에 교회를 빠져나간 청년도 있었다. 그러자 김 목사는 이후 그 청년의 집에 찾아가 무엇이든 도와주려고 했다. 하나님의 사랑을 몸소 보여준 김 목사의 정성에 감복한 임용재 청년은 침례를 받고 등록 교인이 되었다. 또한 임 청년은 직장 가방과 교회 가방을 매일 가지고 다니는 일꾼이 되었고, 훗날 소명을 받아 미래의 목회자를 가르치는 목사가 되었다.

평신도를 말씀으로 훈련시켜 목자로 만드는 데 정성을 쏟았던 김 목사는, 교회의 조직이나 구조를 세우는 데는 관심이 없었다. 그러다 보니 사역자가 여러 이유로 다른 사역자와 동역하지 못하는 것을 이해하지 못했고, 부사역자들은 김 목사 밑에서 오래 일하지 못했다. 이후 그들이 인근에 교회를 개척하면서, 로스앤젤레스에는 한인교회가 더 많아졌다. 김 목사는 부사역자와 힘든 관계를 이어갔지만, 여전히 많은 사역자의 아버지였다.

김재정 목사는 조지아주의 애틀랜타한인침례교회에 부임하기 전까지 십년 동안 김 목사 밑에서 일했다. 김 목사 밑에서 일한 사역자 중 최장수인 김재정 목사는 로스앤젤스교회의 평신도였다가 사역자가 되었다. 애틀랜타교회는 가정 교회 사역으로 유명한데, 김 목사에게 귀에 못이 박히도록 들었던 한 영혼을 사랑하는 마음이 가정 교회 사역의 핵심이 되었다. 누가복음 15장에서 잃어버린 양 한 마리를 찾을 때까지 찾아다닌 목자의 마음이 애틀랜타교회의 가정 교회 사역에도 통한 것이다.

김 목사는 제자 목사들에게 어떻게 사역해야 하는지 가르쳤다. 그리고 사역의 가장 중요한 기준은 어떤 마음으로 하느냐였다. 설교를 잘하고 싶지 않은 목회자가 어디 있겠는가. 그런데 그 설교의 중심, 동기가 제일 중요했다. 칭찬을 받으려고, 인정을 받으려고 하는 설교는 김 목사를 통과하지 못했다.

"그게 설교냐?" 새누리교회의 설 훈 목사는 한두 번 야단맞은 게 아니다. 김 목사는 혹독하게 질타했다. 화려한 말의 상찬 뒤에 빚진 자의 마음이 있는지 보았고, 용서받은 탕자의 마음속에서 흘러나온 설교인지 먼저 살폈다. 그리고 목사가 교회를 부흥시키려고 애쓰지 말고, 하나님 앞에 먼저 빚진 자로 서야 한다고 가르쳤다. 설 목사는 영적 멘토인 김 목사에게서 목회의 핵심을 배웠다.

어느 날 제임스 정 선교사가 물었다. "목사님, 아무개 목사님은 아무래도 사랑이 없어서 목회하기 힘들 것 같습니다. 차라리 신학교에서 강의하도록 주선하면 어떨까요?" 그 말을 들은 김 목사는 더더욱 안 된다고 했다. "한 교회를 버리는 것이 낫지, 신학교에서 훗날 교회를 섬길 목사를 가르치게 한다면 더 큰 일이야. 사랑 없이 지식만 가르친다면 얼마나 큰 비극이겠어."

그러면서 많은 한국인 목사가 허황된 감투욕과 내용 없는 박사학위를 따려는 명예욕으로 가득차서, 목사 직분을 다하지 못한다고 한탄했다.[36] 목사가 명예나 권위 등 삯을 받는 데 골몰하다 보니 목사의 자질은 더 떨어졌다고 말했다.

한국일보와 인터뷰하는 자리에서 김 목사는 '목사란 어머니와 같다'고 했다. "어머니는 박사도 아니고 직위도 없습니다. 그러나 사랑으로 자식을 돌보기 때문에 자식에게 존경과 신뢰를 받는 것 아니겠습니까? 목사도 어머니처럼 양을 돌봐야 합니다."

김 목사가 세운 교회에는 지식인이나 성공한 사업가가 많았다. 마운틴뷰 새누리교회는 스탠퍼드대가 있는 실리콘밸리 안에 있었고, 대전 새누리교회는 대덕연구단지에서 고학력자 전문직 종사자들을 중심으로 세워졌다. 김 목사는 엘리트 교인들을 섬기기 위해 자기 자신을 포함한 사역자들에게 엄정한 기준을 적용했다. 그 기준에 미치지 않는 사역자도 있었는데, 그러면 형편을 봐 주는 법이 없었다. "때로는 (사역자에게) 강하게 말할 필요가 있어요." 김 목사가 남침례교단 국내선교부 기자에게 한 말이다.

그런 김 목사에게 교역자를 상대하는 일보다 더 어려운 일이 있었다. 바로 자기 자신을 다루는 일이었다. 김 목사를 실망시키고 제일 힘들게 하는 사람은 다름 아닌 자기 자신이었다. 그래서 김 목사는 자신을 '죄인의 괴수'[딤전 1:15]라고 했다. 그리고 자기 같은 죄인에게 부어주신 하나님의 은혜에 늘 눈물지었다.

---

36 〈감투 밑 인격이 더 중요〉, 김동명, 미주 한국일보, 1981년 6월 25일

다음 세대를 위한 목회

어린 아이들이 내게 오는 것을 용납하고 금하지 말라 하나님의 나라가 이런 자의 것이니라 막 10:14.

김 목사는 교회가 먼저 이민 공동체를 섬겨야 한다고 생각했다. 그리고 자녀들을 말씀으로 잘 양육하는 것이 교포사회를 돕는 일이라고 했다. 본당 입구에 있는 머릿돌에는 "나는 빚진 자"라는 김 목사의 친필 아래 "우리의 후손도 만민에게 축복이 되는 특별한 백성이 되기를 바라며"라는 글귀가 새겨져 있다. 이 글귀에서 볼 수 있듯이, 김 목사는 성전을 설계할 때부터 미국사회의 일꾼이 될 2세들에게 교회가 구심점 역할을 하긴 소망했다.

로스앤젤스교회는 교육 중심의 교회, 다음 세대를 교육하는 교회를 표방했기에, 한인교회로는 처음으로 탁아소를 설치하고 영어와 한국어, 한국 문화와 역사를 가르칠 계획을 세웠다. "한국어도 잘하고, 영어도 잘해야 합니다. 우리는 아이들이 어릴 때부터 철저하게 교육할 것입니다."[37] 또 이후에는 어린이학교도 세워졌고, 그 학교에 등록된 2세만 1984년 기준으로 2백여 명이었다. 완공된 어린이학교는 규모가 크고 시설이 우수하여 주정부로부터 '모범적인 어린이학교'라는 평을 들었다.

---

[37] 〈교육 중심 교회로 건축〉, 김동명, 미주 한국일보, 1977년 3월

헌당식 후 머릿돌 앞에서 김 목사와 안 사모

    한인교회에 만족하지 않았던 김 목사는 교포사회와 한인 2세뿐만 아니라 로스앤젤레스에 있는 외국인 학생 수천 명을 전도하여, 그들을 통해 전 세계에 예수를 전하고자 했다. 그러면서 "남의 것을 받기만 하던 한국인이 금은보다 귀한 예수 그리스도의 생명을 다른 민족에게 줄 수 있다고 생각하면 피가 끓는다."고 말하기도 했다.[38]

    평소 김 목사는 주머니에 껌을 넣고 다니면서 아이들에게 나눠주고 기도해 주었으며, 아이들의 이름을 불러가며 안아주었다. 또 사진기를 메고 다니면서 사진을 찍어주기도 했다. 코를 흘리는 아

---

[38] 〈주님의 신부다운 교회〉, 김동명, 미주 한국일보, 1977년 10월 6일

이가 있어도 개의치 않았고, 심방에 가면 그 가정의 아이부터 챙겼다. 아이의 이름을 부르며 기도하는 것도 잊지 않았다. 그런 사랑을 받은 유치부, 유년부의 아이들도 김 목사를 따르며 좋아했다. 그래서 저 멀리 김 목사의 모습이 보이면, 아이들은 힘껏 달려가 그 품에 안겼다.

그토록 아이들을 사랑했던 김 목사는 갓난아기는 물론이고, 교회 아이들의 이름을 다 외웠다. 직접 아기의 이름을 지어 준 경우도 많았다. 또 교인들을 만날 때면 꼭 자녀의 안부를 잊지 않고 물었다. "제인 어떻게 지내?" "브라이언 잘 있어?" 부모들은 김 목사의 관심과 사랑에 놀랐다.

한병숙 권사는 아들과 딸의 생일에 브라질에서 온 김 목사의 축하 엽서를 받았다. 그리고 이후 한 권사의 자녀들은 김 목사가 보여준 특별한 사랑을 두고두고 기억했다. 최근에 목사 안수를 받은 한 권사의 아들 한성남 목사는, 자기가 목사가 된 것을 알았다면 김 목사가 무척 기뻐했을 것이라고 말했다.

여명미 권사는 김 목사의 신장 투석 소식을 듣고 오렌지카운티에서 마운틴뷰까지 올라간 적이 있다. 여 권사는 김 목사에게 치료를 받고 힘내서 일하시라고 말했다. 그러자 김 목사는 "이렇게 누워 있는데 무슨 일을 하나?"라고 하며 오랜만에 본 여 권사의 가정을 위해 기도해주었다. 그리고 한 번도 보지 못한 여 권사의 아들과 딸 이름도 기억해주었다.

오렌지카운티교회에서 김 목사를 환송하는 모임이 열렸을 때,

어린 아이들은 춤추고 노래하며 감사를 표현했다. 그러자 그 모습을 본 김 목사는 이렇게 말했다. "교인들이 다 내 자식이고, 교회 아이들이 다 내 손자야." 아이들을 지극히 사랑했기에, 사람들은 김 목사에게 자녀가 없는 것을 안타까워했다.

그렇다고 김 목사가 아이들을 무조건 감싼 것은 아니었다. 열 살이던 사무엘이 친구와 함께 주일학교에 있던 장난감 집에 온통 낙서를 한 적이 있다. 그때 김 목사는 부모 앞에서 사무엘과 친구의 엉덩이를 때렸다. 부모의 눈치를 보거나 잘못한 아이를 봐주는 법이 없었다. 그러나 아이도 부모도 그런 김 목사의 훈육을 존중했고, 오히려 김 목사를 더 존경하게 되었다. 또한 아이들은 이 일을 계기로 하나님의 기물을 소중히 여겨야 한다는 사실을 배웠다.

교회에서 자란 2세들은 대학에 가거나 사회로 진출할 때, 김 목사의 지원을 받았다. 부모 세대는 주로 한인 이민 사회 안에서 경제 활동을 했기 때문에, 자녀의 진학이나 취직을 돕는 데 어려움이 있었다. 반면, 김 목사는 1964년에 남침례교단 캘리포니아 총회 부회장을 역임하고 1981년에는 남침례교단 전체 부총회장을 역임했기에, 'Don Kim'이라는 이름은 기독교대학이 많은 주류 사회에 영향력이 있었다. 그래서 김 목사가 써준 추천서는 2세들이 넓은 세상에 진입하는 데 디딤돌이 되었다.

로스앤젤스교회는 2세들에게 영적 고향이자 유산이다. 한국계 미국인으로 살아가는 2세들에게 교회는 든든한 영적 지주 역할을 했다. 김 목사의 사랑과 관심이 담긴 껌과 사탕을 받으며 말씀 속에서 성장한 2세들은 이후 주류 사회에 진출했고, 자기 분야에서 세상을 섬기는 일꾼이 되었다. 그렇기에 그들은 오늘날 자신들의 모습이 부모 세대의 희생과 수고 덕분이라는 것을 잘 안다. 그리고 3, 40여 년 전의 로스앤젤스교회를 추억하면서 그 따뜻한 기억 한 가운데 김 목사를 떠올리게 된다.

살아도 주를 위하여 살고

우리가 살아도 주를 위하여 살고 죽어도 주를 위하여 죽나니 그러므로 사나 죽으나 우리가 주의 것이로다 롬 14:8.

어느 수요일, 유명숙 집사가 잔뜩 화가 나서 씩씩거리고 있었다. 이유인즉슨, 고난주간에 김 목사가 테니스를 치러 간다고 교회를 비웠기 때문이다. 과연 김 목사는 얼굴이 빨개진 채로, 간신히 수요예배 시간에 맞춰 돌아왔다.
　수요일에는 보통 단 아래에서 성경공부를 하며 예배를 드렸는데, 그곳에 선 김 목사가 교인들에게 물었다. "제가 지금 테니스를 치고 급히 왔는데 어떻게 생각하십니까?"
　앉아있던 교인들이 말했다. "고난주간인데 운동은 좀 너무하셨네요." "목사님도 쉬셔야죠." 그러자 여러 의견을 듣던 김 목사는 하나님을 섬기는 건 예배당 안에서만 하는 일이 아니라고 말했다.

그리고 하나님의 자녀인 사람은 집에 드러누워 쉬고 있어도 하나님의 일을 하는 것이고, 쉬어야 일할 수 있으니 쉬는 것도 하나님이 원하시는 일이라고 말했다. 사람들은 주일에 교회에서만 주님의 일을 한다고 생각하고 직장 일은 하나님의 일이 아니라고 생각했지만, 김 목사는 육신의 일도 집에서 빨래하는 일도 모두 주님의 일이라고 가르쳤다.

김 목사는 운동을 좋아했고 또 잘해서, 신학교 시절부터 운동을 많이 했다. 못하는 운동은 씨름밖에 없었다. 테니스도 골프도 잘 쳤다. 그래서 농담 삼아 자신은 'PGA 멤버'라고 하기도 했다. 그런데 여기서 'P'는 'Past'(과거)의 약자라고 덧붙여 말했다. 어쨌든 김 목사는 몸은 주님의 성전이기에 잘 간수해야 한다고 늘 말했고, 몸이 건강해야 양을 섬기는 일도 제대로 한다고 믿었다.

사람들은 김 목사가 세상 공부를 하다가 전향했다고 생각했다. 그러나 김 목사는 신학공부를 시작했을 때 목사가 될 마음도, 토목공학을 그만둘 마음도 없었다. 아무리 튼튼한 다리와 도로도 영원한 영혼보다 오래 가지 않는다고 생각하게 되면서 토목공학을 접고 목회에 매진하게 된 것이다. "젓가락을 쥐었다가 포크로 바꾼 거나 마찬가지죠." 김 목사에게는 토목도 목회도 모두 주님의 일이었다. 그렇기에 김 목사에게 세상 공부란 없었다. 모든 공부는 하나님을 위해 쓸 수 있다고 했다.

또한 거듭난 그리스도인은 하나님을 사랑하고 이웃을 돕는 사람이기에, 무슨 일을 하든지 최고의 실력자가 되어야 한다고 가르쳤다. 예수 믿는 사람은 "믿습니다, 믿습니다" 하면서 자기 일을 엉터리로 하면 안 된다고 누누이 말했다.[39]

한편, 김 목사는 평소 여러 음식 중에서 특히 스테이크를 좋아했다. 스테이크 테두리에 둘린 하얀 지방을 먼저 먹는 방법도 알고 있었고, 눈으로만 보고 스테이크의 무게가 얼마인지 맞출 정도였다. 그래서 안 사모는 교인이 가져온 음식에 고기가 있으면 김 목사가 먹지 못하도록 치우거나 버리기도 했다. 때로는 김 목사가 식사기도를 할 동안 스테이크가 담긴 접시를 가지고 가서, 스테이크를 반 혹은 3분의 1 크기로 잘라 왔다. 그러다 보니 김 목사는 안 사모가 또 가져갈까봐 포크에 고기를 꽂고 기도한 적도 있다.

김 목사는 돼지고기도 좋아했다. 안 사모는 구약성경에서 먹지 말라고 한 돼지고기를 주저 없이 먹는 것에 걱정했지만, 김 목사는 무엇이든 먹고 잘 소화시키면 된다고 말했다. 그러면서 사도 바울이 말했던 것처럼 모든 것을 감사함으로 먹으면 된다고 했다. "하나님께서 지으신 모든 것이 선하매 감사함으로 받으면 버릴 것이 없나니"딤전 4:4.

대전 새누리교회의 차재영 형제는 김 목사에게 몇 차례 음식을 대접했다. 그때 김 목사는 당뇨 때문에 음식을 가려서 먹어야 했는데도, 아무 말 없이 아이처럼 좋아하면서 기름진 음식을 잘 먹었다. 그 후 김 목사의 당뇨를 알게 된 차 형제는 죄송한 마음을

---

39 〈말씀이 육신이 되어〉, 183쪽

갖게 됐다. 또 일본선교 중에는 도쿄로 출장 온 새누리교회의 이대범 형제를 만난 적이 있다. 그때 이 형제가 고베 쇠고기를 대접했는데, 고기를 먹은 김 목사는 "이게 바로 천국의 맛이네."라고 말했다. "먹든지 마시든지 무엇을 하든지 다 하나님의 영광을 위하여 하라"고전 10:31.

김 목사는 교인들과 식사할 때 포도주도 마셨다. "목사님은 거룩한 척 하지 않으셨어요." 코너스톤교회의 오성환 형제가 한 말이다. 김 목사는 교인들에게 신앙과 생활을 어떻게 연결해야 하는지 가르쳤다. 성聖과 속俗이 연결되어 있다고 했다. 어느 날, 김문자 집사가 물었다.

"저는 목사님의 설교를 들으며 돈 버는 일을 생각합니다. 공장에서 뭘 해야 하나 생각합니다. 그래도 되나요?"

"그건 그래야지."

"목사님, 일도 안 했는데 돈이 들어와요. 열심히 일하고 벌어야 하는 것 아닌가요. 서명만 했는데도 돈이 들어와요."

"그리스도인이 돈을 많이 벌어야지. 그리고 왜 많이 벌어야 하는지 알고 벌어야지. 어디에 써야 하는지 알고 벌면 돈 버는 것은 아주 좋아."

김 목사는 그리스도인이 가난해야 한다고 생각하지 않았다. 그리스도인은 누구보다 돈을 잘 벌어서 좋은 일을 많이 하고, 사람을 낚는 어부가 되어야 한다고 했다. 돈이 나쁜 것이 아니라 돈을 나쁜 일에 쓰는 것이 나쁘다고 가르쳤다.

김 목사의 메시지는 교인들의 생활 지침과 동떨어져 있지 않았다. 주보에 목회 메시지를 실을 때도 교인들이 알기 쉽고 실천하기 쉬운 메시지를 담았다. 그중 1976년 5월 9일 로스앤젤스교회의 주보에는 결혼생활을 하며 사랑을 유지하는 법이 구체적으로 정리되어 있다. 거기에는 서로 따뜻한 말을 주고받고 접촉을 자주 하며, 깨끗하고 아름답게 치장해야 한다고 했다.

김 목사는 멋쟁이기도 했다. 항상 옷차림새가 깔끔했다. 큰 키에 준수한 용모를 가져서 무엇을 입어도 눈에 띄었다. 그래서 교인들은 "게리 쿠퍼Gary Cooper 목사님"이라고 부르기도 했다. 담임목사의 인물이 좋아서 사람들이 몰려든다는 우스갯소리를 했다. 또 주말이면 주례를 많이 서기도 했는데, 소박하면서도 품위 있는 풍모로 신랑과 신부의 앞날을 축복해 주었다.

주일에는 김 목사가 복장에 더 세심한 주의를 기울였다. 흰 셔츠를 고집했고, 정성스럽게 고른 넥타이와 특별히 주일을 위해 아껴 놓은 구두를 신는 버릇이 있었다. 행여 부사역자가 주일에 콤비 정장을 입고 나타나면 마땅치 않아 했다. "하나님 앞에 제일 좋은 옷을 입고 와야지. 대통령이 온다고 하면 이렇게 입고 올 거냐?" 김 목사는 예사로 면박을 주었다. 성도들도 마찬가지였다. 덥다고 반바지에 슬리퍼를 신고 와서도 안 됐고, 편하다고 청바지를 입고와도 안 됐다. "하나님은 예쁜 꽃을 얼마나 많이 만드셨나. 제일 깨끗하고 예쁘게 하고 다녀야지."

한편, 교인들은 어떤 일을 결정해야 할 때 김 목사에게 자문을 구했다. 그래서 김문자 집사도 사업을 확장해야 할지 직원의 임금을 인상해야 할지 등 고민이 있을 때, 김 목사에게 묻곤 했다. 이병항 집사는 1968년에 회계사무소를 열어야 할지 고민했다. 그의 수중에는 75불 밖에 없었다. 김 목사는 이 집사와 함께 한참 기도하더니 이렇게 말했다. "이 형제님, 사무실을 엽시다." 그 후 올림픽가에 있는 이 집사의 회계사무소는 8년 만에 약 1천5백 명의 고객을 맞이할 만큼 성장했다.

교인들에게 사업이나 부동산 자문을 해주었던 김 목사는 교회를 세울 때도 남다른 안목을 발휘했다. 그래서 김 목사가 세운 교회는 모두 교통의 요지, 산업의 중심지가 되었다. 로스앤젤스교회도 코리아타운 한 가운데에 있는데, 코리아타운이 형성되는 데 교회가 매개체 역할을 했다. 마운틴뷰 새누리교회도 처음에는 쇠락해가는 반도체 회사 터에 세워졌지만, 지금은 구글Google 회사와 가까운 교통과 산업의 중심지에 있다.

어떤 때는 땅을 사려는 성도가 김 목사를 모시고 가서 자문을 구했는데, 결과도 좋았다고 한다. 그래서 사람들은 토목을 전공한 김 목사가 교회 설립에도 전공을 발휘했다고 했고, 또 다른 사람들은 땅을 보는 김 목사의 눈이 탁월하다며, 우스갯소리로 목사가 되지 않았다면 성공한 사업가가 되었을 거라고 했다.

착한 청지기

땅과 거기에 충만한 것과 세계와 그 가운데에 사는 자들은 다 여호와의 것이로다 시편 24:1.

김 목사는 교회의 헌금을 철저하게 관리했다. 또 교회 돈을 사용할 때는 철저히 절약했다. 교회 명의의 신용카드로 기름을 넣어야 할 땐, 기름 값이 비싼 곳에서는 최소한의 금액만 쓰고 심방을 가는 길에 가격이 저렴한 주유소를 찾아 기름을 넣었다. 교회 재정부에는 헌금 봉투도 아껴서 사용하라고 말했다. 그러면서 헌금 봉투에 이름을 쓰면 한번 쓰고 버려야 하는데, 수표에 이름과 서명이 있으니 봉투에는 이름을 쓰지 말고 재활용하자고 했다. 회계사인 정경애 권사는 1992년부터 지금까지 교회 재정부에서 봉사해 왔다. 그런 정 권사에게 헌금을 대하는 김 목사의 정신과 방법은, 헌금을 관리할 때 길잡이가 되어 주었다.

김 목사는 하나님의 재산을 성경적이지 못한 방법으로 사용하거나 정확하게 관리하지 못하는 교회가 많다고 걱정했다. 그렇기에 늘 재정을 투명하게 관리하도록 지시했다. 교회 운영위원과 안수집사에겐 이렇게 말했다. "교회 돈을 갖고 인심 쓰는 놈처럼 못된 놈이 없다." 그러면서 헌금을 선교비로 책정할 때, 친분이나 사사로운 감정에 좌우되지 말고 면밀히 조사하여 써야 함을 강조했다.

언젠가 팔로알토교회의 김인환Paul Kim 목사가 2주간 한국에 다녀온 일이 있었다. 김 목사는 그런 그에게 대뜸 야단부터 쳤다. "이번 달 월급을 반만 받았냐? 한 달 월급을 받고 보름을 노는 거야? 하나님의 돈을 가지고 보름을 놀아?"

반면에 김 목사는 교인들의 헌금 납부내역은 절대 보지 않았다. 교인들이 담임목사를 의식해서 헌금을 내지 못하도록 하기 위해서였다. 거듭나지 못한 채 사람을 의식하고 헌금을 내면, 하나님을 기쁘시게 하지 못한다고 했다. 거듭나지 않은 자가 헌금을 내면 돈을 내고도 손해를 보는 것이기에, 먼저 거듭나서 감사한 마음으로 헌금해야 한다고 가르쳤다.

또한 교회가 교회 봉사자, 특히 성가대 지휘자나 반주자 그리고 솔리스트에게 사례하지 못하게 했다. 하나님께 받은 은사를 올려 드리면서 어떻게 사례비를 받느냐고 반문했다. 어느 날은 설교 시간에 갑자기 성가대를 향하여, "뭘 바라는 거야?" 하더니 "내 주먹을 먹어라." 하고 주먹을 보였다. 그러면서 할 일을 다 하고도 '무익한 종'이라고 고백해야 할 마당에 성가대가 사례를 받고 봉사하면, 주일학교 교사 등 다른 봉사자들도 사례를 받아야 하는 것이 아니냐고 반문했다. 이홍수 장로를 비롯한 성가대 대원들도 무엇을 바라거나 김 목사의 말을 섭섭하게 생각하지 않았다. "이와 같이 너희도 명령 받은 것을 다 행한 후에 이르기를 우리는 무익한 종이라 우리가 하여야 할 일을 한 것뿐이라 할지니라"눅 17:10.

팔로알토교회에 있던 시절, 여름에 2주 동안 아프리카로 단기

선교를 떠날 예정인 세 명의 형제가 있었다. 그들은 주일에 음식을 팔면서 선교비용을 모았다. 토요일이 되면 교회에 와서 다음날 8백여 명이 먹을 음식을 만들었다. 처음에는 음식을 3불에 팔다가 구급약 등 가져갈 것이 많아지면서 5불에 팔았다. 교회는 그들의 선교비용을 보태주지 않았다. 주님을 위해 일하고 복을 받으러 떠나는 여행인데, 교회가 왜 돈을 주느냐고 김 목사가 반문했기 때문이다.

또한 김 목사는 작은 교회로 부흥회를 인도하러 가면 사례비를 받자마자 돌려주었고, 큰 교회의 경우엔 사례비를 받아 그대로 교회 재정부에 맡겼다.

여명미 권사는 코스트코에서 산 서류가방을 김 목사에게 선물한 적이 있다. 40불 정도 하는 보통 가방이었는데, 김 목사는 그 가방을 몇 년 동안이나 들고 다녔다. 또 황윤석 장로는 김 목사가 대전으로 떠나는 길에 골프채를 선물했다. 대전에 가면 골프를 치면서 교인들과 교제도 하고 건강도 챙기라는 뜻이었다. 이후에 김 목사는 받은 선물을 기억하면서 황 장로를 만날 때마다 고맙다고 했고, 그때마다 황 장로는 오히려 민망했다. 자신이 김 목사에게 받은 사랑에 비하면, 골프채는 오히려 약소한 선물이라고 여겼기 때문이다.

마운틴뷰 새누리교회의 제직회에서 재정보고를 했을 때였다. 제직들이 보고서를 살펴보니 김 목사의 월급이 전도사의 월급보다 적게 책정되어 있었다. 그들은 이게 어떻게 된 일인지 질문했고, 김 목사가 들려준 계산법은 단순했다. "나는 애가 없지만 전도사는 애가 있으니 더 받아야지." 그러나 정경애 권사는 김 목사가 그 월급조차 받지 않았다고 했다. 마운틴뷰 새누리교회뿐만 아니라 대전 새누리교회에서도 김 목사는 사례비를 받지 않았다. 그리고 로스앤젤스교회가 지급한 사례금은 매달 반을 떼어 오렌지카운티에 있던 안 사모에게 주었고, 나머지 반은 팔로알토의 아파트 임대료와 생활비로 썼다.

김 목사는 교인들에게 자주 식사를 대접했다. 정지봉 장로와 정승희 권사는 로스앤젤스교회 건축 후, 당시 로스앤젤레스에서 가장 높은 쌍둥이 빌딩 식당에서 김 목사의 식사 초대를 받았다. 그런데 초대받은 식당에 가려고 보니 정 장로에게 정장이 없었다. 그러자 김 목사가 정장도 빌려주었는데, 그 양복은 김 목사의 큰 키에 비해 팔이 짧았다고 한다. 김 목사는 교회를 건축하느라 수고한 정 장로 부부에게 스테이크를 대접하며 감사를 표현했다.

마운틴뷰 새누리교회를 건축하던 무렵, 김 목사는 교인이 빌려준 산 마테오 San Mateo 집에서 혼자 살았다. 그때 수요일이 되면 집과 교회의 중간 지점인 레드우드시티 Redwood City의 음식점에 대여섯 명의 건축위원을 불러냈다. 그리고는 극구 직접 음식 값을 지불했다. 그래서 건축위원들은 그날이 되면 김 목사에게 밥도 얻어먹고, 개인상담도 받았다.

대전 새누리교회의 강철신 형제(목사)는 김 목사에게 식사를 대접한 적이 있다. 그리고 그 후 식당에서 다시 만나게 되었을 때, 그날은 김 목사가 먼저 지갑을 꺼냈다. 그 모습을 본 사람들이 만류하자, 김 목사는 확고하게 말했다. "내가 내야지. 내가 안 내면 강 형제와 다시는 밥을 못 먹네."

이뿐만이 아니다. 교회를 건축할 때는 매번 종잣돈을 내놓았다. 1957년에 방 한 칸짜리 아파트에서 첫 예배를 드린 지 3개월이 지났을 땐 건축 헌금 1백 불을 따로 냈고, 로스앤젤스교회를 건축하던 시기엔 컬버시티Culver City에 있던 집을 팔아 건축 헌금으로 내놓았다. 그 외에 1973년 안 사모와 함께 다녀온 일본 전도 집회에서 받은 헌금 7천 불도 건축 헌금으로 쓰였고, 샌타애나에 지교회를 세울 땐 2만 불을 보냈다. 마운틴뷰 새누리교회의 건축 당시에도 누구보다 먼저 종잣돈을 헌금했고, 1995년 내선 새누리교회를 개척했을 땐 5만 불을 내놓았다. 그 후 건축 부지를 살 때 계약금으로 1만 불을 더 헌금했다.

옛 제자들은 김 목사를 찾아가 뵐 때 용돈 삼아 현금을 드리는 경우가 많았다. 그러면 김 목사는 받은 현금을 차곡차곡 모아 놓았다가 교회에 내놓곤 했다.

언젠가 대전 새누리교회가 예배당을 필요로 했을 때, 김 목사는 박두원 형제에게 말했다. "난 사랑을 너무 많이 받았어. 내가 한국에 가서 목회한다고 하니까 어느 형제가 필요한데 쓰라고 하면서 줬어. 이거 예배당 준비하는 데 써." 그러면서 평소 입버릇처럼 말했다. "내가 돈 있으면 뭐하나."

그리고 1998년 김제니 집사와 재혼했을 때, 김 목사의 통장 잔고는 텅 비어 있었다.

여섯 번째 편지

사랑하는 ~~~
.... 일

그 후에 예수께서

각 성과 마을에 두루 다니시며

하나님의 나라를 선포하시며

그 복음을 전하실새

_누가복음 8:1

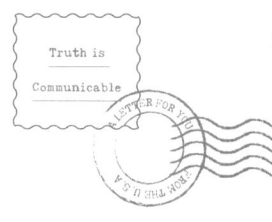

찾아가는 말씀

김 목사는 교회에서 사람을 기다리지 않고 직접 가정마다 찾아가서 가르쳤다. 안드레 교구의 유광진 성도를 만났던 때도 그랬다. 유 성도의 어머니인 유정숙 권사는 한국에서 여선교회 회장을 할 정도로 활동을 많이 하다가 미국으로 이민 왔다. 그 후 《죽으면 죽으리라》를 쓴 안 사모를 만나보기를 소원했지만 세리토스Cerritos에서 야채가게를 했기에, 유 권사와 가족들은 멀리 떨어진 로스앤젤스교회까지 찾아갈 엄두를 내지 못했다.

그러던 어느 날, 유 성도는 큰맘 먹고 로스앤젤스교회의 수요예배에 어머니를 모셔드렸다. 이내 김 목사가 문 앞에 나와 유 권사를 맞아주었고, 유 권사는 안 사모를 보고 싶어 왔다고 말했다. "그러셨군요. 제 아내가 지금 집회에 가고 없는데, 돌아오면 찾아

뵙겠습니다." 그리고는 김 목사가 유 권사의 전화번호와 주소를 받아적었고, 그 뒤로 일주일이 지났을 때쯤 김 목사 부부는 정말 세리토스에 왔다. 유 권사는 감격할 수밖에 없었다.

그 후, 김 목사는 수요예배를 마친 후 한 주도 빠짐없이 세리토스로 내려가서 유 권사와 가족들에게 말씀을 가르쳤다. 수요예배를 마치면 이미 밤 9시가 넘은 시간이었다. 유 권사와 유 성도는 밤 10시에 가게 문을 닫고 김 목사 앞에 앉아 성경공부를 시작했다. 아침부터 일했던 가족들은 피곤해서 꾸벅 졸다가 깨기를 반복했고, 그렇게 새벽 1시까지 공부했다. 김 목사는 남미로 가기 전까지 꼬박 3년간 매주 수요일 저녁에 세리토스에서 유 권사와 가족들을 가르쳤다. 그리고 늘 그렇듯 김 목사는 말씀을 가르치는 데 빠져서 시간이 가는 줄 몰랐다.

김 목사는 성경을 배우겠다는 사람이 있으면 거리가 아무리 멀어도 직접 찾아갔다. 그 중 교회에서 꽤 먼 거리에 있던 팔로스 버디스Palos Verdes의 김문자 집사 집에서도 성경을 가르쳤.

김 집사는 말씀을 배운 후로 어쩌다 한국인을 만나기라도 하면 전도했는데, 그렇게 전도하다 보니 어느덧 10~15명 정도가 김 집사의 집에 모여 말씀을 배우게 되었다. 그중에는 인덕순 집사도 있었다. 인 집사는 평소 말수가 없는 편이었는데 김 목사에게 말씀을 배우고 난 후, 동창들을 만날 때면 언젠가 모두 죽을 테니 예수를 믿어야 한다고 설득했다. 그리고 인 집사의 설득으로, 동창들은 줄지어 말씀을 배우러 나오게 됐다.

김 목사의 성경공부는 언제나 동네에서 대인기였다. 성경공부에는 숙제가 많아서 열심히 필기해야 하고, 일주일간 묵상하며 다음 시간까지 소감문을 써야 했다. 그런데도 그곳에 모인 사람들은 기대함을 가지고 와서 몇 시간이고 앉아 말씀을 들었다. 때로 김 목사는 뒤에 앉아 있는 사람에게 앞으로 나와 앉으라며 강한 어조로 밀어붙였다. 그러나 김 목사의 한결같은 사랑을 아는 사람들은 순종했다.

처음 예수님을 믿는 사람들은 질문이 많았다. 한번은 인 집사가 전도한 가정이 왔는데, 그의 이름은 자넷 아빠라고 했다. 그는 하나님의 사랑을 가르치는 김 목사에게 질문했다. "하나님이 사랑이시라면 세상이 왜 이 모양인가요? 왜 죄 없는 사람이 그토록 비참

박의식 집사의 집에서 열린 성경공부

하게 죽어야 하나요?" 당시 신문에는 캄보디아 크메르루즈 정권에 의해 잔인하게 학살된 민간인의 사진이 실려 있었기에, 순간 방안의 모든 시선이 김 목사에게 향했다.

"세상의 비극은 돈과 권력을 가지려는 욕심 때문이야. 하나님은 우리에게 모든 것을 준비해 주셨어. 그런데 사람은 욕심 때문에 나누어 먹지 않고 서로 차지하려고 해. 마음이 문제야. 내 마음이 변할 때 그런 비극은 없어져. 한 사람 한 사람이 탐욕을 없애고 옆사람을 변화시켜야 해. 이렇게 하면 세상이 변해. 내가 할 수 있는 건 내 곁에 있는 사람을 사랑하는 일이야. 내가 이거 가르치려고 여기 왔지."

김 목사의 이야기를 들은 사람들은 이 어지러운 세상에서 자신이 무엇을 해야 할지 고민했다. 그리고 한 사람을 사용하시는 하나님께서 자신을 통해 세상을 어떻게 바꾸기를 원하시는지 생각하게 됐다.

새생명오아시스교회의 박준영 형제(장로)는 김 목사를 처음 만났을 당시, 로스앤젤레스시립대학 LACC 학생이었다. 박 형제는 1977년 봄 학교에 붙은 성경공부 광고를 본 후로, 네다섯 명의 학생과 함께 학교 식당에서 요한복음을 공부하고 있었다. 한편, 그때 김 목사는 같은 학교에서 성경공부반 두세 개를 이끌고 있었다. 그리고 말씀을 배우기 원하는 사람이 있으면 한 사람이라도 개의치 않고 시간을 만들었고, 아무리 피곤해도 매주 찾아가 가르쳤다. 또한 많은 인원을 한꺼번에 가르치지 않고 여러 팀으로 나누어 가르치고 싶어 했다. 박 형제는 캠퍼스에서 수업 사이사이에 지쳐 졸고 있는 김 목사의 모습을 여러 번 보았는데, 어떻게 시간을 내서 여러 팀을 가르치는지 도무지 짐작할 수 없었다.

그러던 어느 날이었다. 김 목사는 학교 안에 다른 성경공부반이 생겼다는 걸 알게 되자, 자신이 인도하는 반의 모임장소를 교회로 조용히 옮겼다. 이름도 얼굴도 모르는 젊은 인도자에게 자리를 양보한 것이다. 당시 대학 캠퍼스에 찾아와서 말씀을 가르치는 대형 교회 목사도 보기 힘들었지만, 다른 사역자에게 자기 터를 내주는 목사는 더 드물었다. 교회 밖을 떠돌던 학생들은 김 목사의 정성과 겸손함에 감복했고, 교회 안으로 들어와 예수님을 섬기는 일꾼이 되었다.

남미에 복음의 씨앗을 뿌리다

너희 중에 어떤 사람이 양 백 마리가 있는데 그 중의 하나를 잃으면 아흔아홉 마리를 들에 두고 그 잃은 것을 찾아내기까지 찾아다니지 아니하겠느냐 눅 15:4.

안 사모는 1976년에 남미 농업조사단의 일원으로 이민 온 이경호 장로의 소개로, 아르헨티나의 수도인 부에노스아이레스에서 집회를 인도한 적이 있다. 당시 1천여 명의 교민이 모인 대형 집회였다. 그 집회 이후 권혁태 형제(안수집사)의 장인인 이경호 장로가 김 목사를 초대하게 되면서, 1979년 8월 김 목사는 집회를 인도하기 위해 부에노스아이레스로 내려가게 됐다.

한편, 그곳에 도착한 김 목사는 유치원 동창인 정유언 집사를 만난다. 그리고 그에게서 교회를 세워달라는 부탁을 받는다. 교회를 세울 뜻이 없던 김 목사는 정 집사의 간청을 받은 후 주저하며 기도해보겠다고 대답했다. 그러자 정 집사는 이렇게 말했다. "목사 새끼들은 대답하기 곤란하면 기도해보겠다고 하더라."

시간이 지난 후 김 목사는 정 집사와 함께 권혁태 형제의 가게에 심방을 가게 됐다. 그런데 권 형제가 김 목사를 만나자마자 김 목사를 따라 미국으로 가도 되는지 물었다. 당시 교민들은 남미를 거쳐 미국으로 이민 갈 꿈을 가지고 있었기 때문이다. "그걸 왜 나한테 물어봐? 저 위에다 물어봐야지." 김 목사의 말을 들은 권 형제는 기도하라는 말이구나 싶었다. "돈 벌어서 미국에 가려고 생각하지 말고, 내가 올 수도 있으니 여기서 충성하는 게 좋지 않을까?" 이렇게 말한 김 목사는 집회를 마친 후, 다시 미국으로 돌아갔다.

김 목사를 통해 하나님의 말씀을 맛본 아르헨티나 교민들은 이후 미국으로 돌아간 김 목사에게 연락했다. 그리고는 다시 와달라고 간청했다. "밤에 환상이 바울에게 보이니 마게도냐 사람 하나가 서서 그에게 청하여 이르되 마게도냐로 건너와서 우리를 도우라 하거늘"행 16:9. 결국 김 목사는 한 달간의 휴가를 받아 1980년

남미 선교 중인 김 목사의 모습

7월 9일에 부에노스아이레스로 다시 가게 됐다. 처음 남미에 발을 디딘 지 1년 만이었다.

그날 부에노스아이레스의 한인사회에는 미국에 굉장한 목사가 와서 교회를 시작한다는 소문이 났다. 그러자 많은 교인이 공항에 마중을 나왔다. 그러나 김 목사는 그들 앞에서 교회를 세울 뜻이 없음을 분명히 말했다. "내게 기대하지 마세요. 난 아무 계획 없이 왔어요. 이곳에 하나님을 모르는 영혼이 많고, 하나님이 가라고 하셔서 왔을 뿐이에요. 하나님이 나를 인도하시는 대로 할 뿐이에요."

자신은 빚진 자이므로 영혼을 구하러 왔을 뿐, 교회를 세우려고 온 것이 아니라고 말했다. 그러면서 한 영혼이 하나님을 아는 일이 중요하지, 김동명이라는 이름을 내걸고 교회를 세우는 일은 아무것도 아니라고 했다. 또 요한복음 10장 27~30절 말씀을 인용하여, 자신은 아무 능력도 지혜도 없는 미련한 양으로서 선한 목자이신 주님의 음성을 따를 뿐이라고 했다.[40] "내 양은 내 음성을 들으며 나는 그들을 알며 그들은 나를 따르느니라 내가 그들에게 영생을 주노니 영원히 멸망하지 아니할 것이요 또 그들을 내 손에서 빼앗을 자가 없느니라 그들을 주신 내 아버지는 만물보다 크시매 아무도 아버지 손에서 빼앗을 수 없느니라 나와 아버지는 하나이니라 하신대"요 10:27-30.

잔뜩 기대감을 가지고 왔던 교민들은 김 목사의 말에 실망하며 발길을 돌렸고, 그곳에는 몇몇 교민만이 남아 있었다. 그때 김 목사가 그들에게 다음날부터 성경을 공부하자고 제안했다. 그리고 그렇게 우리부루Uriburu가街 148번지에 사는 정유언 집사의 가족을 중심으로 성경공부가 시작되었다.

성경공부는 한 달이 지난 8월 13일에 끝났고, 33명이 김 목사에게 말씀을 배우고 거듭났다. 또 에쿠아도르가街에 있는 온세Once 침례교회를 빌려, 그곳에서 침례를 받았다. 남미에 첫 한인침례교회가 세워진 순간이었다.

---

40 〈열방을 향하여: 로스앤젤스한인침례교회 50년사〉, 106쪽

사실 김 목사의 남미 선교는 한 달 예정이었다. 그러나 그곳에 간 후로 한 달이 석 달로, 다시 3년으로 연장되었다. 그 당시 김 목사는 주로 남미에 머물고 로스앤젤스교회를 이따금 방문하면서, 1983년까지 남미에서 사역했다. 그리고 아르헨티나의 첫 교회를 시작으로 불과 1년 만에 베네수엘라와 파라과이, 브라질 쌍파울루에도 한인침례교회가 세워졌다. 이 세 교회는 모두 부에노스아이레스교회에서 가지를 친 교회들이다. 모교회에서 말씀을 배운 성도들이 남미의 여러 나라로 이사를 가서 복음의 곁가지를 낸 것이다.

김 목사는 한 곳에서 교회의 몸집을 키우기보다 남미의 여러 나라를 다니며 성도들의 부름에 응했다. 또 그곳에 있으면서 고광철 선교사를 도와, 인디언 원주민 '맛까족'을 위한 교회를 지었다. 이 교회는 600명을 수용할 수 있는 규모였다. 이렇듯 남미 여러 나라에 세워진 교회는 지교회를 낳고 또 낳았다. 그리고 김 목사가 시작한 남미 선교는 선교의 모범 사례가 되어, 미국 전체 한인침례교회의 연합 사업이 되었다.[41]

부에노스아이레스교회는 김 목사가 온 지 1년 만에 교회를 개축했다. 1981년에 살라스Salas 621번지에 있는 가죽 공장 건물을 구입하여 6개월 동안 교회 건물로 수리했다. 부에노스아이레스 중심가에 위치한 교회였다. 수리에 동원된 인원만 해도 현지인

---

41 〈열방을 향하여: 로스앤젤스한인침례교회 50년사〉, 108쪽

6,490명, 한인 877명이었다.

  공장을 수리하여 교회를 세우는 동안 김 목사는 작업복을 입고 지냈다. 작업복을 입은 채로 일하다가 수요 예배를 드렸다. 그때마다 미리 준비한 설교는 아니었지만 김 목사의 메시지는 성령 충만했다.

  한편, 로스앤젤스교회는 남미에 첫 한인침례교회를 세우기 위해 3만 불을 지원했다. 그리고 그 지원금은 한 교회를 세우는 데 그치지 않았다. 세월이 흘러 건실하게 자란 부에노스아이레스교회는 3만 불을 모교회에 상환하려고 했다. 그러자 김 목사 대신 여러 차례 내려가 교회를 돌본 문대연 목사와 박근서 목사는 돌려주지 말고 남미 교회를 위해 사용하라고 권했다. 그 후 3만 불은 1987년 아르헨티나한인침례교회와 라틴아메리카한인침례교회가 개척되었을 때 각각 사용되었고, 2013년 아르헨티나교회가 매각되면서 당시 건물을 짓고 있던 부에노스아이레스교회로 되돌아왔다.

  당시 교민들은 사과 궤짝을 엎어놓고 둘러앉아 밥을 먹을 정도로 열악한 환경에 있었다. 그곳에서 말도 통하지 않았고 돈도 없었다. 그런 상황에서 미국 대형교회의 목사가 남미까지 와서 말씀을 가르치다니, 교민들은 그저 감격했다. 그런데 더 감격스러운 일은 김 목사의 존중과 인정을 받는 일이었다. 미국에서 온 목사라고 해서 성도들을 함부로 대하는 법이 없었다. 그렇기에 김 목사는 교민들에게 하늘같은 존재였다.

  말씀도 일방적으로 가르치지 않았다. 김 목사는 좋은 답변을 들으면 칭찬을 아끼지 않았다. "권 형제에게 많이 배우네." 성도들이 말씀을 더 깊이 사모하도록 가르쳤다. "나는 예수님의 어린 양일 뿐, 아무것도 아닙니다. 부족하기 짝이 없습니다. 여러분은 나를 넘어서야 합니다. 말씀을 더 배우고 더 묵상하세요. 여기서 멈추면 안 됩니다. 하나님의 말씀은 한없이 자라야 합니다."

김 목사는 남미에 있는 동안 유치원 동창인 정유언 집사의 집에서 기거했다. 정 집사의 가족은 김 목사와 한 집에 살면서 저녁마다 사도행전을 배웠다. 그때 정 집사의 둘째 딸 정문혜 자매(권사)도 한 자리에 앉아 말씀을 배웠다. 정 자매는 어릴 때부터 교회를 떠난 적이 없었지만, 그때 처음 어느 누구에게서도 듣지 못했던 말씀을 들었고 어디서도 보지 못했던 목사를 만났다. 그리고 교회에 다니는 생활이 신앙생활인 줄 알았던 정 자매는 복음을 받아들였다. 아들 정문정 형제(안수집사)는 당시 교회에 다니지 않았는데 김 목사가 말과 삶으로 복음을 전한 후 거듭나서, 지금은 부에노스아이레스교회를 섬기고 있다.

사실 김 목사는 남미에 가기 전부터 심장 질환을 앓고 있었다. 그래서 의사는 김 목사에게 남미에 가지 말라고 했지만, 의사도 김 목사의 의지를 막진 못했다. 남미 사람들은 아사다asada라고 불리는 쇠고기 요리를 흔히 먹는데, 안 사모와 동행하지 않고 혼자 사역했던 김 목사는 그곳에 있는 동안 그 고기를 많이 대접받았다. 그러나 심장 질환에 육식 위주 식사는 좋지 않기에, 김 목사의 심장 질환과 중풍 증상은 남미 사역 이후 더 심해졌다. 그래서 나중에 안 사모는 교인들이 김 목사를 '대접한' 게 아니라 '잡은' 것이라고 말했다. 또 참지 못하고 고기를 많이 먹은 김 목사의 탓이라고 했다.

또한 아르헨티나의 겨울은 습하고 더워서 아침에 일어나면 집 안의 모든 벽이 습기로 도배되어 있었다. 게다가 찌는 듯한 더위에도 집에 에어컨이 없다 보니 더운 날 교인이 사는 곳에 찾아가 말씀을 가르치고 나면, 김 목사는 녹초가 되어 돌아왔다. 그때 김 목사의 건강이 더 악화되었다.

김 목사는 남미에서 한 가정, 한 가정을 양육하는 데 집중했다. 버스로 다니면서 가정 방문 교육을 했고 매일 다른 집을 방문했다. 교민들이 장사를 마치는 시간이 밤 10시였기에, 그때부터 모여 성경공부를 시작하면 새벽 1~2시는 족히 되어야 끝났.

김 목사가 집에 들어서면, 교민들은 일하던 옷감을 한쪽에 수북이 쌓아 놓고 김 목사가 앉을 자리를 만들었다. 변변찮은 책상이나 의자도 없었다. 그래도 그곳에서 교민들은 말씀을 꿀처럼 달게 받아먹었다. 김 목사도 힘을 내서 가르쳤고, 사람들이 더 오면 누구보다 신이 났다.

그런데 아르헨티나의 도로는 포장도로가 아니라 돌길이고 그곳에서 자동차는 사치품에 속했다. 그래서 대부분의 사람들은 버스를 타고 다녔고, 김 목사도 그랬다. 한번은 김 목사가 버스를 타고 성경공부를 가다가 버스에서 조는 바람에, 버스 종점까지 간 적이 있었다. 종점에 도착한 버스 기사가 내리라고 했지만, 말을 못

알아들은 김 목사는 이렇게 형편없는 목사가 남미까지 와서 말씀을 전하는 모습이 한심하기도 하고 감사하기도 해서 그저 말없이 기도만 했다. 그 후 버스 기사는 꽤 먼 거리를 되돌아가 김 목사를 집 앞에 내려주었다.

성경공부가 너무 늦게 끝나서 버스를 놓친 적도 있었다. 그때 김 목사는 하는 수 없이 밤새 걸었고, 집에 도착해보니 새벽기도 시간이 되었다. 땀에 젖은 바지를 입고 있던 김 목사는 그대로 교회에 가서 새벽 예배를 드리기도 했다.

버스를 타고 열 시간 넘게 비포장도로를 달린 날도 있었다. 그날 집에 도착하니 저녁 무렵이었다. 김 목사는 마침 부슬부슬 내리는 초겨울 찬비를 맞으며 전도할 사람을 찾아 걸었다. 그런데 갑자기, "아, 내가 먼 나라에 왔구나. 여기엔 나 혼자 밖에 없구나." 하는 생각에 쓸쓸함과 외로움이 밀려왔다. 그러나 이윽고 주님이 떠오른 김 목사는 스스로를 꾸짖었다. "야, 이 염치없는 놈아, 주님은 하늘의 영광스러운 보좌를 버리시고 이 땅에 오셔서 십자가를 지도록 나를 사랑하셨는데, 먼 나라에 왔다고? 쓸쓸하다고?" 주님께 너무 죄송했다. "주님, 잘못했습니다. 죄송합니다. 주님의 은혜가 족합니다." 주님께 기도를 드리는 김 목사의 눈시울은 이내 붉어졌다.

이후 로스앤젤스교회가 자동차를 구입할 비용 2만 불을 보내주면서, 김 목사는 포드 팔콘 Ford Falcon 자동차를 몰고 다니며 매일 밤 10시든 12시든 가리지 않고 교포 가정을 찾아가 가르쳤다. 한 가정을 위해 날품팔이하듯 다니며 말씀을 전했다. 환갑이 지난 목사가 누추한 자신의 집에 찾아와 밤늦도록 말씀을 전하다니, 부에노스아이레스 교민들의 집마다 영화 같은 일이 일어났다. 그러면서 그들은 로스앤젤레스에서 편히 지내고도 남을 목사가 왜 남미까지 와서 고생을 하는지 납득이 가지 않았다.

김 목사는 새벽부터 바쁘게 일했다. 새벽 예배 후에 권영국 선교사 부부와 QT를 했고 오전에는 기도했으며, 오후에는 심방을 했다. 삭개오의 집을 찾아가신 예수님처럼, 김 목사는 심방을 가서 한 가정, 한 가정을 깊이 만났다. 그들의 살아온 이야기도 들어주었다. 그러다 보니 하루에 한 집에서 시간을 다 보냈다.

그런데 김 목사가 예배나 성경공부 시간에만 말씀을 전한 것은 아니다. 교회를 세우느라 교인과 함께 다닐 일이 많았는데, 그때마다 소소한 세상 이야기 대신 성경 속 이야기를 풀어놓았다. 권혁태 형제는 그때마다 김 목사의 이야기를 받아 적었고 종이가 없으면 손바닥에 적기도 했다.

교인들은 김 목사의 권면대로 살았다. 그래서 자영업자가 대부분인 교인들은 주일에 가게 문을 열면 돈을 더 벌 수 있었지만, 말씀을 지키기 위해 문을 닫았다.

1982년에는 아르헨티나가 영국과 포크랜드 전쟁Falklands War을 벌이면서 전쟁을 피해 미국으로 이주하는 한인들이 많았다. 그리고 사람들이 미국으로 도망가고 있을 그때, 김 목사는 거꾸로 미국에서 부에노스아이레스로 왔다. 그리고 교민들에게는 도망가지 말고 전쟁으로 어려워진 이곳을 돕고 살려야 한다고 말했다.

남미에 교회를 세우다

내가 이 반석 위에 내 교회를 세우리니 음부의 권세가 이기지 못하리라
마 16:18.

   부에노스아이레스교회에는 대학교에 재학 중인 김혜경 자매가 있었다. 어느 날, 그 자매가 김 목사에게 간곡히 부탁했다. 미국으로 가는 길에 베네수엘라 카라카스에 사는 자기 가족들에게 복음을 전해달라는 것이다. 김 목사는 김 자매의 청을 선뜻 받아들였고, 카라카스 공항에서 내렸다.
   하지만 김 자매의 가족들에게 연락이 되지 않은 탓에 공항에는 아무도 나오지 않았고, 김 목사는 이대로 미국으로 떠나면 어린 여대생이 얼마나 실망할지 생각했다. 그래서 비행기를 하루 뒤로 미루고 근처 호텔에 머무르면서 기다렸다. 이후 김 자매의 가족들이 김 목사를 데리러 오면서 그곳에서 며칠 더 머물며 그들에게 말씀을 가르쳤다. 이것이 베네수엘라 첫 한인침례교회의 시작이었다. 그리고 1981년 1월 1일, 베네수엘라한인침례교회는 첫 삽을 떴다.
   김 자매의 가족인 김두환, 김인환 형제와 어머니는 베네수엘라

로 이민 오기 전까지 불신자였다. 한국에서 경제적으로 힘들어지면서 순복음교회를 통해 예수를 영접했는데, 이민 온 베네수엘라에는 한인교회가 없었다. 그래서 김 자매의 가족들은 전 세계에서 가장 훌륭한 목사님을 보내달라고 간절히 기도했다. 하나님께 떼쓰는 줄 알면서도 주의 종을 절박하게 기다렸다. 그리고 그 가족의 기도가 응답되어서, 김 목사가 베네수엘라 카라카스에 왔다.

김 목사가 방문한 후, 두 가정이 모여 첫 교회를 세웠다. 처음 침례를 받은 교인은 3십여 명이었고 주로 한국에서 파견 나온 공관원, 상사 직원이 주축이 되어 교회가 세워졌다. 이후 베네수엘라에 첫 한인침례교회가 세워지는 데 힘을 보탰던 김혜경 자매는 사모가 되었고 김두환 형제는 카라카스침례교회의 장로로 교회를 지키고 있으며, 김인환 형제는 미국에서 공부한 후 목회자가 되었다.

최장희 자매(권사)는 주재원이었던 남편 최인황 형제(안수집사)를 따라 베네수엘라로 와서 김 목사를 처음 만났다. 개척 교회의 목사인 시댁 어른들 사이에서 숨죽여 살던 최 자매는 김 목사를 만나기 전까지 예수님이 도무지 믿어지지 않았다. 창세기 1장도 읽기 힘들었다. 교회에 가면 모두가 다 죄인이라고 하고 감사하자고 하는데, 왜 죄인이고 무엇을 감사해야 하는지 알지 못해 답답했다. 그런 최 자매에게 김 목사는 차근차근 쉽게 설명했다.

"이렇게 남편 만난 건 어때?"

"감사하지요."

"딸 은영이 보면 어때?"

"감사해요."

"그게 바로 감사해야 할 일이야. 하나님이 주신 걸 감사하는 거지, 크고 거창한 일만 감사하는 게 아니야."

세상에 감사하지 않은 일은 하나도 없다는 사실을 일깨워 주었다. 그러자 최 자매는 오랫동안 궁금했던 문제를 꺼냈다. 자기가 무슨 죄를 지어서 예수님이 죄를 사해 주셨는지 납득이 되지 않는다고 했다.

"목사님, 그래도 저는 제가 왜 죄인인지 모르겠어요. 저는 죄를 지은 적이 없어요."

"죄지은 게 없어? 거짓말한 적 없어? 엄마 말 다 잘 들었어?"

김 목사는 소소한 죄를 나열했다. 그러면서 하나님의 마음을 모르는 게 가장 큰 죄라고 했다. 그리고 믿음이 생기지 않아서 고민하는 최 자매의 가족을 위해 3시간 동안 설명해주었다. 하나님이 보이지 않아도 우리와 함께 계시는 것은, 공기가 보이지 않아도 우리가 숨 쉬고 있는 것과 같다고 말했다. 또 전화선이 보이지 않아도 전화 통화를 할 수 있고 TV 프로그램이 어디서 나오는지 보이지 않아도 TV를 켜고 볼 수 있는 것과 마찬가지라고 했다. 최 자매는 하나님이 보이지 않는다고 안 계신 게 아니구나, 깨달음이 왔다. 그리고 김 목사를 만나 예수님을 믿게 되었다.

장로교 출신인 최인황 형제, 최장희 자매는 카라카스한인침례교회의 개척에 참여했고 카리브해에서 김 목사에게 침례를 받았다. 김 목사는 카라카스에 올 때마다 최 형제 가정의 집에 사람들을 모아놓고 성경공부를 했는데, 주말엔 예배를 드렸고 주중엔 하루도 빠짐없이 성경공부를 했다. 김 목사가 자주 왔어도 늘 함께 하지는 못했기 때문에, 교인들은 만사를 제쳐놓고 와서 말씀을 들었다. 김 목사는 최 형제의 큰 딸 은영이를 무릎에 앉혀놓고 성경을 가르쳤다.

김 목사는 성경공부를 시작하면 빨리 끝내는 법이 없었다. 그래서 늘 새벽까지 이어지기 일쑤였고, 교인들이 그만하자고 할 때까지 계속되었다. 첫 성경공부에서는 사마리아 여인과 예수님의 만남을 다루었다. 주일 설교도 사마리아 여인 이야기였는데 성경 말씀으로 배운 이야기를 설교로 듣게 되니 신기하고 재미있었다. 창세기 1장도 넘기기 힘들어 했던 최 자매는 그때 배운 성경공부를 통해, 말씀을 사모하는 사람으로 바뀌었다. 또한 함께 밤을 새워 말씀을 듣고 음식을 나누었던 경험은 교인들에게 일생 다시없는 귀한 추억이 되었다.

카라카스교회에서 김 목사는 누가복음 15장, 용서받은 탕자와 사마리아 여인에 대한 설교를 많이 했다. 다른 본문을 이야기하다가도 금세 다시 돌아왔다. 그래서 누군가는 불평하기도 했다. 왜 똑같은 이야기만 하느냐, 목사님은 그거 말고는 아는 게 없느냐는 볼멘소리였다. 그러면 김 목사는 이렇게 말했다. "나는 한 명을 위해 설교합니다." 교회에 새 얼굴이 나타날 때마다 그 한 사람을 위해 용서받은 탕자를 이야기한 것이다. 새 가족은 매주 왔고, 그렇

남미교회의 침례식

1981년 8월 29일, 권영국 선교사를 마중 나갔을 때

기에 기존 교인들은 늘 같은 설교를 들어야 했다.

김 목사는 자리를 비웠을 때 자기를 대신하여 양을 먹일 목자를 찾고 있었다. 한편, 권영국 선교사는 UBF^{대학생성경읽기선교회}의 중매로 김영주 자매와 결혼한 후 아르헨티나에 왔는데, 당시 목사 안수를 받지 않은 평신도 선교사였다. 그리고 1981년 8월 김 목사는 권 선교사를 마중 나갔고, 이미 그 전에 권 선교사가 UBF 파송 선교사라는 말을 듣고는 얼굴도 보지 않은 그를 사역자로 낙점했다. 그 이유는 딸처럼 아꼈던 로스앤젤스교회의 김금하 전도사가 같은 선교단체 소속으로 미국에 왔기 때문이다. 그만큼 김 목사는 청년들에게 순수한 말씀을 도전하는 UBF를 높이 평가했다.

권 선교사에게 김 목사는 영적 자유로움을 가르쳐 준 스승이다. 권 선교사가 따랐던 UBF 교리는 군대처럼 일사불란한 신앙생활을 요구했다. 그런데 용서받은 탕자의 복음을 배우고 하나님의 깊은 사랑을 알게 된 후, 권 선교사는 율법이 주는 강박관념에서 벗어났다. 또한 복음은 율법에 의존하지 않고 사랑의 힘으로 역사함을 알게 되었다.

물론 권 선교사가 용서받은 탕자의 복음을 받아들이는 과정은 순탄하지 않았다. 그는 목사 안수를 받을 생각도 없었고, 대형교회 목사 밑에서 공부할 뜻도 없었기에 김 목사를 피해 다녔다. 그리곤 교회를 가리지 않고 청년만 모아 말씀을 가르치고 전도했다. 그대로만 해도 될 것 같았다. 그러던 어느 날, 그의 장인어른이 말했다. 이왕 남미에 왔으니 전에 했던 공부를 내려놓고 새로 배우

권영국 목사와 함께

는 게 어떻겠냐는 것이다. 그리고 권 선교사는 고심한 끝에, 결정을 뒤로 미루고 김 목사가 하는 성경공부에 동행하게 됐다.

　70~80년대에 이민 온 교포들은 변두리에 자리를 잡고 주로 집에서 봉제업을 했다. 반면, 교회와 사택은 시내 중심에 있었다. 버스를 타고 1시간을 가야 하는 거리였다. 그런데 김 목사는 그 거리를 마다하지 않고 가서, 변두리 빈민촌에 사는 교포들의 집을 일

일이 찾아다녔다. 또 교포들이 일을 마친 밤 10시가 되면, 세 가정에게 창세기와 요한복음을 가르쳤다. 성경공부는 밤 12시에 마치면 다행일 정도로 늦게까지 끝나지 않았고, 김 목사는 막차를 타고 집으로 돌아오는 생활을 반복해야 했다. 권 선교사는 말씀대로 사는 김 목사의 모습을 옆에서 지켜보았다. 그리고 몸과 마음을 다해 양을 찾아다니는 김 목사의 모습을 보며 마음을 돌이키게 됐다. 이렇게 시작된 인연은 2013년에 김 목사가 소천할 때까지 32년 동안 이어졌다.

1982년 가을, 권 선교사는 소련러시아에 간 김 목사의 엽서를 받았다. 엽서엔 "이 늙은이를 도와주세요."라는 문장만 덜렁 쓰여 있었다. 그 후 권 선교사는 김 목사의 강권에 의해 브라질 총회에서 목사 안수를 받고 한국의 대전침례신학원에서 유학한 후, 다시 남미로 돌아온다. 자칭 '소백산 나무꾼'인 권 선교사는 아르헨티나에서 영적 아버지를 만났다.

남미의 교회 겸 사택은 2층 건물이었는데, 1층을 칸으로 막고 그곳에서 성경공부를 했다. 학생들은 김 목사와 같은 연배인 60대 다섯 명이었다. 덕분에 젊은 선교사는 교회 어르신들을 가르치며 식은땀을 많이 흘렸다. 정유언, 김종훈, 이경호, 나정순, 홍대헌 등 안수집사로 구성된 성경공부반은 예외 없이 소감문 숙제를 해야 했다. 김 목사도 학생들처럼 권 선교사의 성경공부반에 참석하여 숙제를 빠짐없이 해왔다.

이후 김 목사는 로스앤젤레스로 떠나며 이렇게 말했다. "이 김동명을 봐서 권 목사를 좋은 목사로 키워주시오. 마지막 부탁이오." 그렇기에 권 선교사는 김 목사의 부탁을 받은 교회 어른들이 목사로 키워준 것이나 다름없다.

김 목사의 지원은 그뿐만이 아니었다. 어느 주일에는 설교를 하던 중 "권 목사님과 안 맞는 분은 김동명이 하고도 안 맞는 거니까 교회를 나가세요."라고 말했다. 그리고 그 결과, 성도의 3분의 1이 교회를 떠나는 일이 있었다. 부에노스아이레스교회에서 사역을 시작한 권 목사는, 그 후 교회가 미국교회에서 은퇴한 권 목사를 다시 청빙하면서 2021년에 세 번째로 같은 교회를 섬기게 되었다.

한편, 부에노스아이레스교회는 1982년 성탄절 한 주전에 김 목사의 회갑잔치를 열었다. 남미의 12월은 한여름이었지만, 그날 교인들은 김 목사를 축하하고자 긴팔 정장을 차려입고 교회로 모였다. 그런데 문제는 그 다음 주였다. 성탄주일에 교인들이 여느 때처럼 반팔티를 입고 성탄 예배를 드리러 온 것이다. 그 모습을 본 김 목사는 화를 내며 말했다. "이 김동명이가 뭔데 내 생일에는 긴팔 정장을 입고 오고, 예수님 생일에는 반팔티를 입고 오느냐? 기분 나빠서 설교 못하겠다."

그리고는 단상에서 내려와 권 선교사에게 대신 설교를 맡겼다. 그만큼 김 목사의 예수님 사랑은 유별났다.

한 가정에서 성경공부를 인도할 때의 일이다. 말씀을 듣던 한 청년이 "목사님, 하나님이 창조하신 것은 모두 좋다고 하셨지요?" 하고 물었다. 김 목사가 그렇다고 대답하자, 그는 다시 이렇게 물

남미 선교 중인 김 목사

었다. "그러면 하나님이 이 모기들도 만드셨나요?"

　질문을 한 청년은 그 지역의 유명한 깡패였다. 어렸을 때는 착하고 모범생이었지만, 자라면서 있던 믿음도 잃은 상태였다. 그런 그는 김 목사가 어떤 대답을 하는지 듣고 싶었다. 남미의 모기, 특히 파라과이의 모기는 크고 사나워서 옷을 입어도 그 위로 사정없이 물었기 때문이다.

　"물론 모기도 하나님이 만드셨지. 어릴 때 착하고 천진난만했던 아기가 자라면서 남에게 나쁜 짓을 하는 깡패가 되는 것처럼, 본래 좋았던 모기도 해로운 존재가 된 것이 아닐까? 또 모기가 청년을 하나님께 돌아오게 하는 건지도 모르지. 청년은 하나님 덕에 살면서도 하나님을 무시하며 살았지? 만일 청년이 오늘 저녁에 모기 때문에 회개한다면, 아마 평생 모기 덕이라고 해야 할 걸."

김 목사의 말에, 사람들은 웃었지만 청년은 웃을 수 없었다. 그리고 그 후 청년은 중생하여, 나중에 김 목사를 볼 때마다 모기 이야기를 꺼내곤 했다. 정말 사나운 남미 모기가 한 생명을 살린 것이다.

김 목사는 남미에서 선교하느라 로스앤젤스교회를 오래 비웠다. 그러나 김 목사는 자기 자리에 연연하지 않았다. 제 식구를 단속해야 한다는 생각보다 남미 선교를 더 강조했다. 심지어 로스앤젤스교회에 부목사가 온 지 일주일도 안 됐는데, 인수인계도 제대로 안 하고 남미로 내려갔다. 그 뒤로도 남미 교회에 일이 생기면 사람들의 만류에도 본 교회를 제치고 달려갔다. 강만규 장로는 김 목사가 불안해하기는커녕 대범했다고 전한다.

그러나 김 목사의 대범함은 결국 대가를 치렀다. 믿고 맡겼던 부목사가 자신은 담임 목회를 해야 한다며 성도 2백여 명을 데리고 나간 것이다. 하루아침에 성전은 텅 비었고 교회 분위기는 뒤숭숭해졌다. 제직회가 열리면 사람들의 고성이 오갔다. 담임목사가 교회를 안 지켰다며 원망하는 목소리도 있었다. 그럼에도 불구하고 김 목사는 개의치 않았고, 복음을 들고 어디든 갔다.

일곱 번째 편지

하나님의 심정에
울고 웃다

예수께서 나오사 큰 무리를 보시고

그 목자 없는 양 같음으로 인하여

불쌍히 여기사

이에 여러 가지로 가르치시더라

_ 마가복음 6:34

불량품이 순정 부품으로, 안드레 교구

1983년 10월이었다. 김 목사는 대학부를 맡은 오정현 전도사(목사)에게 말했다. "그동안 나 목회 잘못했어. 엉터리였어." 영문을 몰랐던 오 전도사가 이유를 묻자, "제자훈련을 했어야 했는데." 하고 대답했다. 25년 동안 수천 명의 교인을 키웠지만, 남의 영혼을 돌보는 제자를 양육하지 못했다고 생각한 것이다. 그래서 김 목사는 남미에 다녀온 후 "지나간 20년 목회는 실패작"이라고 공공연히 선언했다.

그 후 1984년에 미주 한국일보와 진행한 인터뷰에서, 김 목사는 자립신앙을 강조했다. "오늘날 교인은 10년, 20년 신앙생활을 하고도 계속 목사에 의존하는 것을 정상으로 생각합니다. 심지어 좋은 일이라고 착각하지요. 목사도 교인에게 무조건 순종을 요구합니다. 그러나 자식이 독립하도록 교육하는 일이 부모의 책임인 것처럼, 목사도 교인을 증인으로 키워 전 세계로 내보내야 합니다."

김 목사는 1983년 10월부터 본격적으로 제자훈련을 시작했다. 그중 삼십 대 신자들로 구성된 안드레 교구는 김 목사의 특별 지도를 받았다. 늘 교회에 늦게 오거나 김 목사를 잘 모르는 사람들로, 인원은 24~25명 정도였다. 그동안 정들었던 담당 부목사가 교회를 떠난 일 때문에, 안드레 교구는 김 목사와 교회에 불만을 토로했다. 방 융 집사(장로)는 그때를 이렇게 회고한다. "좌충우돌이었어요. 말썽꾸러기들이었죠. 안수집사님도 우리를 피해 다녔으니까요."

남미에서 돌아온 김 목사는 "순 불량품 같으니라고. 믿음이 없어 그렇지."라고 말하며 안드레 교구를 맡아 가르쳤다. 그들은 토요일 새벽기도가 끝난 후에 모여 모임을 가졌는데, 새벽기도가 마칠 시간에 도착했던 성도는 의자에서 코를 골며 자는 김 목사의 모습을 여러 번 발견했다. 의자에서 졸던 김 목사는 이내 일어나 말씀을 전하며 예수님의 심정을 얘기하다가, 그 마음에 푹 빠져 혼자서 흐느끼기 일쑤였다. 듣는 사람들은 눈물을 흘리는 김 목사를 보며 그 심정을 헤아리려고 애썼다.

최의열 형제(장로)는 자신이 김 목사에게 제일 많이 야단맞았다고 회고한다. 그의 파마머리 때문인지 최 형제는 김 목사의 눈에 자주 띄었다. "최의열, 뭐가 잘났다고 큰 소리야?"

그는 많이 야단맞았지만, 억울하거나 분한 마음은 전혀 들지 않왔다. 목사님의 사랑이 안타깝게 전해져서 오히려 감사한 마음이 들었다. 그래서 성경공부를 마치고 집에 오는 길에는 찬송가를 들으며 여러 번 울기도 했다. 그런 최 형제의 변화를 제일 먼저 느낀 건 아내였다. 아내는 제자훈련을 받고 난 후에 180도로 변한 남편의 모습이 신기했다.

성경공부를 마친 안드레 교구는 많은 형제자매가 목사와 선교사로 헌신하면서 목사 세 명, 선교사 세 명을 배출했다. 불량품이었던 그들이 하나님 나라의 순정 부품으로 거듭난 것이다. 처음에 대놓고 "생긴 것부터 불량해 보이네."라고 말했던 김 목사도 나중에는 "이제 착하게 보인다."고 말했다.

정종신, 정상연 선교사와 남창식, 남영현 선교사 그리고 이주덕 목사가 안드레 교구 출신이다. 현재 러시아에서 선교하는 정종신 선교사는 김 목사에게서 목자의 심정을 보았다. 그리고 목자의 심정이야말로 사역자에게 꼭 필요한 자질이었다. 김 목사는 이 심정을 말로만 하지 않고, 직접 삶으로 보여주었다.

김 목사는 안드레 교구의 식구들을 신뢰했다. 그들도 김 목사를 엄호했다. 늘 김 목사 곁에 있으면서 교회가 어려울 때, 김 목사 편에 섰다. 나중에 김 목사는 안드레 교구에게, 매주 토요일 새벽 기도회에 돌아가면서 말씀을 전하라고 했다. 그리고 김 목사는 바로 앞자리에 앉아 그들이 전하는 말씀을 들었다.

또한 김 목사는 성경공부와 별도로 안드레 교구의 가정을 심방했다. 최 형제는 안드레 교구의 회장으로서 김 목사의 교구 심방에 동행했는데 김 목사의 심방은 사무적인 심방이 아니었다. 어려운 문제가 생긴 집에 가서 "뭐가 잘났다고 큰 소리냐?"고 야단도 치고 가르치기도 하면서, 그 집의 문제가 해결되기 전에는 집을 나서지 않았다. 그리고 김 목사의 안타까워하는 사랑을 알았기에, 야단을 맞아도 반발하는 사람은 없었다.

방 융 집사(장로)도 김 목사의 심방 길에 동행했는데, 저녁마다 김 목사를 따라다니는 것은 쉬운 일이 아니었다. 1시간 거리는 보통이었고, 김 목사의 말은 끝도 없이 이어졌다. 하나님의 사랑을 가르쳐주고 싶어서 시간 가는 줄 몰랐다. 하나님의 사랑이 아니면 그렇게 정성을 다하지 못했을 것이다. 심방을 마치고 다시 길을 나서면, 시간은 이미 새벽이었다. 두 사람은 운전하다가 너무 졸리면 고속도로 갓길에 차를 세워놓고 잠시 눈을 붙였다. 그리고 잠에서 깨면 김 목사는 다시 새벽기도하러, 방 집사는 사무실 문을 열기 위해 총총 길을 떠났다.

방 집사는 김 목사와 함께하는 시간이 흐를수록 김 목사의 진면목이 드러나는 것을 보았다. 그리고 그것은 김 목사를 생각할 때마다 떠오르는, 잊히지 않는 추억이 되었다.

사람을 낚는
어부가 되게 하리라

말씀하시되 나를 따라오라 내가 너희를 사람을 낚는 어부가 되게 하리라 하시니 마 4:19.

남미 선교 후 제자훈련에 집중하면서 기존 사역자들도 제자훈련의 대상이 되었다. 어느 날은 대학부의 오정현 전도사(목사)를 불러 요한복음 교재를 꺼내 놓고는 말했다. "오 전도사도 나하고 제자훈련하자." 오 전도사가 가르친 대학부의 지도자들과 같이 하자는 조건이었다. 처음에 오 전도사는 제자훈련도 나름 위계가 있는 법인데, 자신이 양육한 제자들과 같이 앉아서 훈련을 받아야 하는지 고민이 됐다. 그러나 스물여섯 살의 청년 오정현은 기도 끝에, 신앙이란 자아를 실현하는 일이 아니라 자기를 부인하는 것이라는 생각이 들었다. 그 후 1년 동안 자신의 제자들과 함께 제자훈련을 받게 되었다. 오 전도사는 제자들 앞에서 소감문을 발표해야 했고, 주님 앞에 벌거벗은 채로 서서 자기 껍질을 깨는 경험을 했다. 그리고 그때 받은 제자훈련은 오 전도사에게 있어 평생 목회의 자양분이 되었다.

한동대 김영길 총장은 1984년 카이스트 KAIST: 한국과학기술대학교 교수 시절에 안식년을 맞아 로스앤젤레스로 왔다. 김 교수 부부는 오래 전 안 사모의 책을 읽은 뒤, 안 사모가 시무하는 교회에서 신

1982년, 오정현 전도사와 함께

앙생활을 하고 싶은 마음이 있었다. 그러나 교회에서 차로 한 시간 거리인 팔로스 버디스에서 살고 있었기에 망설여졌다. 그때, 한국을 떠날 때 만났던 지구촌교회의 이동원 목사가 해준 권면이 생각났다. "저는 김동명 목사님의 설교를 듣고 은혜를 받았습니다. 안 사모님도 훌륭하시지만 꼭 김 목사님께 배우셔야 합니다."

그 후 김 교수 부부는 로스앤젤스교회를 방문하여 김 목사를 만나게 되었고, 그들을 만난 김 목사는 성경공부를 제안했다. 그렇게 시작된 성경공부에서 김 목사는, 매주 목요일 오후 4시가 되면 어김없이 김 교수의 집에 도착했다. 어쩌다 일찍 도착할 때면 집에 들어가지 않고 차안에서 잠을 청했다. 새벽부터 시작된 바쁜 일정으로 잠시 휴식이 필요했기 때문이다.

성경공부에는 김 교수와 김영애 권사, 장모 이삼희 권사과 자녀들이 참여했고 김 목사는 요한복음과 창세기를 가르쳤다. 과학자와 중학생이 같은 자리에 앉아 배우게 됐다. 한편, 김 목사가 방문하는 목요일이 되면 김 교수의 가정은 비상 상황이었다. 바로 소감문 때문이다. 김 교수는 목요일에 아예 출근도 하지 않았고, 아이들은 학교에서 오자마자 각자 소감문 쓰기에 바빴다. 김 교수는 서재에서, 이삼희 권사와 김영애 권사는 방에서, 그리고 아이들은 거실에서 한 눈으로는 텔레비전을 보고 한 눈으로 소감문 숙제를 했다. 그야말로 목요일에만 볼 수 있는 진풍경이었다.

김 교수의 가정은 성경공부를 통해, 말씀의 거울에 자기 자신을 비추어 보게 되었다. 그리고 매주 말씀을 배우고 소감문을 쓰면서 수증기가 낀 욕실 거울을 수건으로 닦는 느낌이 들었다. 김 교수의 장모인 예순 여섯 살의 이삼희 권사는 그때 난생 처음으로 성경공부를 했는데, 니고데모가 밤에 예수님을 찾아온 대목을 읽고 감명을 받았다. 그리고 평생 신앙생활을 하면서도 흐릿했던 거듭남의 진리를 그때 분명히 깨달았다.

열두 살이었던 조앤은 예수님이 베데스다 연못에서 38년 된 병자를 만난 사건을 묵상하다가, 두 살 위 오빠를 원망했던 일이 생각났다. 오빠가 공부를 도와주지 않아서 섭섭했던 것이다. 그런데 오빠에게 의존했던 자신의 모습이 다른 사람 때문에 병이 낫지 않는다고 원망한 38년 된 병자의 모습이라는 생각이 들었다. 김 목사는 조앤의 소감문을 듣고 칭찬하면서, "네 영적 나이는 38세."라고 말했다.

김영애 권사는 소감문을 쓰려고 묵상하다가 아브라함과 사라가 "열국의 아비와 열국의 어미"가 된 대목에 부딪혔다. 그날 통조림을 사러 간 일이 생각났기 때문이다. 에티오피아에 사는 아이들에게 줄 통조림을 자녀들의 학교에 보내기 위해, 김 권사는 세 개에 2불, 가장 싼 것을 골랐다. 얼굴도 이름도 모르는 아이들이라고 사랑도 기도도 없이 싼 것만 골라 담았던 것이 생각났다. 열국의 어미라니, 어림도 없는 일이었다. 소감문도 쓸 수 없었다. 그리고 그날 소감문을 읽을 차례가 돌아왔을 때, 김 권사는 그저 울 수밖에 없었다. 그러자 김 목사가 말했다. "그게 진짜 소감이야. 언젠가는 열국의 어미가 될 거야."

그 후 세월이 흘러 한동대가 재정 문제로 어려움을 겪을 때, 김 권사는 한동대 학생들을 위해 기도했다. 집을 떠나 공부하러 간 아들딸을 위한 기도는 뒷전이었다. 그때, 김 목사의 말이 떠올랐다. 그리고 그때서야 김 권사는 "내가 열국의 어미는 아니더라도 한동대의 어미가 되었구나."라고 생각했다. 이렇듯 김 목사의 말 한마디 한마디는 마치 은행에 넣어 둔 현금과 같아서, 급할 때 언제든지 꺼내 쓸 수 있었다.

처음에 김 목사는 김 교수의 가정을 위해 마다하지 않고 찾아갔고, 이후 인근에 있던 몇 가정이 소문을 듣고 찾아와 함께 하게 됐다. 그리고 오후 4시부터 시작된 성경공부에서는 요한복음을 공부했고, 저녁을 먹은 후 쉬었다가 다시 창세기를 공부했다. 김 목사는 쉬는 시간에 피아노로 찬송가를 연주하면서 휴식을 취하곤 했는데, 피아노를 독학해서 찬송가를 곧잘 쳤다. 그렇게 성경공부를 마치고 나면 밤 11시가 되었다. 성경공부는 김 교수의 가정이 안식년을 마치고 귀국할 때까지 지속되었다.

김 교수의 가정이 한국으로 귀국할 때, 김 목사는 '나는 빚진 자라'는 글귀를 종이에 크게 써서 주었다. 그리고 한국으로 돌아온 김 교수는 이 종이를 액자로 만들어 집안 잘 보이는 곳에 걸어놓았다. 그러던 어느 날, 경북 안동에서 평생 한학을 공부한 김 교수의 아버지가 그 액자를 보게 되었다. 그리고 "너는 무슨 빚을 그리 많이 졌냐."고 묻던 아버지는 김 총장의 소원대로 곧 예수를 영접했다.

김 목사의 가르침은 김 총장과 한동대에 영향을 주었다. 김 목사가 강조한 '나는 빚진 자라'는 말은 '공부해서 남주자'라는 한동대의 구호가 되었다. 또한 김 총장은 생전에 2층 총장실로 가기 전, 먼저 4층 기도실에 들러 기도했다. 그곳 중앙에는 김 목사가 쓴 '나는 빚진 자라' 구절이 붙어 있었는데, 늘 액자 아래에서 무릎을 꿇고 기도했다.

한편, 황윤석 형제(장로)는 김 목사를 만나기 전에 철저한 상사

김영길 총장과 함께

김 목사가 직접 쓴 '나는 빚진 자라'

맨이었다. 그리고 1970년대에는 한국 수출 진흥 정책의 첨병이었던 상사맨들이 이윤이 남을 만한 계약을 맺기 위해 목숨을 걸었다. 황 형제는 3년간 대우상사 이집트 지점에서 일하다가, 아내 황옥희 자매(권사)의 기도로 한국으로 우회하지 않고 기적적으로 미국 지점에 파견되었다. 그리고 그들이 떠나기 전 이집트 지점의 상사 부인은 로스앤젤레스에 가면 김동명 목사를 찾아 신앙생활을 하라고 당부했다.

그 후 교회에서 멀리 떨어진 팔로스 버디스에 자리를 잡은 황 형제의 가정은, 김 목사의 이름을 잊어버린 채 동네에 있던 교회 몇 곳을 전전하며 지냈다. 그때마다 황 형제는 이 목사는 이래서 안 되고 저 목사는 저래서 안 된다며 트집을 잡더니, 아내에게 더 이상 교회에 관한 말을 꺼내지도 못하게 했다. 그리고 상사맨의 논리에 충실했던 황 형제는 하나님을 믿는 사람은 의지박약하고 허약한 사람이라고 생각했다.

그러던 어느 날, 아내 황 자매는 로스앤젤스교회에서 열린 결혼식에 참석했다가 이집트에서 들었던 김 목사의 이름을 떠올렸다. 그리곤 "이 목사님 밖에 없다."는 생각에, 용기를 내어 교회로 전화를 걸었다. 황 자매의 전화를 받은 김 목사는 주저하지 않았다. 그리고 말씀을 가르치기 위해 한 시간 거리의 팔로스 버디스까지 내려오겠다고 했다. 그러나 김 목사가 온다는 말을 들은 황 형제는 달갑지 않았다. 상사맨의 논리에 비추어볼 때, 신도가 얼마나 아쉬우면 목사가 여기까지 올까 싶었다. 그래서 일부러 늦게 퇴근하면서 김 목사와 만나는 날을 차일피일 미루었다. 김 목사는 그런 황 형제의 퇴근을 기다리며 열 살, 열두 살이었던 두 아이부터 먼저 가르쳤다.

그 사이 황 형제는 김 목사에 대해 수소문했다. 그런데 이미 교인 수가 1천 명이 되는, 로스앤젤레스에서 알아주는 교회의 담임목사가 아닌가. 대형교회의 담임목사가 자기 한 사람을 위해 여기까지 온다는 사실이 납득이 가지 않았다. 게다가 김 목사는 당시 60대 후반이었는데 그 나이와 위치에 있는 목사가 한 사람을 가르치기 위해 한 시간을 달려오다니, 그 정성에 감복할 수밖에 없었다. 이런 목사는 본 적도, 들은 적도 없었다.

김 목사의 정성에 두 손을 든 황 형제는 용서받은 탕자를 배우기 시작했다. 그러면서 자신이 탕자이고, 탕자를 안타깝게 기다리던 아버지가 김 목사라는 생각이 들었다. 김 목사는 아버지의 심정을 전하러 온 하나님의 사자였다. 자기 같은 죄인을 구원하러 온 사랑의 사도였다. 말뿐만이 아니라 몸소 먼 거리를 마다하지 않고 찾아와, 하나님의 사랑을 보여주었다. 세상에서 부족할 것 없는 경력을 다 버리고 하나님의 종으로 헌신하는 김 목사의 모습은 감동을 줄 수밖에 없었다. 황 형제에게 김 목사는 교만과 상식을 깨기 위해 하나님이 특별히 보내신 선교사였다.

김인환 형제 Paul Kim(목사)는 누나와 함께 남미에서 미국으로 유학을 온 뒤, 로스앤젤레스 근교에 있는 바이올라대학교에 다니고 있었다. 그때 김 목사는 1년이 넘는 시간동안 김 남매와 또 다른 자매까지 이 세 명을 위해, 매주 화요일 저녁마다 요한복음과 창세기를 가르쳤다. 김 목사는 당시 로스앤젤레스 3대 대형 한인교회의 담임목사였다. 그런 목사가 대학생 세 명을 가르치기 위해 매주 직접 운전하여 학교까지 오는 일은 상상하기 힘들었다. 세 사람은 매주 어김없이 찾아오는 김 목사를 보며 큰 감동을 받았다.

김한나 집사는 어바인Irvine 소재의 캘리포니아주립대학교에 다녔다. 김 목사는 은퇴할 때까지 일주일에 두세 번, 저녁시간에 그곳 학생들을 찾아갔다. 먼 거리를 운전해야 했기에 피곤한 기색이 역력했지만, 열정적이고 헌신적으로 말씀을 가르쳤다. 그리고 가난한 학생들은 김 목사의 수고와 열정에 감복했다. 김 목사는 잃어버린 영혼이라면 시간과 돈을 아끼지 않고 내놓았다.

그런 김 목사의 성경공부는 늘 그렇듯, 시작 시간은 정해져 있어도 끝나는 시간은 정해져 있지 않았다. 김 목사는 말씀을 가르치기 시작하면 시간 개념이 없어졌다. "다른 건 몰라도 내가 시간 개념이 없는 건 예수님을 닮았어." 김 목사의 고무줄 시간 개념은 평생 동안 지속되었지만, 불평하는 사람은 아무도 없었다.

김 목사는 월요일에도 쉬지 않고 말씀을 가르쳤다. 월요일이 쉬는 날인 사역자들이 대상이었다. 영락교회의 목사 몇 명이 와서 창세기를 배웠고, 평신도에게도 개방되었기에 몇몇 평신도도 왔다. 방경자 집사는 월요일반 평신도 중 한 명이었다.

그 즈음 제직수련회가 열렸다. 김 목사는 요한복음을 먼저 배운 사람을 그룹의 리더로 세웠다. 그렇기에 서른 살이었던 방 집사가 연세 지긋한 여러 권사에게 말씀을 가르쳐야 했다. 방 집사는 민망한 마음에, 김 목사에게 배운 요한복음 노트를 그대로 읽었다. 그런데 듣고 있던 한 권사가 그 말씀을 듣고 펑펑 울기 시작했고 그 모습을 본 방 집사는 놀라웠다. 말씀이 역사한 순간이었다.

김 목사가 교회에서 멀리 떨어져 사는 가정을 방문하여 가르치는 시간이 늘어나자, 로스앤젤스교회의 성도들은 김 목사의 건강을 염려했다. 60대인 김 목사가 어두운 길을 운전하여 오고 가는 것도 걱정이 됐다. 몇몇 성도들은 사람들이 나이든 목사를 오라 가라 해서 혹사한다고 생각했다. 그러나 김 목사의 의지는 결연했다. 또한 성경공부반에 들어온 교인들에게는 숙제를 안 해오면 다음 시간엔 들어오지 말라고 못 박아 말했다. 집사든 안수집사든 가리지 않았다. 실제로 성경구절을 외워 오지 않은 안수집사 몇 사람이 첫날부터 쫓겨났다. 김 목사는 숙제에 관한 엄중한 원칙을 평생 한결같이 지켰다.

여명미 권사는 지금도 믿어지지 않는 하나님의 은혜로 김 목사를 만났다. 김 목사는 로스앤젤스교회에 은퇴를 선언하고 난 후 새 담임목사가 오기 전까지, 오렌지카운티 터스틴에 있는 작은 침례교회를 돌본 일이 있었다. 의사들이 중심이었던 그 교회에서는 새 목사를 청빙하고자 했고, 그때 김 목사가 거론되었다. 김 목사의 이름을 들어본 적이 없던 여 권사는 이왕이면 젊은 목사를 초청하고 싶어 했지만, 교회는 김 목사를 초대하기로 결정했다.

김 목사가 오렌지카운티로 내려오자, 여 권사는 몇 달 동안 교회에 나가지 않았다. 그런데 어느 날 김 목사가 여 권사의 집에 찾아왔다. 기존 교인의 집을 심방하러 온 것이다. 그러나 여 권사는 함께 온 집사에게 "지금 바쁘니까 나중에 오시라고 해주세요."라고 하며 김 목사를 문전박대했다.

여 권사는 그 뒤로 다른 교회에서 열린 성경공부 모임에 나갔다. 그리고 질문이 많은 여 권사에게 그날 처음 만난 정 집사가 말했다. "닥터 여, 성경공부를 하세요. 제가 제일 좋은 목사님을 소개해 줄게요." 그리고는 주소가 쓰여 있는 종이를 주며 12시까지 찾아가라고 했다. 여 권사의 병원이 있던 파운틴밸리에서 한 시간 걸리는 곳이었다.

이후 종이에 적혀 있던 곳에 도착한 여 권사가 문을 열고 들어가니, 그곳에는 여자 성도 몇 명과 연로한 목사가 앉아 있었다. 그리고 그 목사는 여 권사를 보고 이렇게 말했다. "들어오라우." 여 권사는 자리에 앉으며 옆에 있던 성도에게 물어보았다.

"저 목사님, 누구세요?"

"김동명 목사님이요."

그 순간, 지나간 일들이 떠올랐다. 그리고 김 목사를 반대하여 문전박대한 자신의 모습이 떠올라, 고개도 들 수 없었다. 그러나 김 목사는 아무런 내색 없이 말씀을 가르쳤다. 나중에 알고 보니, 김 목사는 일부러 여 권사의 점심시간에 맞춰 성경공부반을 만들고 여 권사를 불렀던 것이다.

그 후 여 권사는 일 년 동안 점심시간을 이용하여 김 목사와 성경공부를 했다. 공부할 때는 칭찬도 많이 받고 "좀 성의 있게 하라우."라는 꾸중을 듣기도 했다. 또 왕복 두 시간을 운전하고 점심도 차에서 해결해야 했다. 그러나 여 권사는 기뻤다. 그리고 김 목사가 오렌지카운티에 머문 일 년이 여 권사에게는 꿈같은 시간이었다.

여덟 번째 편지

다시, ～～
……… 세움

그러므로 너희는 가서

모든 민족을 제자로 삼아

아버지와 아들과 성령의 이름으로

침례를 베풀고

_ 마태복음 28:19

팔로알토버클랜드침례교회

그러므로 너희는 가서 모든 민족을 제자로 삼아 아버지와 아들과 성령의 이름으로 침례를 베풀고 마 28:19.

1989년 10월 8일, 김 목사는 후임 박성근 목사에게 로스앤젤스 교회를 물려주고 은퇴한다. 김 목사가 1957년 3월 10일에 첫 예배를 드린 날부터 꼬박 32년 7개월 동안 사역한 곳이었다.

교회를 이끌어갈 적임자를 만난 김 목사는 그해 가벼운 중풍 증상을 경험한 후, 중풍을 이유로 교회를 사임했다. 임용재 목사가 은퇴위원장을 맡아 수고했고, 당시 김 목사의 은퇴식은 로스앤젤레스 한인사회에 큰 화제였기에 인근에 있던 한인교회 목사들도 참석했다. 교회는 김 목사를 선교사로 파송하면서 캐딜락 승용차

1989년 10월, 로스앤젤스교회 창립 30주년 기념 및 김동명 목사 은퇴 예배

와 함께 사례비 전액을 지급할 것을 약속했다. 참석한 손님들은 오랫동안 기립 박수를 쳤다.

그 후 로스앤젤스교회는 약속대로 2013년 김 목사가 소천하는 날까지 사례비 4천 불을 매달 지급했다. 그리고 김 목사는 그 사례금 덕분에, 은퇴 후 베이 지역과 대전에서 두 차례 개척을 하는 동안 사례비를 받지 않고 사역할 수 있었다. 로스앤젤스교회는 김 목사의 맏아들과 같은 존재였다.

로스앤젤스교회의 2대 담임목사가 된 박성근 목사는 신학생 시절에 김 목사의 주례로 결혼했다. 당시 잘 알지도 못했던 가난한 신학생 부부를 위해, 김 목사는 간절하게 축복기도를 해주었다. 그 후 서른일곱 살에 큰 교회를 맡아 30여 년 동안 목회해온 박 목사는, 김 목사가 아버지와 같이 항상 격려해주고 자기편이 돼주었다고 회고한다.

로스앤젤스교회는 박 목사의 지도 아래 성장하여 1997년 교회 확장 공사, 2018년 새 성전을 건축하고 '라이프웨이 비전 센터'Lifeway Vision Center라는 이름을 붙였다.[42]

한편, 김 목사는 은퇴식을 마치고 2주가 지난 1989년 가을에 캘리포니아주 팔로알토에 위치한 팔로알토버클랜드침례교회Palo Alto Berkland Baptist Church에 당도했다. 일흔 살이 가까운 나이와 한 차례 지나간 중풍에도 불구하고 활기찬 모습이었다. 팔로알토교회는 폴 김 목사와 김금하 전도사가 버클리 소재인 캘리포니아주립

---

[42] 로스앤젤스교회는 2018년 새 성전을 건축하고 난 후 김동명 목사의 목회철학을 계승한다는 취지로, 김 목사가 개척한 교회의 이름을 따서 '남가주 새누리교회'(영어 이름은 Berendo Street Baptist Church)로 개명했다. 교회가 목자양성소가 되어야 한다는 김 목사의 뜻을 계승하고자 교회 이름을 바꾸었다. 남가주 새누리교회의 박성근 목사는 목자 양성에 전력해왔다. 목자훈련 첫 시간에 박 목사는 항상 누가복음 15장을 가지고 용서받은 탕자를 강의한다. 박 목사에게 이어진 김 목사의 목회 정신은 교인들로 하여금 목자 되기를 소망하게 만들었다. 또 남가주 새누리교회는 김 목사와 안 사모의 사역을 잊지 않고 기억하기 위해, 두 사람의 발자취를 모아 2021년에 달력을 만들었다.

1989년 10월, 로스앤젤스교회 은퇴

1997년 3월, 로스앤젤스교회 40주년 기념 및 새 성전 봉헌 기념

대학교와 오클랜드 사이에 세운 '버클랜드침례교회'Berkland Baptist Church의 지교회로, 버클랜드교회는 버클리Berkeley와 오클랜드Oakland 두 글자를 조합하여 만든 이름이다. 스탠퍼드대 학생들의 선교를 목표로 세워진, 교인이래야 30명 남짓 되는 학생 가정과 교포 서너 가정이 전부인 작은 교회였다. 그리고 폴 김 목사와 김금하 전도사는 로스앤젤스교회에서 김 목사에게 훈련받은 제자였다.

1989년 봄, 팔로알토교회는 담임목사였던 김동환 목사가 그해에 사임하겠다고 밝히면서, 청빙위원회를 구성하고 후임자를 물색하기 시작했다. 그때 팔로알토교회의 창립 멤버이자 당시 로스앤젤스교회에 다니고 있던 김종업 집사(장로)가 김 목사의 은퇴 소식을 알렸다. 그러나 학생들은 큰 교회의 목사님이 사례비도 드릴 수 없는 학생 교회에 오실 리가 없다고 생각했다. 상식적으로 불가능한 일이었기에 김 목사가 수락하리라 기대하지 않았지만, 몇 명의 학생이 모여 청빙 서류를 꾸몄다. 그리고 이수홍, 정인석 청빙위원이 로스앤젤레스로 가서 공항에서 기다리고 있던 김종업 집사와 함께 김 목사를 찾아갔다.

그런데 세 사람을 만난 김 목사는 그 자리에서 선뜻 청빙을 수락했다. 그들은 기도해보겠다, 혹은 생각해보겠다는 답을 기대했기에 모두 놀랄 수밖에 없었다. 그런 그들에게 김 목사는 오히려 담담하게 말했다. 기도한대로 '선착순' 원칙에 의거, 첫 번째로 서류를 가져오는 교회에 가겠다고 했다. 당시 김 목사에게 관심을 표한 교회가 많았는데, 동부에 있는 한 교회도 그 중 하나였다. 그런데 팔로알토교회가 청빙 서류를 직접 가지고 온 첫 번째 교회였다. 그렇다고 김 목사가 청빙 서류를 꼼꼼하게 검토한 것도 아니었다. 그저 청빙위원들이 꺼낸 몇 마디 말을 듣고 답했을 뿐이다.

김 목사가 그 자리에서 수락하자, 청빙위원들은 처음에 놀랐다가 나중에는 송구하고 감사한 마음이 들었다. 작은 학생 교회는 김 목사의 경력에 맞는 예우를 하지 못하는 형편이었기에, 청빙 서류에 사례비를 드릴 수 없다고 명시해놨기 때문이다.

사실, 김 목사가 스탠퍼드대 인근에 있는 유학생 교회에 가겠다고 결정한 이유는 또 있었다. 로스앤젤스교회를 세울 당시 꾸었던 꿈vision 때문이다. 2십여 나라에서 온 학생들이 한 교회에 모여 예배를 드렸던 30년 전 기억이 떠올랐다. 그리고 한인교회로 성장하는 바람에 접었던 꿈이, 유학생 교회의 청빙 서류를 통해 되살아났다. 스탠퍼드로 유학 온 학생들을 훈련시켜 전 세계에 복음을 전할 수 있겠다는 생각이 들었다. 그렇기에 전 세계에 복음을 전하고 싶었던 김 목사는 청빙을 기꺼이 받아들였다. 자신의 제자가 세운 교회의 지교회라는 사실은 아무 문제가 되지 않았다. 그렇게 김 목사는 로스앤젤스교회를 은퇴한 지 2주 만에 팔로알토교회에 부임했다.

팔로알토교회는 팔로알토시를 남북으로 관통하는 미들필드와 이스트 메도우가 만나는 지점에 있던 팔로알토침례교회를 빌려 오후 예배를 드렸다. 스탠퍼드 유학생 부부 3십여 명과 영어권 10명이 모여 있는 작은 교회였다. 그곳에 김인환Paul Kim 전도사가

팔로알토버클랜드침례교회 앞에서

와서 도왔는데, 김 전도사는 김 목사가 세운 베네수엘라 카라카스 한인침례교회 출신이다. 김 전도사는 김 목사와 안 사모의 시의적절한 개입과 도움으로 미국에 와서 골든게이트 신학교를 마친 후, 바로 김 목사의 교회로 왔다. 또 김 목사는 작은 교회였지만 변수

옥 전도사를 영입하여 어린이 사역을 맡겼고, 나중에 온 필립 하 전도사는 청소년부를 맡았다. 명실공히 교회의 구조와 기틀이 바로 세워져 갔다. 버클랜드교회의 지교회였던 작은 유학생 교회가 김 목사의 부임 후, 사실상 아버지 교회와 다름없는 교회가 된 것이다.

유학생 선교를 목표로 했던 김 목사는 스탠퍼드대에서 성경공부를 하기 위해 많은 애를 썼다. 그러나 이상하게도 문이 열리지 않았다. 오히려 김 목사가 왔다는 소식을 듣고 베이 지역의 교민들이 몰려왔다. 그로 인해 서너 가정에 불과했던 교민 가정이 급격하게 불어났고, 일 년이 채 안 되어 교인 수는 100명이 되었다. 김 목사는 영어부와 한어부를 분리하고, 침례교회 옆에 있던 오순절교회Pentecostal Church도 빌렸다. 그리고 영어부는 침례교회를, 한어부는 오순절교회를 각각 나누어 썼다. 김인환 전도사가 영어부를 전담했다. 학생이 중심이었던 교회가 어느새 베이 지역의 한인을 견인하는 교회로 성장했다. 김 목사는 유학생 교회를 일구고 싶어 했지만, 하나님께서 유학생과 이민자를 아우르는 베이 지역 최대의 한인교회로 인도하신 것이다.

김 목사는 교인들에게 권위를 내세우지 않았다. 사역자나 교회의 리더들에게는 엄했지만, 영어부와 한어부 남녀노소 누구나 다 가갈 수 있는 담임목사였다. 또한 늘 주머니에 사탕을 넣고 다니며 아이들에게 나누어 주는 다정한 할아버지 목사이기도 했다.

그런 김 목사의 설교는 이곳에서도 길기로 유명했다. 김 목사는

30분만 설교하겠다는 약속을 하고 번번이 어겼다. 그래서 김 목사가 오늘은 짧게 할 겁니다, 해도 아무도 믿지 않았다.

팔로알토교회는 미국 현지 교회를 빌려서 사용했기에, 그 교회의 예배가 끝나는 오후 2시 15분부터 예배를 드렸다. 그래서 점심을 먹고 온 성도는 예배시간에 컴컴한 교회 안에서 꾸벅 졸기 일쑤였다. 반면에 점심을 먹지 않고 온 학생들은 연신 시계를 들여다보았다.

이때 김 목사가 중풍을 겪은 지 얼마 안 된 시기였기에, 김 목사의 발음이 정확하지 않을 때도 있었다. 그러나 성도들에게 생명의 양식을 먹이고 싶어 했던 김 목사의 간절한 마음은 성도들에게 분명하게 전달됐다. 또한 김 목사의 설교는 유창하지도 재미있지도 않았다. 친절하게 첫째, 둘째, 셋째와 같이 서수사로 정리해주는 법도 없었다. 그래서 유명한 목사님이 오셨다는 말을 듣고 교회에 처음 온 성백인 형제는 설교가 길고 재미없어서 실망했다. 그 후 김 목사와 성경공부를 하고 나서야 설교가 귀에 들어왔다. 말씀이 이해가 되니 설교가 길어도 은혜가 되었다.

팔로알토교회에서도 성경공부와 제자훈련은 김 목사에게 있어 사역의 핵심이었고, 그곳에서 김 목사의 제자훈련은 새로운 전기를 맞이했다.

하나님의 심정

사람의 일을 사람의 속에 있는 영 외에 누가 알리요 이와 같이 하나님의 일도 하나님의 영 외에는 아무도 알지 못하느니라 고전 2:11.

　로스앤젤스교회에서의 목회 시절, 김 목사는 말씀 양육은 물론이고 운전을 비롯하여 법률 자문이나 취업 등 교인들의 생활 전반을 돌보았다. 그 후 일흔이 다 된 나이에 팔로알토로 온 김 목사는 올곧이 말씀 훈련에 중점을 두었다. 월요일부터 금요일까지 하루도 빠지지 않고 말씀을 가르쳤다. 김정애 권사는 김 목사가 자기 목숨을 내놓고 가르쳤다고 회고하면서 이렇게 덧붙였다. "그런 목사님이 어디 있겠어요?"
　김 목사의 제자훈련은 팔로알토교회에서 완성되었다. "내가 말씀을 가르쳤지만 말씀이 나를 이끌어갔다."는 김 목사의 고백도 이 시기에 나왔다. 김 목사의 제자훈련 3종 세트인 '용서받은 탕자'와 '요한복음' 그리고 '창세기'는 로스앤젤레스와 남미를 거쳐, 팔로알토교회에서 점진적으로 완성되었다. 요한복음과 창세기는 로스앤젤스교회 시절에도 있었고, 김 목사의 십팔번인 용서받은 탕자도 강대상에서 수없이 되풀이됐다. 하지만 체계적인 성경공부로 완성된 때는 팔로알토교회에서 시무할 때였다. 이렇듯 성경공부는 김 목사가 수십 년간 묵상한 결과물이었다.
　김 목사의 제자훈련 교재는 남미에서 사역할 때 UBF 소속의 권영국 선교사가 가져온 성경공부 교재를 참고하여 만들어졌다. 김 목사는 선교단체의 교재에다 공학도의 안목과 지혜를 더해, 일반 성도들이 모이는 교회에 맞게 변형했다. UBF의 제자훈련 교재가 김 목사의 묵상을 거쳐 편집되었고, 김 목사는 같은 문제라도 완전히 다른 해석을 내놓았다. 그러나 김 목사는 자신의 목회 경력을 내세우지 않았다. 그래서 권 선교사처럼 목사 안수를 받지 않은 평신도 선교사에게 배우는 것도 주저하지 않았다. 또한 UBF 소속 선교사의 순수함과 열정, 헌신을 높이 평가했고 반면에 그들에게 자유로움이 없는 것을 안타까워하기도 했다.

팔로알토교회는 성경공부가 중심이 되는 교회였다. 주일 예배 전에는 모두 주일학교에 참석해야 했고, 주일학교 참석자 수를 예배자 수로 계산했다. 김 목사는 주일학교에서 말씀을 공부하지 않으면 예배에 들어오지 말라고 못 박았다. 하나님의 말씀도 모르면서 예배를 드리고 복을 비는 기복신앙을 경계했다.

또한 같은 시간에 교회 도처에서는 새 가족을 위한 '새생명반'이 김 목사와 부사역자, 성도들에 의해 진행되었다. 교회에 처음 나온 사람은 새생명반을 마쳐야 등록 교인이 될 수 있었다. 나중에 박영춘 교수의 제안으로, 새생명반은 '용서받은 탕자'로 개명되었다. '새생명'이라는 단어가 기초 성경공부처럼 여겨진다는 이유에서였다.

용서받은 탕자 공부는 성백인 형제의 신앙생활에 돌파구를 제공했다. 그는 믿는 가정에서 자랐지만, 기쁨도 자유로움도 없는 사람이었다. 신앙생활은 그저 습관이었고, 세상의 즐거움을 추구하는 친구들을 보면 박탈감만 느꼈다. 대학생 때 기독교클럽에 가입하여 성경공부를 착실하게 했지만 쌓이는 건 성경 지식뿐이었고, 기쁨도 구원의 확신도 분명하지 않았다. 누가복음 15장의 맏아들처럼, 그는 아버지를 떠나지는 않았지만 아버지의 마음을 이해하지 못한 아들이었다.

그러다 보니 성 형제는 성장할수록 왜 예수님이 자기의 죄 때문에 죽으셔야 했는지 이해가 되지 않았다. 자신이 부족하고 완벽하지 않으니 소소한 죄를 짓고 사는 죄인인 건 알겠지만, 왜 예수님이 그런 자신을 위해 죽으셨는지 알지 못했다. 죄인을 사랑하시는 하나님을 알지 못했다.

그랬던 그가 누가복음 15장을 배우며 깨달았다. 자신이 하나님을 근본적으로 인정하지 않고 하나님께로부터 벗어나려고 한 탕자라는 사실을 말이다. 그리고 하나님의 마음을 모른다는 점에서, 소소한 죄를 지으며 사는 자기 자신과 극악무도한 죄인 사이에는 근본적인 차이가 없다는 사실도 알게 됐다. 자기가 큰 죄를 짓지 않고 이만큼 살아온 것은 상황과 조건의 결과일 뿐이지, 자기가 괜찮은 사람이기 때문은 아니었다. 우리는 너나 할 것 없이 하나님의 마음도 모르고 제멋대로 살아가는 죄인이고, 그런 죄인을 그토록 사랑하는 분이 하나님이셨다. 김 목사의 성경공부는 성 형제의 신앙생활에 전환점이 되었다.

1995년 5월에는 김부열, 이대범, 이성일 전도사 세 가정과 뉴욕에서 온 장영철 목사가 김 목사의 집에 모여 성경공부를 했다. 이 수업은 같은 해 10월, 대전에 기거하던 안 사모의 병이 위중해지면서 김 목사가 한국으로 급히 출국할 때까지 이어졌다.

수업 때마다 김 목사는 예상치 못한 질문을 많이 했다. 가령, 하나님 사랑의 특징이 무엇이냐는 질문을 했다. 그리고 정답을 말하지 못하면 여지없이 김 목사의 핀잔을 들어야 했다. "바보" "맹꽁이" "모르면 빨리 모른다고 그래, 시간만 쓰지 말고"는 보통이었다. 그리고 그 후에 김 목사가 가르쳐 준 답은 의외로 단순했다. 하나님 사랑의 특징은 하나님이 죄인을 사랑하신다는 것이다.

또한 김 목사는 마리아가 왜 향유옥합을 깨뜨려 예수님의 머리 위에 부었는지도 물었다. "예수님을 사랑해서." "예수님의 장례를 준비하려고." 다양한 답이 나왔다. 그러나 김 목사의 답은 단순하고 분명했다. "바보, 죄가 많아서 그랬지."

어떤 때는 죄의 종류가 무엇이냐는 질문을 했다. 죄의 종류라니, 알쏭달쏭했다. "맹꽁이, 두 가지가 있잖아. 큰 죄, 작은 죄." 큰 죄는 하나님을 믿지 않는 죄고, 작은 죄는 악한 생각과 악한 행동 등 불순종이다. 김 목사는 작은 죄는 큰 죄, 즉 하나님을 믿지 않기 때문에 일어나므로 큰 죄를 먼저 해결해야 인간의 죄 문제가 해결된다고 말했다.

수업에 참여한 이들은 김 목사가 문제를 내면 대부분 답하지 못했다. 김 목사는 그럴 때 "모르면 '용서받은 탕자'라고 하면 된다."고 했다. 그리고 김 목사의 말을 기억하고 무슨 문제든 '용서받은 탕자'라고 대답하면, 김 목사는 "반은 맞았다."고 했다.

김 목사의 질문은 사람들로 하여금 생각하게 했다. 그리고 질문을 가지고 골똘히 생각하다 보면 스스로 돌아보게 되었다. 잃어버린 양이 몇 마리냐는 질문의 답은 한 마리다. 김 목사는 그 잃어버린 양 한 마리가 우리 자신이고, 예수님이 그 한 사람을 찾기까지 찾으셨다고 가르쳤다. 잃어버린 양 한 마리가 자기 자신을 가리키는 줄 몰랐던 사람들은 가슴이 먹먹해졌다. 그러면 김 목사는 말 끝마다 말했다. "아버지의 마음을 너희가 알아?"

김 목사는 어떤 문제든 단순하지만 신선한 답을 내놓았다. 한번은 코너스톤교회의 어수관, 어용애 부부가 좋아하는 것과 사랑하는 것이 어떻게 다른지 물었다.

"고양이는 쥐를 좋아하지. 고양이가 쥐를 좋아하는 이유는 쥐를 잡아먹고 싶으니까 그렇지. 고양이는 쥐를 사랑한다고 말하지 않지. 누구를 사랑한다는 건, 그 사람을 위해 준다는 것이지."

"목사님, 그럼 싫어하는 것과 미워하는 건 어떻게 다르지요?"

"수박을 안 좋아하면 수박을 싫어한다고 말하지, 미워한다고 말하지 않지. 어떤 사람을 안 좋아해도 싫어하는 것이지 미워하는 건 아니야. 하나님 나라를 건설하려면 이걸 잘 구별해야 해."

새누리 선교교회의 김옥경 권사도 물었다. "목사님, 교회에 가면 '예수의 이름으로 사랑하라'고 하는데요. 처음 본 사람을 어떻게 사랑한다고 말할 수 있을까요?" 그러자 김 목사의 대답은 단순하고 군더더기가 없었다. "친절히 대해라."

김 목사는 늘 교인들에게 지난 성경공부 시간에 배운 것을 묵상하고 소감문을 써오는 숙제를 내주었다. 또 엄격하게 점검한 후에는 대충 해오거나 안 해오는 학생들은 수업에 발을 붙이지 못하게 했다. 새누리교회의 김부열 형제는 소감문을 안 썼다가 김 목사의 "나가!" 한 마디에 쫓겨난 적이 있었다.

김 형제는 하나님의 축복을 받아 김 목사를 만나게 되었다. 모태신앙인 김 형제는 1995년 김 목사를 만나기 전에 장로교 교회에서 예배만 드렸고 성경공부는 한 적이 없었다. 그가 처음 용서받은 탕자가 나오는 누가복음 15장을 배울 때, 김 목사가 물었다. "김부열, 잃어버린 양 한 마리를 찾아다닐 거야?" 김 형제는 상식적으로 대답했다. "아니요, 아흔아홉 마리도 많아요." 그러자 김 목사가 다시 물었다. "애 잃어버린 적 있어?"

그때 번득 스치는 기억 하나가 떠올랐다. 그의 아들 슬기를 30분 정도 잃어버렸던 때다. 이사하는 날, 날은 찌는 듯이 더운데 세 살 아들이 없어진 것이다. 사색이 되어 찾아보니 아이는 박스 뒤에서 자고 있었다.

"그때 심정이 어땠어?"

"아무것도 안 보이고 미치는 줄 알았어요."

"그게 하나님의 심정이야."

김 형제는 그때 하나님의 심정이라는 말을 처음 들었다. 고신교단의 장로 할아버지를 둔 김 형제에게 하나님은, 내가 잘하면 축복하고 못 하면 벌을 주는 무서운 존재였기 때문이다. 그러니 잘

한 게 없어서 늘 하나님 앞에 주눅이 들었다. 하나님께 마음이 있다고 생각해 본 적도 없었다. 하나님은 그저 너무 어려운 분, 멀리서 내려다보는 분이기만 했다.

김 목사를 만나기 전 김 형제는 라이온스클럽의 총무로 있으면서 세상의 즐거움 속에 살았다. 그러던 어느 날, 가정에 어려움이 생겼다. 아내가 병이 난 것이다. 그는 너무 무서웠다. 자기 때문에 아내가 아픈 것이라 생각됐다. "하나님, 한 번만 기회를 주시면 잘하겠습니다."라고 기도할 수밖에 없었다. 그 후 아내는 다행히 회복되었고, 김 형제는 교회를 위해 열심히 봉사했다. 그러나 마음이 기쁘지는 않았다. 하나님의 인정을 받으려고 아무리 노력해도 부족하기만 했다. 하지만 여기서 멈추면 아내가 또 탈이 나지 않을까 걱정되었다. 너무 힘들었던 김 형제는 차 안에서 울며 기도했다. "하나님, 힘들어요."

그 후 김 목사의 소문을 들은 김 형제는 교회를 옮겼다. 그리고 그곳에서 성경공부를 하게 되었다. 소감문을 안 쓰면 반에서 쫓겨나서 공부하지 않을 수 없었다. 창세기 1장에서 전능하신 하나님이 세상만물을 창조하실 때마다 "좋았더라." 말씀하시고 마지막에 마치신 후에는 "심히 좋았더라." 하신 대목을 공부하며, 무서웠던 하나님이 인자한 할아버지처럼 느껴졌다.

김 형제는 하나님의 엄청난 사랑을 체험하고 하나님이 살아계시는 것과 하나님이 어떤 분인지를 깨닫게 되면서, 하나님이 좋아지기 시작했다. 또한 누가복음 15장 속 탕자는 자신이고 하나님이 자기를 동구 밖에서 기다리셨음을 알게 되었다. 같이 어울리던 친구 대여섯 명을 전도하여 그들도 하나님께 돌아왔다. 그 중 한 명은 선교사가 되어 현재 N국을 섬기고 있다.

하나님의 심정을 알게 되면, 사람도 변했다. 수줍음이 많던 김현숙 자매는 김 목사에게 배우고 난 후, 복음을 전하지 않으면 견딜 수 없었다. 복음에 빚진 마음이 들어서 가만히 있지 못했다. 그래서 어떤 날은 남편한테 말하지 않고 한국 마트 앞에서 노방 전도를 했다. 말로 하는 건 자신이 없어서 대신 글로 썼고, 사람들이 지나가면 전도지를 나누어 주었다. 이거 읽어 보시고 교회 다니세요, 권면했다. 낯선 사람에게 예수를 전할 때 느낀 설렘과 벅찬 마음은 그 전에도, 그리고 그 후에도 없었다.

1997년 겨울, 김 목사는 부목사와 전도사, 평신도 수십 명을 한자리에 앉혀놓고 용서받은 탕자를 가르쳤다. 같은 내용을 벌써 몇 번째 가르치는 중이었다. 평소 목사든 평신도든 체면을 봐주는 법 없이 날카롭게 질문하고 예사로 야단을 치던 김 목사였기에, 교실에는 긴장감이 감돌았다. 그런데 그날은 김 목사가 수업 중에 갑자기 옛날 이야기를, 그것도 연애 이야기를 해주겠다며 말을 꺼냈다. 수강생들은 선물을 받은 기분으로, 김 목사의 첫사랑 이야기에 귀를 기울였다.

서울 공대에 다니던 시절, 김 목사는 광화문 근처에 있는 새문안교회에 출석했다. 그리고 교회의 피아노 반주자였던 곽은수 자매를 짝사랑했다. 그러나 청년시절의 김 목사는 수줍음이 많았고 결국 곽 자매에게 고백하지 못한 채 유학길에 올랐다. 그 후 곽상수 연세대 음대 교수의 동생인 곽 자매는 이화여대 음대 교수가 되었다. 세월이 한참 흐른 후 김 목사가 귀국하여 동창을 만났을 때, 그 당시 곽 자매도 자기를 좋아했다는 사실을 알게 됐다. 두 사람은 서로 좋아했지만, 마음을 표현하지 못해서 인연이 되지 못한 것이다.

이야기를 듣던 수강생들은 모두 안타까운 한숨을 쉬었다. 그때, 맨 앞에 앉아 질문을 도맡아 하던 아무개 형제가 물었다. "목사님, 외람된 말씀이지만 안 사모님도 돌아가셨는데 혹시 은수 자매님도 혼자 계신다면 지금이라도 한번 만나보시면 어떨까요?" 그의 말에 김 목사는 잠시 먼 곳을 바라보더니 시큰둥하게 말했다. "벌써 죽었대." 그러자 수강생들은 "아!" 하고 안타까워했다.

김 목사는 그런 수강생들의 반응을 무시하고는 갑자기 날카로운 눈빛으로 질문을 던졌다. "어이, 내가 왜 이런 얘기를 했을 것 같아?" 넋을 놓고 이야기를 듣던 수강생들은 김 목사의 급습에 어찌 할 바를 몰랐다. 그러자 김 목사가 대답했다. "말을 해야 심정을 알지!"

김동명 청년과 곽은수 자매가 아무리 서로 사랑한들 말을 해야 심정을 알지, 말을 안 하면 어떻게 알겠느냐는 뜻이다. 그리고 김 목사가 옛날 이야기를 꺼낸 의도도 바로 이것이었다. "하나님이 우리를 아무리 사랑하셔도 말씀하시지 않으면 우리가 어떻게 알겠어요? 그래서 말씀이신 예수님을 인간의 모습으로 우리에게 보내셔서 아버지의 심정을 말씀하신 것입니다."⁴³ "말씀이 육신이 되어 우리 가운데 거하시매 우리가 그의 영광을 보니 아버지의 독생자의 영광이요 은혜와 진리가 충만하더라"요 1:14.

김 목사는 하나님께서 예수님을 보내셔서 그분의 심정을 사람에게 표현하셨다고 강조했다. 사람이 말을 해야 그 마음을 알 수 있는 것처럼, 하나님도 마음을 전하고 싶어 하셨다.

중국인이었던 찰스 왕은 김 목사에게 말씀을 배우고 회심하여, 자기 집 수영장에서 두 딸과 함께 침례를 받았다. 상당한 재력가로 알려진 찰스 왕은 회심 후 집에 걸린 값비싼 그림이 하나님의 말씀에 맞지 않는 주술적인 그림이라는 사실 때문에 고민에 빠졌다. 그래서 김 목사에게 그림을 그대로 두어도 될지 물었다. 그러자 김 목사는 되물었다. "결혼해서 아내를 맞이한 후에도 옛날 애인의 사진을 붙여놓고 살겠나?" 찰스 왕은 대답 대신 그림을 그 자리에서 내다 버렸다.

한동대 교수이자 '하심'하나님의 심정 공동체의 대표인 박영춘 형제(대표)는 팔로알토교회에서 김 목사를 처음 만났다. 1989년에 아내와 함께 김 목사의 요한복음 강의를 들었는데, '하나님의 심정'이란 말을 들었을 때 하늘의 문이 열리고 보물이 떨어지는 느낌을 받았다. "또 이르시되 진실로 진실로 너희에게 이르노니 하늘

---

43 김 목사의 성경공부 에피소드는 발렌시아 새누리교회 김정우 목사의 간증문을 재구성했다.

이 열리고 하나님의 사자들이 인자 위에 오르락 내리락 하는 것을 보리라 하시니라"요 1:51. 그래서 눈도 깜빡하지 않고 경청하게 됐다. 또한 김 목사의 강의는 들을 때마다 다르고 깊었다. 그러면서도 단순했다. 하나님의 심정 하나만 알면 된다고 했다.

한편, 성경공부반에는 사역자들과 평신도들이 함께 있었는데, 김 목사는 박 형제에게 자주 질문했다. 박 형제는 대부분 답을 맞히지 못했고, 김 목사는 가차 없이 면박을 주었다. "바보, 이것도 모르고." 뒤이은 화살은 박 형제 옆자리에 앉은 박지현 자매에게 돌아갔다. "돕는 배필, 말해 보세요." 그리고 박 자매의 차분한 답에, 김 목사는 흐뭇해했다.

2000년 봄, 새누리교회가 새 성전을 지어 하나님께 드렸다. 김영길 총장 부부도 스승 김 목사를 찾아 교회를 방문했다. 김 총장 부부는 전날 박 형제 집에서 열린 목장모임에 참석했다. 그 자리는 박 형제의 목장이 후원하는 황필남 선교사가 와서 사역을 보고하는 자리였다. 그런데 이상하게도 황필남 선교사는 별 말이 없었고, 오히려 김 총장이 신이 나서 한동대 소개를 하며 모두 한동대로 오라고 초청했다. 박 형제와 목원 대다수가 박사학위를 취득한 후 미국 유수한 회사에서 일하고 있었기 때문이다.

다음 날, 예배 후에 김 목사가 박 형제를 앞자리로 불렀다. "박 형제, 한동대 안 갈래?" 생각지도 못한 제안이었지만 김 목사의 말이라 단박에 거절할 수 없었다. "기도해보겠습니다." 그리고 박 형제 부부는 Q.T 말씀을 묵상한 후, 순종하며 한동대에 갔다.

박 형제가 한동대에 부임한 그 해, 김 총장은 학생 120명을 모아놓고 박 형제에게 수련회를 하라고 했다. 그러자 박 형제는 학생들에게 용서받은 탕자와 하나님의 심정을 가르쳤는데, 그곳에 있던 학생들은 말 그대로 뒤집어졌다. 목사, 장로, 권사인 부모님 밑에서 자란 학생들은 20년 동안 교회를 다녔지만, 하나님의 심정이란 말을 그때 처음 들은 것이다. 또 잘 안다고 생각했던 성경구절은 하나님의 엄청난 사랑을 새롭게 가리켰다. 너나 할 것 없이 눈물을 흘렸다. 이렇게 하심 공동체는 첫 발을 내디뎠다.

하심 공동체는 한동대 학생들을 중심으로 하나님의 심정을 가르쳤다. 같은 대학의 교수들도 와서 하나님의 심정을 배웠고, 한동대로 유학 온 외국인 학생들을 위해 영어로 가르치는 성경공부 반도 생겼다. 이후 하심 공동체는 학생뿐만 아니라 일반인으로 확대되었다. 한동대 졸업생들이 졸업 후에도 성경공부를 하고 싶어 했고, 또 그들이 주변 직장동료와 학부모에게 권했기 때문이다.

김 목사는 박 형제가 한동대 학생들에게 용서받은 탕자를 가르친다는 말을 듣고 누구보다 기뻐했다. 생각지도 못했던 한동대에서 김 목사의 꿈이 자라고 열매를 맺고 있었기 때문이다. 유학생들을 훈련시킨 후 그들이 자기 나라로 돌아가 복음을 전하게 하는 꿈, 김 목사는 오래 묻어두었던 불씨가 하심 공동체에서 살아나 타오르는 모습을 보았다. 하나님은 김 목사의 오랜 꿈을 잊지 않으셨다.

새누리교회의 김종길 형제는 김혜옥 자매와 결혼한 후 교회에 처음 나갔다. 당시 그의 나이는 마흔네 살이었다. 새누리교회에 오니, 기존의 교회들과 전혀 다른 분위기였다. 어르신들과 자매들을 중심으로 돌아가는 교회가 아니라 형제들이 분주하게 봉사하는 교회였다.

그 후 김 형제는 설 훈 목사에게 용서받은 탕자를 배웠는데, 어느 날 소감문을 쓰다가 잃어버린 양 한 마리가 자기 자신이라는 깨달음이 물밀듯이 밀려왔다. 그리고 말로 표현할 수 없는 감격에 사로잡혀 한참을 울었다. 경북 상주에서 태어나 미국으로 오기까지 지난 사십삼 년의 세월을 돌이켜보니 "보잘것없는 인생을 구원해주신 하나님의 일방적인 은혜"가 절절하게 느껴진 것이다. 하나님이 몇 개의 작은 교회를 거쳐 새누리교회에 보내신 뜻을 알게 됐다. 또 말씀 안에서 거듭나는 것이 무엇인지, 막연하게 알았던 구원이 무엇인지 분명해졌다.

그러던 어느 날이었다. 예멘에서 온 선교사가 콧수염이 있는 김 형제를 보더니 "콧수염이 있으니 예멘에 오세요."라고 말했다. 그 말을 들은 김 형제는 2000년 여름, 혼자 예멘으로 단기선교를 다녀왔고 죽어가는 영혼에게 하나님 아버지의 마음을 전해야겠다는 생각이 강해졌다. 그 뒤로 선교에 관심을 갖게 되자, 화내는 일도 없어졌고 그의 생활은 변화되었다. 이후 김 형제는 김 목사가 소천한 후 장례위원장으로 수고하면서 김 목사의 마지막 길을 보살핀 사람이기도 하다.

정경자 자매는 대전에서 김 목사와 함께 공부한 동생의 권면으로, 김 목사에게 성경을 배우기로 했다. 그런데 어느 날 김 목사에게 전화가 걸려 왔다. 이유인즉슨, 남편 정한규 형제의 병원에 일하러 나오는지 물어보기 위해서였다.

"왜 그러세요?"

"빨리 만나고 싶어서."

김 목사는 말씀을 가르치고 싶어서 정해진 날짜를 기다리지 못했다. 그 후로 시작된 성경공부에서 정 자매는 하나님이 그분의 마음을 알려주시기 위해 선지자를 보내시고 예수님을 보내셨다는 것을 알게 되었고, 예수님이 곧 하나님이시라는 것도 깨닫게 되었다.

그런데 문제는 그 다음이었다. 하나님이 살아계신 것을 알고 나니 사방 어디를 보아도 하나님의 존재가 느껴져서 기뻤지만, 동시에 두려운 마음이 들었다. 하나님이 자신의 일거수일투족을 구속하는 것 같아 죽을 것 같았다. 정 자매는 대전에 간 김 목사에게 전화를 걸었다. 신기하게도 김 목사는 금방 전화를 받았고 정 자매는 울먹이며 말했다. "목사님, 저 성경 읽기 좀 쉬고 싶어요." 김 목사는 놀랐는지 아무 말이 없었다. 그러나 이내 "어, 좀 쉬어."라고 부드럽게 말하는 김 목사의 목소리가 들려왔다. "목사님, 저 쉬면 하나님이 혼내시는 거 아니에요?" 어린 아이 같은 정 자매의 질문에 예수님의 음성이 들려왔다. "내가 책임질게."

김 목사의 대답을 듣는 순간, 그동안 조여오던 정 자매의 마음이 편안해졌다. 그리고 하나님이 자신을 위해 김 목사를 보내주셨다는 생각이 들어 안도했다. 새로 태어난 기분도 들었다. 나중에 대전에서 돌아온 김 목사가 정 자매를 보자마자 물었다.

"그때 전화 끊고 괜찮았어?"

"바로 가서 성경 읽었어요."

이후 로스앤젤레스에 간 김 목사가 중풍으로 쓰러졌을 때, 소식을 들은 정 자매는 어린 아이처럼 기도했다. "예수님, 저 사랑하시죠? 예수님, 저 정말 사랑하시죠? 그러면 목사님을 살려주세요. 저 아직 걷지 못해요." 그 기도대로 김 목사는 회복되어 돌아왔고, 정 자매의 집에서 한 달 동안 머물며 요양했다. 이는 안 사모가 로스앤젤레스에서 소천하기 직전의 일이다.

발렌시아 새누리교회의 김정우 목사는 마운틴뷰 새누리교회의 평신도였다. 김 형제는 공학박사 취득 후, 특허전문 변호사가 되기 위해 법대대학원에 다니다가 가정을 말씀으로 살리겠다는 결심을 하게 됐다. 그래서 김 목사를 찾아가 골든게이트 신학원에 입학하기 위한 추천서를 부탁했다. 물론 김 형제가 칭찬을 받기 위해 신학교에 가려고 했던 것은 아니었다. 그러나 김 목사에게 가벼운 타박을 듣고는 놀랐다. "김 형제, 괜히 법이나 공학을 공부하기 싫으니까 도피하는 것 아닌가? 목사가 되는 것보다 좋은 목자가 되는 게 중요한 거야."

좋은 목자가 되라는 말을 들은 김 형제는, 이후 6개월 동안 기도하면서 소명을 확인하는 시간을 가졌다. 그리고 이번엔 김 목사에게 퇴짜를 맞지 않도록 만반의 준비를 했다. 소명을 확인했다는 편지를 미리 보낸 후 김현미 사모와 함께 직접 찾아갔다. 그들 부부를 만난 김 목사는 환히 웃었다. "사실은 저번에 김 형제님이 신학교 가겠다는 걸 말린 뒤에 '내가 뭔데 가지 말라고 했을까?' 생각했어. 미안하기도 하고."

그렇게 말한 김 목사는 신학원 입학추천서를 흔쾌히 써주었고, 김 형제가 교회 지원을 받도록 도와주었다. 김 형제는 자기가 혹시 세상적 허영에 들떠 "또 하나의 그렇고 그런 쓸데없는 목사"가 될까, 충분히 점검할 시간을 준 김 목사가 고마웠다.

그 후에도 김정우 목사가 목회하는 현장에는 김 목사의 목소리가 수시로 들려온다. "선한 목자가 되어라." 그것은 영적 스승이자 아버지의 목소리였다.

교회 건축: 새누리교회

그러므로 누구든지 나의 이 말을 듣고 행하는 자는 그 집을 반석 위에 지은 지혜로운 사람 같으리니 비가 내리고 창수가 나고 바람이 불어 그 집에 부딪치되 무너지지 아니하나니 이는 주추를 반석 위에 놓은 까닭이요 마 7:24-25.

팔로알토교회는 미들필드와 이스트 메도우 사이에 있는 팔로알토침례교회의 건물을 빌려 예배를 드렸다. 교인 40명 정도를 수용할 수 있는 규모의 건물이었고, 주중에는 시니어 센터로 사용되었다. 팔로알토교회는 김 목사가 부임한 후 4년 만에 영어부 1백여 명, 한어부 2백8십여 명으로 성장하면서 바로 옆에 있는 오순절교회의 건물도 빌려 사용해야 했다. 그러나 한국 아이들이 강대상 위를 뛰어다니고 교회 기물을 파손하는 일이 잦아지면서, 미국교회의 불평을 자주 들어야 했다.

그러던 어느 날, 김 목사가 말했다. "내가 목사가 되어서 주님께 죄를 지었어. 미국교회의 교세가 기울어서 우리가 이 교회에 들어갔으면 하는 마음이 드는 거야. 생각해보니까 주님께 이만저만 불충한 게 아니야. 그래서 울면서 기도했어. '주님, 교회를 갖고 싶어서 이런 생각을 했습니다. 이젠 우산을 쓰고 비를 맞으면서 예배드리게 되더라도, 남의 교회가 잘못되었으면 하는 생각을 절대로 하지 않겠습니다' 하고 말이야." 이야기를 마친 김 목사가 눈물을 흘렸고, 듣고 있던 교인들도 함께 울었다.

그 일이 있은 후, 팔로알토교회는 몸집에 맞는 다른 미국교회 건물을 찾아보기로 했다. 교회 찾기 위원회가 결성되었고, 위원회는 인근 교회 백 군데에 편지를 보내 교회 건물을 빌릴 수 있는지 문의했다. 그러나 답을 보낸 교회는 한 군데도 없었다. 유별나다고 소문난 한국 아이들과 4백여 명의 교인을 받아 줄 교회는 없었던 것이다. 교회 건물을 짓는 길 밖에는 없었다.

그렇게 결성된 건축위원회에는 다섯 개의 분과 위원회가 있었다. 홍보 분과, 기금모금 분과, 건설 분과, 재정 분과, 내장 분과 위원회였다. 건축위원회는 이은수 형제가 이끌었던 여호수아 성경 공부반을 중심으로 세워졌고, 서송환 건축위원장과 정좌희 건설 분과 위원장도 여호수아반 소속이었다.

직분을 맡기는 일은 교인을 시험에 들게 할지도 모르는 매우 민감한 문제였다. 그래서 김 목사는 첫 건설 분과 위원장인 문승배 형제와 두 시간 동안 통화하며 양해를 구한 후에, 정좌희 형제에게 그 자리를 맡겼다. 건축 회사를 경영하는 정 형제를 세워 시공업체와 하청업체 사람들에게 교회를 대표하게 한 것이다. 문 형제도 기꺼이 역할을 넘겼다. 교회 내에서 연륜이 있있던 서송환 형제는 건축위원회를 대표하게 했고, 본당 완공을 주도한 건축위원장은 이대범 형제였다. 김 목사는 적임자를 적재적소에 배치했기에 건축위원들은 아무런 불만 없이 한마음으로 일했다.

건축위원회가 모일 때마다 김 목사와 부목사는 번갈아 가며 예배를 인도하고 말씀을 전했다. 15~20분간 이어진 예배는 건축위원들의 마음을 한데 모아 모임이 흐트러지지 않도록 했다. 또한 김 목사는 말씀과 함께, 로스앤젤레스와 남미에서 교회를 지을 때 자신이 어떻게 부족한 예산과 헌금을 활용했는지 들려주기도 했다.

김 목사는 헌금을 달란트 비유에 적용했다. 예배할 곳이 필요한데도 헌금이 얼마 안 된다고 아무것도 안 하고 있으면, 한 달란트를 받은 사람이 그것을 땅에 파묻은 것과 같다고 말했다. 그러면서 주님의 책망을 듣지 않기 위해 가만히 있을 게 아니라, 주님이 허락하신 것을 최대한 이용하자고 격려했다.

김 목사는 땅을 둘러보러 갈 때 그 자리에 돗자리부터 깔고 기도했는데, 스펙트라 피직스Spectra Physics 회사를 둘러보러 갔을 땐 그곳을 일곱 바퀴 돌며 기도했다. 그 건물은 2년 동안 비어 있었고, 미국 서부를 남북으로 관통하는 101번 고속도로와 베이 지역의 중심도로인 미들필드 사이에 위치해 있어서 접근성도 좋았다. 스탠퍼드대에서도 멀지 않았다. 김 목사는 그곳을 마음에 두었다.

그곳은 부동산에 처음 나왔을 때 4백5십만 불이었는데 팔리지 않아서 남아 있다가 이후 2백5십만 불에 다시 나왔다. 그러자 교회는 1백만 불을 제안했다. 하지만 회사 측에서는 답이 없었다. 나중에 부동산 중개인에게 물어보니, 가격 차이가 많이 나는 제안을 해서 진지한 제안이라 생각하지 않았다고 했다. 그러면서 정말 원하면 1백6십만 불에 주겠다고 했다. 그때 교회는 5십만 불밖에 없었다. 그러자 스펙트라 피직스는 다시 10년 동안 1백1십만 불을 상환하는 조건으로 거래하자고 제안했다.

구입하는 데 드는 돈도 만만치 않았지만, 회사 터 위에 교회를 짓기 위해선 또 다른 문제가 있었다. 스펙트라 피직스는 레이저 광학 제조 회사였기 때문에 반도체 공정상 에칭etching 과정을 거쳤다. 에칭은 강한 산성 용액에 큰 웨이퍼를 집어넣어 패턴을 만드는 과정으로, 그 과정 후엔 남아있는 약품을 증류수로 씻어낸다. 그런데 에칭 용액과 증류수를 폐기 처분하는 과정에서 오염물질이 지표면에 흘러 들어가, 수질오염 문제가 발생했다. 이 회사뿐만 아니라 마운틴뷰 산업부지 중 8분의 1에 해당하는 땅이 중금

속 오염 문제를 가지고 있었다. 그렇기에 이런 땅을 구입하면 은행 융자를 받지 못할 터였다.

더 큰 문제도 있었다. 바로 구획Zoning 문제였다. 오래 전 도시가 형성될 무렵 용도별 구획이 끝난 상태여서, 산업용 부지에 교회가 들어서려면 구획 변경zoning variance이 필요했다. 그러기 위해선 부지를 중심으로 반경 약 100미터350피트 내에 사는 사람들을 모아 공청회를 열고 동의를 얻어야 하는 까다로운 과정이 있었다.

게다가 마운틴뷰는 재산세를 내지 않는 종교기관이 산업부지에 들어서는 것을 반기지 않았다. 오랜 기간 시행되어온 시의 건축 규례를 바꾸는 것도 좋아하지 않았다. 교회가 들어서면 주차 문제, 주변 교통 문제 등 부정적 효과가 더 많이 나타날 것이라며 우려했다.

그러나 김 목사가 모든 문제에 방법이 있을 것이라 생각하고 그 땅을 구입하기로 하면서, 교회는 1993년 12월에 미들필드 1250번지에 있는 약 1,000평38,500스퀘어피트 건물을 구입한다. 그리고 사용 허가를 받기 위한 험난한 과정도 함께 시작되었다.

한편, 타카나라Art Takanara 마운틴뷰 시의원은 침례교인 가정에서 자란 일본계 미국인으로, 나이에 비해 활기 있고 적극적인 김 목사에게 좋은 인상을 받았다. 그래서 교회 입장에서 민원을 해결해주려고 애썼다. 그는 시 구획 담당자에게, 교회가 들어서면 생기는 단점보다 주변 지역 사회에 가져올 좋은 점을 주지시켰다.

김 목사는 공청회를 시작할 때마다 늘 먼저 "기도합시다"라고 말하며 고개를 숙였다. 그러면 참석한 사람들은 고개를 숙이지 않을 수 없었다. 이전 회의에서도 기도를 빠뜨린 적이 없었다. 그만큼 김 목사의 영적 지도력은 세상에서도 통했다. 또한 보통 회의는 시 계획관이 주도하고 민원인은 그저 질문만 하는 경우가 많았는데, 김 목사는 그러지 않았고 더 당당했다.

그러나 마운틴뷰 시 공무원은 교인들에게 구획이 변경될 가능성은 거의 없다고 했다. 그러니 구획 변경에 필요한 비용과 변호사 경비 등을 낭비하지 말고 포기하라고 종용했다. 그러자 이대범 형제가 그에게 대답했다. "당신이 결정하는 게 아니오. 공청회를 열어봐야 알지요."

1994년 4월 5일, 공청회는 시 관계자와 주민들을 포함하여 교인들과 교회 설립을 반대하는 60명이 모인 가운데 열렸다. 그들 중 교회가 산업 부지에 들어오는 것을 반대하는 사람들은 교회 양쪽에 있던 땅의 소유주들이었다. 그들은 산업 용지로 구획된 땅에 교회가 들어올 수 없다고 항변했다. 오염된 산업 부지에 교회가 들어서면 가족 단위 교인들에게 위험할 뿐만 아니라 주변 산업체와 어울리지 못해 인근 땅값을 떨어뜨린다고 주장했다. 그들 중 한 명인 조지 맥키씨가 나와서 말했다. "산업체도 이웃을 중요하게 생각합니다. 같은 부류의 사람들을 선호합니다. 교회는 이 장소에 어울리지 않습니다."

그러자 교회 측은 문제가 된 지하수 중금속 오염이 해당 부지와 인근 지역에 전혀 해를 끼치지 않는다는 환경 전문가의 보고서를 제출했다. 그리고 구획 변경과 관련해서는 변호사인 도리스 서 자매가 나섰다. 예배가 없는 주중에는 지역 사회에 교회를 개방하여 인근 기업이 운동이나 주차 목적으로 사용하도록 하겠다고 제안했고, 지역 사회가 주도하는 헌혈 운동이나 훈련, 교육 프로그램과 백신 접종 등에 적극적으로 참여하겠다고 약속했다. "우리는 이웃을 사랑하는 교회입니다. 우리는 주변 이웃을 돌보는, 다양한 국적을 가진 교인들이 모이는 공동체가 되고자 합니다."

도리스 자매의 말에, 참석한 사람들의 마음이 움직였다. 그리고 한 시간 삼십 분이 소요된 공청회 결과, 마운틴뷰 시 구역 담당 행정관은 교회에 조건부 사용을 허가해 주기로 했다. 그 순간, 그곳에 참석한 교인들은 환호했고 하나님의 성전을 세우는 일에 쓰임 받게 되어 너무 감사했다.

하나님께서는 건축에 필요한 일꾼들도 적절한 시기에 보내주셨다. 건축 회사를 경영했던 정좌희 형제는 1992년 2월에 교인 등록을 했다. 그 후 그가 건축위원으로 부름 받고 고민하고 있을 때, 주일 오후 교회 주차장에서 김 목사와 마주쳤다. 김 목사는 그에게 웃으며 말했다. "정 형제님, 일생에 단 한 번만 주님께 헌신하세요. 단 한 번입니다." 그리고 1993년 말, 정 형제는 교회 건축위원회에 합류하게 됐다.

건축위원회 총무였던 이대범 형제는 부동산 에이전트였던 테드 에어 Ted Eyre를 섭외했다. 그리고 테드는 땅을 사는 데 도움을 주었을 뿐만 아니라 이후에도 매년 잊지 않고 교회에 헌금했다. 거래

후 그가 받은 수수료보다 더 많은 금액이었다. 테드는 김 목사를 좋아하고 잘 따랐다.

하나님께서는 교회를 설계할 사람도 때에 맞춰 보내주셨다. 국립중앙박물관의 설계자로 유명한 정림건축의 대표 박승홍 씨는, 하버드대에서 건축 공부를 하고 샌프란시스코와 로스앤젤레스에 있는 유명한 건물들을 설계한 건축가다. 그는 건축하기 2년 전부터 팔로알토교회에 나왔는데, 그때 새로 태어날 교회의 기본 디자인을 맡아주었다.

이후 교회는 세부 설계를 맡아줄 건축가를 공모했다. 베이 지역 건축가협회의 회장인 마이클 스탠튼 Michael Stanton을 포함하여, 해리 센 Harry Shen과 안백영 등 세 명의 건축가가 경합을 벌였다. 그리고 한인교회의 건축을 한국인에게 맡겨야 한다는 의견에 따라 안백영 씨가 뽑혔다.

교회 구조를 담당한 엔지니어는 팔로알토교회의 교인이었다. 그런데 어느 날 그가 다른 교회 일로 로스앤젤레스에 내려가서는 도통 올라오지 않았다. 일이 지체되니 건축위원의 마음은 급해졌다. 소식도 없는 사람은 그만 기다리고 다른 사람을 알아보자는 볼멘소리가 나왔다. 그때 가만히 듣고 있던 김 목사가 그 자리에서 전화기를 들었다. "아무개 형제님, 수고가 많으십니다. 얼마나 바쁘십니까? 우리 교회의 일은 언제쯤 될까요?" 그 다음 날, 엔지니어는 사람을 보내어 일사천리로 일을 진행했다. 불평이 많던 건축위원은 고개를 숙일 수밖에 없었다.

김 목사는 팔로알토교회 건축 초기에 상당한 금액의 건축 헌금을 드렸다. 그리고 그 헌금은 교회 건축에 종잣돈이 되었다. 사업하는 교인들도 꽤 있었지만, 김 목사가 건축 초기에 가장 많은 금액을 헌금하여 화제가 되었다. 또한 교회는 지정 헌금뿐만 아니라 건축 과정에서 은행 융자도 받았고, 신용한도 조정도 몇 차례 거쳤다. 유니온 은행에서 일하던 영어부 조앤 리 자매가 상사에게 김 목사를 소개해주어서 교회가 융자를 받도록 도왔다.

교인들은 교회 건축을 위해 헌금뿐 아니라 몸과 시간을 바치기로 의견을 모았다. 그리고 영어부와 한어부는 토요일마다 개축중인 건물에서 모여 한마음으로 일했다. 기존 건물을 철거하고 시트락을 붙이고 페인트칠을 하는 등의 일이었다. 교회의 주인인 교인들이 직접 팔을 걷어붙이고 공사한 덕에, 건축비를 대폭 아낄 수 있었다. 엔지니어 형제자매가 많았던 영어부는 물질도 많이 헌신했는데, 헌금한 금액이 대략 1백만 불 정도 됐다.

교인 중에는 한국계 반도체 회사에 다니는 형제도 있었다. 그 회사는 주식 공개 IPO: Initial Public Offering의 약자를 했는데, 형제는 건축 헌금으로 회사 주식 44,000주를 내놓고 교회를 떠났다. 이 회사의 주식 주가는 한 주에 16불이었다. 한때 45불까지 올라갔던 주식은 1차 공사가 끝날 무렵, 절반 가격인 8불까지 내려갔고 시간이 지나자 조금 올라갔다. 이때 공사대금으로 약 4십만 불이 필요했다. 김 목사는 교만해지면 안 된다고 하면서, 더는 주가가 올라가기를 기다리지 말고 주식을 팔자고 했다. 그렇게 주식을 팔아서 얻은 돈은 1차 공사대금과 얼추 맞아 떨어졌다. 하청업자는 한국교회를 지으면서 이렇게 깨끗하게 정산 받은 적은 없었다며 좋아했다.

한편, 교회를 지을 땐 보통 본당을 먼저 짓고 나머지 공간은 공사일정과 자금에 따라 뒤로 밀리는 경우가 많다. 그런데 팔로알토교회의 본당은 기존 건물보다 높은 천장 때문에 지진 설계가 필요했고, 그만큼 건축비가 더 많이 들었다. 그러나 김 목사는 본당이 꼭 없어도 된다고 했다. 침례교회는 성경공부를 할 수 있는 교실과 예배할 수 있는 공간만 있으면 된다고 했다. 결국 친교실을 겸한 다목적실과 교실, 부엌을 먼저 짓기로 하고 다목적실이 교인들로 차고 넘치면 그때 본당을 짓기로 했다. 그 후 공사를 시작한 지 1년 6개월이 지났을 때, 450석 규모의 친교실과 교실 열일곱 개, 그리고 부엌이 들어섰다.

1995년 10월, 팔로알토교회는 새누리교회로 이름을 바꾸고 새로 지어진 건물로 이사하게 됐다. 그리고 그날 다목적실에서는 감사 예배가 드려졌다. 허가를 받는 긴 과정에서 도움을 주었던 타카나라 의원도 와서 교회 건축을 축하해 주었다.

2차 공사는 교역자 공간과 사무실이었는데, 친교실을 완성하고 나서 6개월 후에 시작됐다. 사무실과 도서관, 회의실과 사역자가 일하는 공간이 마련되었다. 부목사 두 명이 한 공간을 쓰고, 담임목사실은 안쪽에 따로 있었다. 하지만 김 목사는 자기 방이 필요 없다고 했다. "교실 부족한데 교실로 쓰지. 내 방은 필요 없어." 김 목사는 교회에 있던 담임목사실을 거의 사용하지 않았고, 그곳은 주로 회의실과 강의실로 사용되었다.

그 후 교회는 이사한 지 3년이 지났을 때쯤 다목적실에 교인들이 가득 차게 되면서, 다시 본당 공사를 위한 1년 작정 헌금을 시작했다. 그리고 김 목사는 작정 헌금을 광고하며 이렇게 말했다. "여러분, 마음에서 우러나지 않으면 절대 헌금하지 마세요. 마음에서 우러날 때까지 기다리세요. 전 헌금을 낸 사람의 명단을 아예 보지 않아요. 저도 사람인지라 많이 낸 사람은 예뻐 보이고, 적게 낸 사람은 안 예뻐 보일까 봐 명단을 보지 않습니다. 그러니 이 김동명을 의식해서 절대 헌금하지 마세요. 준비가 안 된 분이 내는 헌금은 주님도 기쁘게 받지 않으십니다. 작정 헌금은 주님과 여러분의 약속입니다."

헌금에 관한 김 목사의 마음은 한결같았고 언제나 말씀이 기준이 되었다. "각각 그 마음에 정한 대로 할 것이요 인색함으로나 억지로 하지 말지니 하나님은 즐겨 내는 자를 사랑하시느니라" 고후 9:7.

1999년에 본당 공사가 시작되어 6개월 정도 지속되었을 때였다. 갑자기 두 달 동안 공사를 멈춰야 하는 일이 일어났다. 영어부가 예산에 없던 대형 스크린을 본당에 설치하자고 건의했기 때문이다. 당시 대형 스크린을 설치하는 교회는 많지 않았고 그만큼 흔하지 않은 일이었다. 한어부는 스크린을 설치하면 예산이 더 늘어나기 때문에 반대했고, 김 목사는 공사를 중지시켰다. "나는 스크린이 있어야 하는지 없어도 되는지 잘 모른다. 다만 그것 때문에 한 교회가 갈라지면 안 된다. 한 쪽이 양보할 때까지 공사를 중지해라."

이후 건축위원장인 정좌희 형제의 설득으로 한어부는 영어부의 의견을 따르는 것으로 의견을 모았고 공사는 재개되었다. 그리고 그때 완공한 대형 스크린은 예배드릴 때 없어서는 안 되는 도구가 되었다.

마운틴뷰 새누리교회는 세 차례에 걸친 건축과정을 거쳤다. 1차는 친교실과 교실 그리고 주방, 2차는 교역자실, 3차는 본당이 차례대로 지어졌다. 그리고 1994년에 첫 삽을 뜬 건축은 2000년 본당 헌당으로 마무리되었다. 또한 건축위원회가 처음 모인 1992년부터 8년이라는 기간에 대략 4백5십만 불이 소요되었고, 교회를 다 짓고도 2십7만 불의 재정이 남았다. 약 1,300평[1] 에이커 규모의 빌딩을 짓는데 이 정도 비용 밖에 들지 않은 것은 교인들이 공사에 참여하고, 건축위원들이 직접 감독하여 인건비를 줄였기 때문이다. 하나님만 믿고 시작한 건축은 정말 아무도 생각하지 못했던 방법으로 하나님이 인도하셨다.

교회 건축에 참여한 사람들은 '물 떠온 하인의 기쁨'요 2장으로 충만했다. 영어부와 한어부는 일 년 반이라는 1차 공사 기간에 매주 토요일 아침마다 모여 기존 자재를 해체하고, 청소하고, 시트락을 붙이고, 칠하는 일 등을 함께 했다. 그 일을 통해, 교회의 모든 성도가 하나 되어 새 성전을 짓는 기쁨과 감격을 맛보았다.

영어부의 정헌석 John Chung 형제는 건설 분과 위원회에서 회계를 맡아 봉사했다. 세밀하고 정확하게 회계 장부를 작성한 청년으로, 그가 정리한 계약서와 지출내역 문서의 분량만 해도 13개의 바인더가 된다. 그 후 교회가 건축 재정 감사를 실시했을 때, 정 형제는 교회를 떠난 후였기에 잠시 와서 재정 감사 자료를 만든 적이 있다. 그리고 그가 박사과정을 위해 동부로 떠나게 되어 몇몇 사람들이 송별 모임을 열어주었는데, 그 자리에서 그는 이렇게 말했다. "가장 기억에 남는 일은 건축위원회에서 봉사하며 교회 건축에 참여한 것입니다. 모금 활동부터 시작하여 온 교회가 하나되어 교회를 짓는 모습을 보면서 너무나 은혜를 받았습니다. 제 평생에 다시 오지 않을 추억입니다."

또 김만종 형제는 훗날 초대 건축위원장인 서송환 형제의 장례식에서 교회 건축 때의 일을 회상했다. 서 형제와 함께 교회를 짓는 데 참여한 김 형제는, 그 후 어느 교회를 가도 당시 새누리교회만큼 영Spirit이 충만한 교회는 없었다고 간증했다.

교회가 지어진 시기는 실리콘밸리 산업의 중심이 반도체 공정 같은 하드웨어 중심에서 소프트웨어로 기술 이동이 일어나던 시점이었다. 그때 마운틴뷰 새누리교회는 기울어가는 반도체 회사 건물을 구입하여, 갖가지 어려움에도 불구하고 담대하게 건축을 감행했다. 건축 기금이나 허가 문제가 모두 충족되기 전에 건축을 시작한다는 것은 미국교회에서 어림도 없는 일이었다. 그러나 김 목사는 건축 기간 내내 자신감 있는 모습을 보여주었고, 건축위원회는 그런 김 목사의 자신감에 의지하며 따라갔다.

당시 산호세에 발행한 〈머큐리 뉴스〉The Mercury News는 남부 베이 지역의 최대 한인교회가 지하수 오염문제, 구획 변경 문제 등 여러 이슈에도 불구하고 건축 허가를 받은 일을 1994년 4월 9일자 기사로 다뤘다. 그리고 이슬람교회 등 여러 종교단체가 산업부지 위에 성전을 지으려다가 오염 문제 때문에 허가를 받지 못한 경우가 많았음을 언급하면서, 한인교회의 행보는 보기 드문 결과이고 선구자적 건축이라고 말했다.

아홉 번째 편지

목자의 의미

양은 그의 음성을 듣나니

그가 자기 양의 이름을 각각 불러

인도하여 내느니라

자기 양을 다 내놓은 후에 앞서 가면

양들이 그의 음성을 아는 고로 따라오되

_ 요한복음 10:3b-4

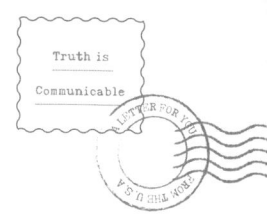

대전 새누리교회[44]

1994년 가을, 김 목사는 한국 대전으로 내려갔다. 그곳에 있던 안 사모가 뇌졸중으로 쓰러졌기 때문이다. 당시 안 사모는 1993년 4월부터 대전 대덕연구단지 안에 있는 아파트에 기거하면서 집필과 집회로 바쁜 시간을 보냈는데, 그때 강 호 교수 부부가 같은 아파트단지에 살면서 안 사모의 삼시세끼를 챙기고 집필을 도왔다.

한편, 강 교수에게는 미국 유학 중에 다녔던 남침례교회와 같은 침례교회가 한국에도 세워졌으면 하는 바람이 있었다. 주일 예배 전에 모든 교인이 성경공부를 하는 교회가 한국에도 있었으면 했

---

44 <대전 새누리교회 10년 발자취: 착한 양 착한 목자 10년>, 대전 새누리교회 자료, 2005, 36-51쪽

던 것이다. 그래서 김 목사가 대전에 와서 교회다운 교회를 세우면 좋겠다고 안 사모에게 제안했지만, 안 사모는 그때마다 그 제의를 일축했다.

그러던 어느 날이었다. 1994년 10월 첫 주에 안 사모가 꿈에서 하나님의 음성을 듣게 된다. 그것은 김 목사로 하여금, 대덕연구단지에 하나님의 교회를 세우라는 말씀이었다. 안 사모는 꿈을 꾼 뒤로 먼저 강 교수에게 교회 개척을 위한 건물을 알아보라고 일렀다. 대전 유성구 신성동 일대의 아파트를 중심으로 알아보았지만, 예배와 함께 장년 주일학교까지 가능한 공간은 없었다. 그러던 중 미국에 있던 김 목사는 이 소식을 전해 듣고 버럭 화를 냈다. "지금 내 나이가 몇인데 교회 개척 소리요? 일흔 셋이요, 일흔 셋. 여기 팔로알토교회에서도 은퇴할 때가 다 됐소. 책을 다 썼으면 돌아와야지, 지금 거기서 뭐하고 있는 거요?"

김 목사가 화를 내자 안 사모는 더 이상 말을 꺼내지 못했고, 교회 개척과 꿈 이야기는 일단락되었다. 그리고 그 일이 있은 후 일주일이 지났을 때, 안 사모가 식사 중 뇌졸중으로 쓰러져 병원에 옮겨졌다. 안 사모의 나이 86세였다.

강 교수가 다니던 대흥침례교회를 중심으로 온 교우가 안 사모의 쾌유를 위해 기도했다. 또 낮에는 임혜재 자매가, 밤에는 이기남 자매가 안 사모를 간호했다. 김 목사도 대전으로 달려왔다. 그리곤 중풍으로 쓰러졌다가 겨우 의식을 회복한 안 사모를 보고는 이렇게 말했다. "하나님께 감사하지? 감사하지?"

그 후 안 사모는 15일 만에 기적적으로 회복되어 퇴원했고, 주치의였던 정진상 교수는 하나님의 역사가 아니고는 이렇게 빨리 소생하지 못했을 거라며 놀라워했다. "범사에 감사하라 이것이 그리스도 예수 안에서 너희를 향하신 하나님의 뜻이니라"살전 5:18.

강 교수는 한국에 온 김 목사를 만나자, 미국 남침례교회 같은 교회를 대전에 옮겨오고 싶은 마음을 버릴 수 없었다. 그러나 김 목사는 다시 일언지하에 거절했다. 자신은 나이도 많고, 팔로알토교회를 담임하고 있어서 다른 곳에 개척하지 못한다는 이유였다. 당시 급성장한 팔로알토교회는 새 건물을 개축 중이었다. 대신 김 목사는 같이 성경공부를 해보자고 제안했다. 바로 40년 목회를 결산한 신앙 핵심인 용서받은 탕자 공부였다.

성경공부를 제안한 후, 한 달 예정으로 미국에 하고 있는 일을 정리하고 오겠다던 김 목사는 보름 만에 돌아왔다. 강 교수는 당시 팔로알토교회가 개축 중이었기에 김 목사가 이렇게 빨리 돌아올 줄 몰랐다. 그래서 김 목사가 교회를 개척하기로 마음을 바꾼 것은 아닐까 하는 기대를 품고 김포공항으로 나갔다. 그러나 김 목사의 입장은 여전히 단호했다. 이미 한국에 교회가 많은데 또 하나의 교회를 세우고 싶어 하지 않았다. 그러면서 시종일관 성경공부를 함께 하길 원했다. 성경공부를 통한 제자훈련을 하고 싶어 예정보다 일찍 달려온 것이다.

1994년 12월, 열 네 가정으로 구성된 성경공부반이 시작되었다. 그리고 각 가정은 두 그룹으로 나눠서 화요일 저녁과 목요일 저녁에 모였다.⁴⁵ 김 목사는 성경공부 때마다 늘 복습과 묵상, 소감문 숙제를 냈고, 수강생들은 매주 성경공부를 시작하기 전에 찬송가 한 곡을 부른 후 기도문과 소감문을 발표했다. 학생이 된 교수들은 소감문을 쓰다가 은혜를 받았고, 발표하며 눈물을 흘렸다. 또 은혜 가운데 진행된 찬송과 소감문 발표가 한 시간이 넘게 진행되다 보니, 밤 8시에 시작한 성경공부는 밤늦게 끝나기 일쑤였다.

이계호 형제는 김 목사를 만나기 전까지 대학청년부를 맡아 열심히 교회 봉사를 했다.⁴⁶ 주위 사람들은 그런 그에게 목사가 되라고 제안했고, 이 형제는 하나님의 뜻이 무엇인지 혼란스러웠다. 힘들게 유학을 마치고 돌아와 강의와 연구를 하고 있는데 하나님이 이 길을 포기하라고 하신다는 것인지, 기도와 상담을 병행했지만 갈등과 고민만 더해졌다.

그 후 이 형제는 1994년 겨울부터 김 목사를 만나 용서받은 탕자를 공부했다. 그리고 그때, 신앙생활에서 가장 중요한 핵심은 하나님의 심정을 아는 것이고 신앙생활의 목표는 하나님 말씀에 순종하는 착한 양이 되는 것이며, 예수님을 닮은 착한 목자가 되

---

45 성경공부는 열 네 가정을 두개 반로 나누어 진행되었다. 화요일반은 강호/이기남, 경종민, 방충혁/전원정, 오치재/이춘산, 이건재/임혜재, 이운동/서경자, 장순흥/김경미 등 일곱 가정으로 구성되었고, 목요일반은 강철신/박미자, 고석웅/조완주, 박두원/김대복, 오제명, 이계호/석혜원, 이원호/성은실, 장윤석/장정숙 등 일곱 가정으로 구성되었다.
46 이계호 형제의 간증문을 재구성함.

1기 새생명반 수료식

는 것임을 배우게 됐다. 그러면서 막연하게 성경을 읽고 기도하고 봉사하는 것이 신앙생활이라 생각했던 그에게, 말씀을 통한 구체적인 목표와 할 일이 생겼다. 그러던 어느 날, 이 형제는 오랫동안 가지고 있었던 고민을 김 목사에게 털어놓았다. 화학과 교수를 계속 해야 하는지, 아니면 신학교에 가서 목사가 되어야 하는 것인지에 대한 고민이었다. 그러자 김 목사가 그의 손을 잡더니 분명하고 확실한 목소리로 말했다.

"이 형제님, '화학과 교수 목자'가 되세요. 화학과 교수 목자가 섬겨야 할 양은 바로 충남대 화학과 학생들입니다. 화학만 가르칠 것이 아니라 하나님의 심정을 깨달은 착한 양, 착한 목자로서 예수님의 사랑을 전하세요. 수업을 듣는 모든 화학과 학생을 섬기세요. 이것이 바로 신앙생활입니다. 전 세계에 유명한 목사님이라도 충남대 화학과 학생들에게 예수님의 사랑을 전할 수는 없습니다. 이계호 교수 목자만이 학생들에게 예수님의 사랑을 전할 수 있습니다."

김 목사의 명쾌한 설명은 이 형제의 오랜 고민과 방황을 끝냈다. 그리고 그 설명 덕분에, 이 형제는 교수 목자로 제대로 사역하기 위해 늘 기도하며 가르치게 되었다.

김 목사는 기업인들에게도 '기독교인 사장'이 아니라 죄인을 섬기신 예수님처럼 회사의 모든 직원을 섬기는 '사장 목자'가 되라고 말했다. 그리고 '가게 주인 목자'는 가게에 물건을 사러 오는 고객을 섬겨야 하고, 목사는 '목사'가 아니라 '목사 목자'가 되어 교인을 양으로 섬겨야 한다고 말했다. 또한 가정에는 '남편 목자'와 '아내 목자'가 있어야 한다고 했다. 남편 목자와 아내 목자가 되라는 말에, 성경공부를 하러 온 부부들은 좋아했다. 김 목사는 먼저 남편들에게 물었다.

"아내에게 미안한 마음이 있습니까?"

"아내에게 감사한 마음이 있습니까?"

"아내를 기쁘게 할 마음이 있습니까?"

남편들의 어쩔 줄 모르는 반응에 좋아하던 아내들도 질문을 피해가지 못했다.

"아내 목자의 양은 누구입니까?"

"남편에게 미안한 마음이 있습니까?"

"남편에게 감사한 마음이 있습니까?"

"남편을 기쁘게 할 마음이 있습니까?"

이렇듯 김 목사는 교인들에게 자기 위치에서 목자가 되라고 일 렀고, 천국은 목사가 아니라 목자가 만든다고 가르쳤다. 목사 목자, 사장 목자, 남편 목자, 아내 목자, 며느리 목자, 가게 주인 목자처럼 하나님의 심정을 깨달은 착한 양, 착한 목자가 살고 있는 세상이 바로 천국이며 우리는 모두 천국을 건설하기 위해 착한 평신도 목자가 되어야 한다고 강조했다.

강철신 형제(목사)는 함께 성경공부를 하자는 이계호 형제의 제안을 받았을 때, 무언가 허전하고 부족한 신앙생활을 하던 중이었다. 그래서 신앙생활의 돌파구를 찾아보자는 심정으로 아내와 함께 모임에 나가게 됐다. 그곳에는 키가 크고 인상이 좋은 목사가 여러 명의 교인과 함께 있었는데, 그날 받은 질문은 강 형제의 오랜 신앙생활을 근본적으로 뒤흔들었다. "강 형제, 신앙생활이 뭔가?"

강 형제는 상식적으로 신앙생활이란 교회 출석, 봉사라고 대답했다. 그러자 김 목사는 단박에 "No!"라고 말했다. 정답은 하나님을 기쁘시게 하는 삶이었다. 다시 김 목사가 물었다. "강 형제는 교회에서만 하나님을 기쁘시게 하나?" 신앙생활이란 교회뿐만 아니라 어디서든 하나님을 기쁘시게 하는 삶이며, 김 목사는 강 형제로 하여금 어떻게 하면 하나님을 기쁘시게 할지 생각하도록 유도했다. 그날 저녁, 늦게까지 공부하고 집으로 돌아가는 길에 강 형제의 가슴은 벅차올랐다. "예수께서 이르시되 와서 보라 그러므로 그들이 가서 계신 데를 보고 그날 함께 거하니 때가 열 시쯤 되었더라"요 1:39. 그러면서 진리를 배운 자신도 이렇게 기쁘고 좋은데, 그 옛날 요한과 안드레가 예수님을 만나고 가르침을 받았을 때 얼마나 기뻤을지 생각했다. 그리고 아직도 그는 김 목사와 처음 공부했던 그날의 감격을 잊지 못하고 있다.

한창 용서받은 탕자를 가르치던 어느 날, 김 목사는 부친인 김홍식 목사가 위독하다는 전갈을 받았다. 그리고 미국으로 돌아가 장례를 마친 뒤, 한 달 만에 돌아왔다. 1995년 1월이었다. 그 사이 성경공부반에서는 과연 김 목사가 그 나이에 교회를 개척할지 의견이 분분했다. 연로한 김 목사에게 부담을 주는 것은 도리가 아니라는 의견도 있었지만, 대전 땅에 교회다운 교회를 세우고자 하는 열망은 모두 똑같았다. 강 호, 이기남 부부는 매일 김 목사에게 저녁을 대접하면서 대덕연구단지에 교회다운 교회가 있어야 한다고 설득했다.

한편, 김 목사는 주일이 되면 한국교회의 초청을 받아 말씀을 전했는데 강 형제는 그때마다 김 목사를 모시고 다녔다. 김 목사는 가는 곳마다 용서받은 탕자와 누가복음 15장을 설교했고, 어느 날 강 형제가 물었다. "목사님, 맨날 똑같은 설교를 하시는데 질리지 않으세요?" 그러자 그의 말을 들은 김 목사가 반문했다. "내가 왜 질려? 이 복음이 진짠데." 강 형제는 깊이 생각하게 됐다.

그 후 1995년 2월, 전주두드림교회에 주일 설교를 하러 가는 날이었다. 김 목사가 먼저 교회 개척 이야기를 꺼내며 말했다. 미국 교회 교인들에게 갚아야 할 빚이 있다고 했다. 김 목사는 사우스웨스턴 신학원에 다니던 시절, 안 사모와 함께 전국을 돌면서 부흥 집회를 했다. 그때 전쟁 후 폐허가 된 한국으로 돌아갈 계획이었지만 미국 교인들이 헌금을 모아 주면서 부부를 성원했다. 김 목사 부부는 그 헌금으로 자동차를 샀고, 미국 전역에 다니며 하나님을 증거 했다. 귀국하지 못하고 미국에서 목회를 하게 된 김 목사는, 나중에 헌금해 주었던 미국교회의 형제자매를 천국에서 만나면 무어라고 해야 할지 마음의 빚이 있었다. 그런데 대전에 와서 교회를 세워 달라는 요청을 받자, 오래전 지키지 못한 약속이 떠오른 것이다. 그리고 하나님이 자신에게 한국에 교회를 개척할 기회를 주셔서 옛 은인을 거리낌 없이 만나라고 하시는 건 아닐지 생각하게 됐다고 했다.

대전 땅에 한국 침례교회의 모델을 세우겠다는 희망이 불타오르면서, 김 목사는 세 가지 개척 조건을 제시했다. 첫째로 자신은 나이가 많아 팔로알토교회와 새 교회를 돌보기 어려우니 신학 노선이 같은 젊은 부목사를 영입하는 것, 둘째로 자신은 설교와 제자훈련에 집중하고 성도는 만인 제사장으로서 심방, 상담, 새벽기도 등을 감당하는 것, 셋째로 전 교인이 용서받은 탕자의 심정을 가지고 '착한 양, 착한 목자'의 비전을 펼쳐 하나님을 기쁘시게 하는 것 등이었다. 그리고 김 목사는 1995년 3월 용서받은 탕자 공부를 마치는 날, 수강생들이 모두 모인 자리에서 공식적 그리고 대외적으로 교회 개척을 발표했다.

3월 말, 김 목사는 개축 중인 팔로알토교회를 돌보기 위해 미국으로 돌아갔다. 그리고 4월 첫째 주 부활절 새벽에 교회 개척에 마음을 합한 교인들이 대덕운동장 관람석 뒤 잔디밭에 모여 첫 예배를 드렸다. 이계호 형제의 사회로 진행된 첫 예배에서는 강철신 형제가 기도한 후 이운동, 서경자 부부가 특송을 했으며 강 호 형제가 '부활의 증인'이라는 제목으로 말씀을 증거 했다. 이날 참석한 사람은 강 호, 이기남, 강철신, 박미자, 박두원, 김대복, 이계호, 석혜원, 이원호, 성은실, 이운동, 서경자, 총 12명이었다.

새 교회의 일꾼들은 예배드릴 공간도 예배를 인도할 목사도 없는 상황에서 주일 예배와 새벽기도, 성경공부를 위해 모였다. 또한 매주 토요일 아침 5시 30분이 되면 강 호 형제의 집에서 박두원, 이계호, 이운동 형제가 모여 새벽기도 후 아침식사 교제를 했다. 가정마다 돌아가면서 주일 저녁 7시 30분에 예배를 드렸고, 매주 목요일 저녁 7시 30분에는 성경공부를 했다. 개척 일꾼 중 한 명인 이원호 형제는 다른 교회를 돕기 위하여 개척에 끝까지 참여하지 못했다. 첫 예배 후 두 달 만에 이건재, 임혜재, 백경욱, 방혜정 형제자매와 이원상 전도사, 조영호 전도사, 라영래 사모가 합류하여 식구가 늘었다. 같은 해 8월에는 용서받은 탕자 제자훈련이 강 호 형제의 집에서 시작되었다.

김 목사가 미국에 있는 동안 개척 일꾼들은 부지런히 예배 공간을 찾아다녔다. 그러나 미국 남침례교회처럼 전체 공간의 3분의 1

은 예배실, 3분의 1은 주일학교, 나머지는 식당과 도서실, 사무실 등으로 할애할 공간을 찾는 일은 쉽지 않았다. 예배드릴 공간은 아파트 상가에서 쉽사리 찾을 수 있었지만, 주일학교 공간까지 겸한 공간은 없었다. 또한 한정된 예산으로 구해야 했기에 비어 있는 여러 예배당과 아파트 상가를 방문했지만 모두 허사였다. 사립 중학교 교실을 사용할 수 있는지도 알아봤지만 여의치 않았다.

그때 극동방송 지하 공개홀을 빌리면 어떠냐는 의견이 나왔다. 그러자 옆에 있던 안 사모가 극동방송 사장인 김장환 목사를 잘 안다고 말했다. 김 목사 부부는 미국으로 유학 온 김장환 목사에게 한국 음식을 대접하고 한글 성경을 선물로 주면서 아들처럼 돌봐준 적이 있었다. 그 후 안 사모가 미국에 있는 김 목사에게 의견을 구하고 그 의견에 동의한 김 목사가 김장환 목사에게 연락하여, 지하 공개홀을 주일만 사용하도록 허가를 요청했다. 나중에 알게 된 사실이지만, 특정 교회가 공중전파를 담당하는 방송국 공간의 사용 허가를 받기까지 이사회가 수차례 열렸고 의견을 조율하는 절차를 거쳤다고 한다. 그리고 그때 김 목사와 안 사모가 한국교회에 끼친 영향과 공헌을 생각하여 공간을 내주었다고 한다.

김 목사가 교회를 개척한다는 소식이 알려지자, 개척에 참여하겠다는 형제자매의 수도 점점 늘어났다. 김 목사가 귀국하기 한 달 전인 1995년 10월 1일에 극동방송국 3층 회의실에서 대외적으로 주일 첫 예배를 드렸는데, 예배에 참석한 인원이 장년 26명, 초등부 11명, 중등부 6명으로 총 43명이었다. 그날 예배에는 이운동 형제가 사회를 보고 이건재 형제가 기도했으며, 안 사모가 요한복음 16장 24절 말씀으로 설교했다. "지금까지 너희가 내 이름으로 아무것도 구하지 아니하였으나 구하라 그리하면 받으리니 너희 기쁨이 충만하리라" 요 16:24.

같은 날 주일학교도 1층 친교실에서 문을 열었는데, 예배 공간과 주일학교 공간을 모두 고집했던 개척 일꾼들은 감격할 수밖에 없었다. 또 친교실에는 부엌이 딸려 있어서 예배 후에 모든 성도가 점심식사를 하며 교제했다. 토요 새벽기도는 5시 30분에 성지제일침례교회에서 드려졌다. 그때 교인 중에 임혜재 자매는 마리아/마르다 모임을 만들고 QT를 인도하면서, 김 목사의 성경공부에서 배웠던 지식을 가지고 전도했다. 그때마다 교회에 오래 다닌 사람도 '선악과를 왜 만드셨나'와 같은 질문에 쉽사리 대답하지 못했는데, 그때 임 자매는 기회를 놓치지 않고 성경공부를 권했다. 그리고 임 자매의 전술은 무수히 많은 열매를 맺었다.

안 사모가 미국으로 돌아간 후 1995년 11월, 드디어 기다리던 김 목사가 돌아왔다. 김 목사는 '눈물로 각 사람을'이라는 제목으로 첫 설교를 했다. "그러므로 여러분이 일깨어 내가 삼 년이나 밤낮 쉬지 않고 눈물로 각 사람을 훈계하던 것을 기억하라" 행 20:31. 이날 김 목사는 또 하나의 교회를 세우는 이유가 무엇인지 도전했다. 그저 모여서 찬양하고 헌금하고 말씀을 듣고 집에 돌아가는 교회, 목사는 말씀을 전하고 성도는 순종만 하는 그런 교회가 아니라 예수님께서 기뻐하시는 교회가 될 것을 격려했다. 또한 목사

1995년 11월 10일, 대전 새누리교회 장년부 교사들과 함께

1995년 12월 16일, 대전 새누리교회 창립예배에서 설교 중인 김 목사

대전 새누리교회 창립예배에서 교인들과 함께

만 하나님의 일을 하는 것이 아니라 전 교인이 모두 목자가 되어야 예수님을 기쁘시게 한다고 강조했다.

"사도 바울은 예수님을 닮은 목자이고 눈물로 각 사람을 섬겼습니다. 우리도 착한 목자이신 예수님을 따라 먼저 예수님의 착한 양이 되고, 눈물로 다른 양들을 섬기면서 예수님을 닮은 착한 목자가 됩시다."

대전 새누리교회 앞에서

한편, 교회 창립을 위해서는 교회 이름을 정해야 했는데, 마침 1995년 가을에 팔로알토교회가 성전을 개축하고 이사하면서 이름을 새누리교회로 바꾸었다. 교회 개척 위원회는 미국 새누리교회와 같은 이름으로 정하기로 의견을 모으고, 미국에서는 교파를 교회 이름에 넣지만 한국에서는 넣지 않는 경향이 있어 '기독교 한국침례회 소속 새누리교회'로 정했다. 교회 이름을 정한 후에는 유성구 지방회에 가입하고 유성구청에 교회 등록도 마쳤다. 그 후 대전 새누리교회는 주중에 사용할 수 있는 공간이 필요해졌다. 수요 예배, 새벽기도, 주중 교회 활동 등은 극동방송국에서 할 수 없었기 때문이다. 그리하여 청룡빌딩 3층 25평을 임대하여 용도 변경 후, 1995년 12월 16일 토요일 오후 4시에 새누리교회가 창립되었다.[47]

김 목사는 월요일 오전, 수요일 저녁, 그리고 목요일에 성경공부를 인도했다. 아침 10시부터 12시 반까지 말씀을 가르치고 다시 오후 2시부터 4시 반까지 가르쳤다가, 밤 8시부터 10시 반까지 하루에 세 번 가르치는 날도 있었다.

대전 새누리교회의 김은주 자매는 주님이 근본적으로 원하시는 것이 무엇인지 늘 궁금했지만 어느 교회, 어떤 성경공부에서도 시원한 답을 얻지 못했다. 그런데 김 목사에게 배운 누가복음 말씀을 통해, 그동안 자기를 찾으신 아버지의 심정을 알게 되었다. 그 후, 김 자매는 자신의 제자들을 모아 놓고 김 목사를 초대했다. 말씀을 들으면 어린 제자들도 바른 인생길을 갈 것이라는 확신 때문이었다. 그 모임에는 대학생 11명이 모여 있었는데 그중 아무개 형제는 75세인 김 목사가 중풍, 동맥경화, 당뇨를 앓고 있다는 것을 알고, 한 주에 네 번이나 가르치면 안 된다며 김 목사를 말렸다. 그러나 김 목사는 "내가 죽으면 죽었지 할 거야."라고 말하며

---

[47] 창립 기념 예배 명단 첫째 줄 오른쪽부터 차미경, 김혜경, 방혜정, 이기남, 윤병옥, 김동명, 이지웅, 정선주, 김대복, 장미숙, 유충현, 둘째 줄 오른쪽부터 이운동, 이계호, 박미자, 장정숙, 백근현, 석혜원, 강 호, 정강섭, 이원상, 조영호, 김일숙, 임혜재, 김수복, 셋째 줄 오른쪽부터 강철신, 이건재, 홍성진, 백경욱, 박두원, 장윤석.

고집했다. 하나님의 마음을 알면, 그 마음을 전하지 않고는 못 배기는 법이었다.

그러던 어느 날이었다. 작업 중이던 인부의 실수로 극동방송 지하 공개홀에 화재가 나면서, 교회는 더 이상 그곳을 사용하지 못하게 됐다. 교회가 창립되고 한 주가 지난 주일부터 좁은 청룡빌딩 3층에서 예배를 드려야 했다. 그때가 마침 성탄 주일이었는데, 교인들은 그곳에서 개척 후 처음 맞는 성탄절에 하나가 되어 뜻깊은 시간을 가졌다. 또한 교회 식구들은 분주했던 1995년을 보내며 교회를 세우는 데 부르시고 사용하신 하나님께 감사를 드렸다.

교회 개척에 첫 걸음을 뗀 새누리교회는 예배드릴 공간이 필요해졌다. 그때 김 목사는 미국에서 가져온 5만 불을 교회에 내놓았고, 그 금액으로 같은 건물의 지하 103평을 장만하게 됐다. 정말 기적 같은 일이었다. 교인들은 앞서 가며 준비해 주시는 하나님께 그저 감사드릴 수밖에 없었다.

지하 공간을 구입한 후 새해가 되면서 지하 예배당 개조 공사가 박두원 형제의 지휘로 시작되었다. 박 형제는 건축 분야에 식견과 경험을 가진 사람이었다. 이 공간은 원래 '도예가의 집'으로, 음악과 함께 간단한 음식을 파는 경양식 집이었다. 앞쪽 공간에는 악기 연주와 공연이 가능한 무대가 설치되어 있었고, 뒤쪽에는 부엌과 방송실이 있었다. 콘크리트와 나무 바닥에 소파와 의자가 배치되어 있어서 쉼터와 같은 분위기였다. 이 공간을 예배당으로 개조하기 위해서는 가구를 들어내고 콘크리트 구조물과 무대를 부수어

1996년 6월 침례식에서 강 호, 이운동, 김 목사, 박두원

침례식에 참석한 교인들과 함께

밖으로 옮겨야 했다. 또 진열장과 지지구조물을 제거하는 대공사를 감당해야 했다. 이런 과정에서 교회 식구들은 너나 할 것 없이 한마음으로 공사에 참여했다. 그 마음에는 앞으로 예배드릴 성전을 준비하는 기쁨과 자부심이 가득 찼다. 김 목사는 "늙어서 못 도

와줘서 미안하다."며 빗자루를 들고 청소했다.

　이후 모두의 헌신으로 아담하고 깨끗하고 아늑한 예배당이 마련되면서, 교회는 1996년 2월 7일 수요일에 새 예배당과 교육관(3층) 헌당 감사예배를 드리게 되었다. 이날 예배할 공간을 빌려주었던 김장환 목사를 부흥회 강사로 초대했고, 부흥회는 성황을 이루었다. 교회 식구들은 첫 부흥회를 맞으며 앞으로 새 예배당을 채울 영혼을 위해 기도했고, 교회 공동체의 미래를 부푼 마음으로 기대했다.

　한편, 교인들은 김 목사가 제시했던 개척 조건에 맞는 부목사를 놓고 오랫동안 기도해왔다. 그리고 이병균 목사가 미국 대학의 종신교수직과 목회를 포기하고 대전 새누리교회에 부임한 때는 1996년 9월이었다. 이 목사가 부임한 후 첫 예배를 드리는 날에는 순서에 따라 강철신 형제가 예배를 인도했다. 이 목사는 이계호 형제와 강철신 형제의 오랜 친구였기에, 이날 이 목사와 강 형제는 나란히 강단 옆에 앉아 눈물을 흘렸다. 유학 시절 서로 오고 가며 장래의 일을 나누곤 했는데, 한 교회에서 개척 일꾼과 목사로 다시 만나 함께 예배를 드리게 된 것에 감격했다.

　김 목사는 매 주일 설교하면서 교회를 세운 목적을 상기했다. 그것은 바로 전 교인이 예수님을 닮은 선한 목자가 되는 것, "그리스도인이 요셉과 같은 착한 목자가 되는 것"이었다. 요셉은 안수받은 목사가 아니라 보디발의 노예였지만, 착한 목자의 심정을 가지고 불신자 보디발을 섬겼다. 또한 목자 노예에서 목자 죄수가 되었다가 이후 목자 총리가 되었다. 이처럼 김 목사는 누구나 목자가 될 수 있고 되어야 한다고 가르쳤다.

그렇기에 김 목사는 목사가 교회의 중심이 되는 것을 반대했다. 교회가 목사 중심으로 움직이면 목사가 교회의 주인 행세를 한다고 우려했다. 목사는 섬기는 사람이지, 대접받는 사람이 아니라고 했다. 또 김 목사는 목사가 주도하는 교회는 지상에 하나님 나라를 건설하지 못한다고 믿었다. 교회는 명실공히 평신도 목자를 양성해야 하고, 평신도 목자가 교회의 중심이 되어야 한다고 생각했다. 평신도 목자가 각자 자기 자리에서 목자의 일을 해야 하나님 나라가 이루어진다고 믿었다.

김 목사의 목표는 전 교인이 목자가 되는 것이었다. '목사'라는 말은 에베소서에 한 번 나오는데 그 말은 목자를 뜻한다. 그래서 김 목사는 하나님께서 목사가 아니라 목자가 되라고 하셨다고 강조했다. 또 헌신하기 위해 신학교에 가서 목사가 될 필요가 없다고 했다. 다만 하나님이 자기를 목사로 부르셨다고 확신한다면 '목자 목사'가 되어야 한다고 했다.

착한 목자는 입으로만 일하는 사람이 아니다. 양에게 풀을 먹이고 배설물도 치우며, 목욕을 시키고 양을 도와주는 사람이다. 착한 목자는 착한 어머니와 같이 양의 배설물을 치운다. 김 목사는 교인들에게 착한 목자를 양성하는 교회가 되어야 한다고 주문했다. "여러분은 학생들의 착한 목자가 되어야 해요. 가르치는 사람만 되어서는 안 됩니다. 착한 목자를 키우고자 투쟁하고 기도하고 애쓰는 교회가 되어야 합니다." 그러면서 교회는 '목자양성소'가 되어야 한다고 했다. 또한 그리스도인 교수는 학생의 아버지처럼 공부뿐 아니라, 취직하고 결혼하는 데까지 관심을 가지고 돌봐야 한다고 했다. "그리스도 안에서 일만 스승이 있으되 아버지는 많지 아니하니 그리스도 예수 안에서 내가 복음으로써 너희를 낳았음이라."고전 4:15.

김 목사는 성경공부를 할 때, 착한 목자와 삯꾼 목자를 구별하는 방법에 대해 물었다. 그리고는 착한 목자와 삯꾼은 둘 다 양이 있고 평소에는 양을 잘 돌본다는 점에서는 같지만, 자기 이익이 걸려 있거나 이리가 왔을 때 양을 중심에 놓으면 착한 목자이고 양을 떠나 자기중심으로 살면 삯꾼 목자라고 말해주었다. 그렇기에 목자양성소를 표방한 대전 새누리교회의 표어는 '착한 양, 착한 목자'다.

가르치든지 배우든지

그가 회당에서 담대히 말하기 시작하거늘 브리스길라와 아굴라가 듣고 데려다가 하나님의 도를 더 정확하게 풀어 이르더라 행 18:26.

대전 새누리교회를 개척했을 때 김 목사의 나이는 73세였다. 심방, 교사훈련, 상담, 교회 운영 등 목회자의 임무를 감당하기 어려웠다. 그래서 김 목사는 말씀 선포와 말씀 훈련에 주력했고, 그 결과는 폭발적이었다. 김 목사가 전한 메시지가 대덕연구단지에 급속도로 퍼져나갔다. 또 김 목사에게 성경을 배운 교인들이 감동을 받아, 받은 말씀을 나누고 가르치기 시작했다.

교인들에게는 의무 사항이 있었다. 말씀을 가르치든지 배우든지 둘 중 한 가지를 꼭 해야 했다. 김 목사는 교인들에게 성경공부는 예수님을 만날 때까지 평생 해야 한다고 강조했다. 그러면서 어린 아이부터 어른까지 전 교인이 성경공부에 힘쓰고 모두 자기 양을 정해서 말씀을 가르치는 목자가 되자고 했다. 가르치든지 배우든지, 그 외에 다른 선택은 없었다. 그리고 김 목사는 이렇게 덧붙였다. "잘 가르칠 때까지 기다린다면, 죽을 때까지 잘 가르치지 못합니다."[48]

김 목사의 성경공부는 가르치는 사람에게 은혜를 더 많이 주었다. 그래서 한 번 가르쳐본 사람이라면 계속해서 가르치고 싶어 했다. 부에노스아이레스교회에 황태규 청년도 말씀을 배우면서 자신도 말씀으로 양을 쳐야겠다고 결심하게 됐다. 말을 더듬는 문제가 있었지만 그는 포기하지 않았고, 기도하면서 말씀을 먹일 양을 찾았다. 그렇게 황 형제가 찾은 양은 부에노스아이레스장로교회의 청년회 회장이었다. 성경공부가 좋다는 황 형제의 자랑에, 회장 청년은 "그렇게 좋아?"라며 관심을 보였다. 그 후 두 사람은

---

[48] 〈말씀이 육신이 되어〉, 174쪽

주일 오후 2시에 만나 서로 말씀을 가르치고 배우기로 약속하고, 공부를 시작하기 전부터 매주 만날 수 있게 해달라고 기도도 했다. 황 형제는 예습과 복습을 철저히 하며 친구와의 첫 만남을 기다렸다. 그러나 그 만남은 오래가지 못했다. 몇 번 만나서 공부하던 친구가 어느 날부터 나타나지 않았기 때문이다. 황 형제는 자신의 서툰 말 때문에 오지 않는다는 걸 알았지만, 저녁 예배 시간까지 그 자리에서 꼼짝하지 않고 기다렸다. 나중에 그 모습을 본 친구가 물었다.

"아니, 너 왜 이제껏 여기 있나?"

"널 기다렸어. 약속했잖아."

"아, 이런…"

"다음 주일에는 올 거지?"

"그래, 올게."

친구는 다음 주에도, 그 다음 주에도 나타나지 않았지만 황 형제는 한 달 동안 같은 자리에서 기다렸다. 그리고 친구는 그 모습에 감동을 받아, 다시 함께 공부하여 약속한 3개월을 완주했다. 그 시간을 통해 친구는 복음을 배웠고, 황 형제는 유창한 말솜씨를 얻었다. 김 목사가 부에노스아이레스에 돌아왔을 때, 황 형제는 언제 말을 더듬었냐는 듯 거침없이 소감문을 발표했다. 김 목사는 황 형제처럼 누구든지 한번 가르치겠다고 마음먹으면 양을 놓지 않아야 한다고 강조했다.

대전 새누리교회의 전은석 형제는 1996년에 아내 윤귀원 자매와 함께 김 목사에게 말씀을 배웠다. 수요일에는 요한복음을, 목요일에는 창세기를 배웠다. 일주일 중에 제일 기다려지는 시간이었다. 믿음생활을 하다가 의문을 품었던 문제에 대한 답을 발견하는 시간이기도 했다. 그리고 그 시간을 통해, 영적인 눈을 뜨게 됐다. 하나님의 말씀이 이해가 되니 신기하고 신이 났다. 믿음이란 하나님의 심정을 아는 것이고, 신앙생활이란 하나님을 기쁘시게 하는 것이라는 가르침보다 더 명쾌한 진리는 없었다. 전 형제는 용서받은 탕자, 요한복음, 마가복음을 연이어 배웠고 김 목사가 미국에 갔을 때 양들을 가르쳤다.

그 후 2000년에 김제니 사모의 부정맥이 심해져서 심장기능이 악화되었을 때, 전 형제가 대전에서 미국까지 동행한 적이 있었다. 그때 비행기 안에서 김 목사가 전 형제 자리로 찾아왔는데, 대뜸 누가복음 15장에 나오는 맏아들 부분을 어떻게 가르치는지 물었다. 김 목사는 아버지 집을 떠나지 않은 맏아들이 아버지의 심정을 몰랐기에 구원받지 못한다고 해석했는데, 이 부분이 종종 교회를 오래 다닌 사람들의 질문을 낳았기 때문이다. 전 형제는 누가복음 15장을 묵상하다 보면, 자신이 탕자도 되고 맏아들도 된다고 대답했다. 그러자 김 목사는 "제자가 (선생보다) 낫네. 전 선생이 내 수제자요."라고 말했다.

최동갑 목사는 대전 침례신학대학교에서 학생들을 가르치며 목회를 하다가, 김 목사가 대전에 왔다는 소식을 듣고 찾아가서 말씀을 배웠다. 물론 최 목사는 매주 소감문을 써야 했고, 그날도 성경공부를 하기 위해 김 목사의 집에 갔다. 그곳에 도착하자, 새로 온 두 사람의 모습이 보였다. 그런데 자세히 보니 자신이 가르치고 있는 학생들이었다. 놀란 그에게 김 목사는 "같이 공부해도 되겠죠?"라고 물었고, 최 목사는 안 된다고 말하지 못했다.

문제는 그다음이었다. 최 목사는 지난주에 배운 내용을 묵상한 소감문을 발표해야 했는데, 그 내용은 자신이 삯꾼 목자라는 것에 대한 통렬한 고백이었기 때문이다. 이윽고 발표할 차례가 된 최 목사는 자기 제자들 앞에서 회개하며 소감문을 읽었다. "나는 가짜였고 삯꾼 목자였습니다." 이렇듯 하나님의 말씀 앞에서는 누구든지 체면과 권위, 지식을 모두 내려놓고 죄인으로 서야 했다.

대전 새누리2교회의 안진섭 목사는 2000년에 유학생활을 마치고 대전으로 부임하는 길에, 담임목사인 김 목사에게 인사하러 왔다. 그리고 2주간 김 목사 곁에 머물면서 용서받은 탕자와 요한복음을 배웠다. 그때는 김 목사의 건강이 좋지 않아, 권영국 목사와 설 훈 목사가 가르쳤다. 목사가 목사에게 말씀을 가르쳤고, 안 목사는 겸손하게 배웠다. 그 후 교회에 부임한 안 목사는 김 목사의 녹취록을 토대로 하여 그대로 말씀을 가르쳤다.

서울대 소비자아동학과 교수인 손상희 자매는 김 목사를 만나, 하나님이 어떤 분인지 무엇이 하나님을 기쁘시게 하고 슬프게 하는지 배우면서 새롭게 하나님을 만났다. 김 목사의 성경공부는 깊은 묵상에서 나온 말씀이기에 이전에 배웠던 지식 위주의 성경공부와는 전혀 달랐다. 하나님을 기쁘시게 하는 착한 양이 되고, 또한 양을 양육하는 착한 목자가 되라는 비전은 구체적이고 현실적으로 느껴졌다. 이후 말씀을 배운 손 자매는 자기 학생들에게도 착한 양, 착한 목자가 되라고 가르쳤다. 그리고 착한 양, 착한 목자는 스펙 경쟁에 지친 학생들에게 세상과 다른 비전을 제공했다.

김 목사에게 말씀을 배우기 위해 타 교회에서 온 사람들도 많았다. 그중에는 한빛장로교회의 이순복 장로도 있었는데, 이 장로는 김 목사에게 용서받은 탕자 공부를 배운 후 곧바로 자기 교회에 출석하는 외국인들과 KAIST 학생들을 모아 영어로 용서받은 탕자를 가르쳤다.

대전 새누리교회의 성도들은 김 목사의 성경공부를 모두 녹취했다. 그리고 녹취 테이프 수십 개를 서로 나눠서 타자를 치고 그걸 모아 책으로 만들었다. 정홍석 형제는 김 목사의 '용서받은 탕자' 강의 전체를 직접 손으로 받아 적은 다음, 대형 바인더 두 권 분량의 녹취록을 만들었다. 이 녹취록에는 김 목사가 강의 중에 언급한 걸러지지 않은 예화와 거침없는 촌평 등이 생생하게 담겨 있다.

유충현 형제는 대전에서 직장이 있는 청주까지 출퇴근을 했는데, 그때마다 김 목사의 주일설교를 테이프로 반복해서 들었다. 또 설교를 녹취하고 인쇄하여 주일날 성도들에게 나눠주기도 했다. 유 형제의 수고로, 성도들은 지난주 설교를 텍스트로 읽으며 묵상할 기회를 얻게 되었다. 이 문서사역 덕분에 김 목사의 성경공부는 공중에 흩어지지 않고 책으로 남아, 대전 새누리교회의 중요한 자산이 되었다.

김 목사의 목회는 성경공부로 제자를 양육하는 데 중점을 두었다. 그리고 이 목적을 위해 장년 주일학교를 체계적으로 운영하여 전 교인을 말씀으로 훈련했다. 대전 새누리교회는 개척 초기부터 남침례교회의 전통을 따라 장년 주일학교를 운영했는데, 창립 6개월 만에 아침 9시 30분부터 시작하는 성경공부반 여덟 개가 개설되었다. 그리고 형제와 자매로 나누고 나이별로 운영하여, 같은 나이의 형제자매가 서로 동질감을 느끼며 공부할 수 있도록 배려했다.

주일학교는 김 목사의 제자훈련과 더불어 새 교회가 뿌리를 내리는 데 중요한 역할을 했다. 또한 전 교인에게 말씀을 가르쳐 예

유충현 형제의 가정과 함께

수님을 닮은 사람으로 키우는 교회 조직이 되게 했다. 이렇듯 김 목사는 평생 사람을 키웠다.

대전 새누리교회에서 김 목사의 가르침을 받고 난 후 목사나 선교사가 된 사람은 모두 33명이다(부록 참조). 그리고 현재 대전 새누리교회와 지교회에서 용서받은 탕자와 요한복음, 창세기 등을 가르치고 있는 교사의 수는 24명이다. 특히 중국 선교를 위해 중국어판《용서받은 탕자》가 출판되었고, 15년 동안 중국에 있는 지하교회 11곳의 지도자 3백여 명을 대상으로 제자훈련이 진행됐다.

김 목사에게 있어서 대전 새누리교회는 늦은 나이에 얻은 자식과 같았다. 그만큼 애틋하고 안타까웠지만, 자식 옆에 오래 있지 못할 형편이었다. 말씀 선포 외에 다른 사역은 하지 못했기 때문이다. 그래서 김 목사는 성경 말씀이 교인들에게 납득되도록 분명하게 선포했다. 그리고 김 목사가 선포한 말씀은 듣는 이의 심령을 변화시켰다.

김 목사가 강조한 '착한 양, 착한 목자' 표어는 교인들의 신앙을 교회에서 직장과 가정으로 확장시켰고, 일상생활 속에서 영성을 실천하도록 요구했다. 그리고 이것은 목자를 훈련시키고 세상에 파송하여 세상을 천

《용서받은 탕자》 중국어판

국으로 만들겠다는 김 목사의 구체적이고 야심만만한 계획이었다.

교회를 창립했을 때 전 교인은 3십여 명이었다. 그 후 5개월 만에 100명이 되었고, 창립 후 1년이 지난 1997년 2월에는 335명이 모여 예배를 드렸다.[49] 이후에도 교회는 계속 장성하여 2004년에 새누리2교회를 분가했고, 10년 후 2013년에 새누리3교회가 새누리2교회에서 개척되었다. 또한 그곳에서 동역했던 목회자들은 공주 새누리교회와 대동 새누리교회, 세종 새누리교회 등 17개의 교회를 세웠다.

그리고 지금도 여전히 착한 양, 착한 목자의 비전은 지경을 넓혀가는 중이다.

---

49 〈빚진 자 11호〉, 박성근, 로스앤젤스한인침례교회, 1997년 5월 15일, 22면

열 번째 편지

함께 ～～～
…… 한다는 것

아브라함이 후처를 맞이하였으니

그의 이름은 그두라라

_ 창세기 25:1

사람이 혼자 사는 것이
좋지 아니하니

안 사모는 로스앤젤스교회의 개척과 부흥에 큰 공을 세웠다. 그래서 김 목사는 자신은 그저 나귀 같은 존재일 뿐, 안 사모의 결사적 헌신과 간절한 기도가 아니었으면 교회가 성장하지 못했을 것이라고 고백했다.

동명식당 시절부터 교인들은 먼저 안 사모의 이름을 듣고 원근 각지에서 찾아왔다. 또한 안 사모는 김 목사가 남미와 대전에 교회를 세우기 전, 먼저 그 땅을 밟고 준비했다. 그 후 안 사모를 찾아온 교인들을 말씀으로 먹이고 양육한 사람이 김 목사였다.

수많은 교회가 안 사모에게 간증을 해달라고 요청했다. 그러다 보니 집회와 문서 사역으로 집을 자주 비우게 되고, 김 목사의 건

김 목사와 안 사모

강과 식사를 챙기기 어려웠다. 그럴 때면 김 목사는 교회 근처에 사는 교인이나 심방을 간 교인의 집에서 종종 식사를 했고, 교인들도 그런 김 목사를 환영했다.

사역자에게 가장 중요한 일은 하나님의 말씀을 가르치고 전파하는 일이다. 김 목사와 안 사모는 하나님께 자기가 가진 전부를 드린 사역자로, 복음 사역을 위해 동역했다. 또한 김 목사는 기꺼이 안 사모를 도와 하나님의 말씀을 증거 하는 일에 자기 삶을 드렸다. 두 사람은 주변의 반대를 무릅쓰고 결혼하여, 두 차례 미국 순회 집회를 했다. 국내선교사로 파송 받은 후에는 방 한 칸 아파트를 개방하여 교회를 개척했고, 새 성전을 지어 하나님께 드렸다. 신자든 불신자든 할 것 없이 수많은 사람이 김 목사와 안 사모의 수고를 거쳐 미국에 정착했다.

김 목사에게 있어 결혼은 사역이었다. 그래서 김 목사는 부부의 사랑을 이해하고 존중했지만, 하나님과 사람을 섬기는 일에 자기가 가진 모든 것을 드렸다. 그래서 결혼 초기에 몸이 회복되지 않은 안 사모를 대신하여 식사와 빨래를 모두 맡아서 했다. 또 매해 추수감사절 전날 밤이 되면 터키 열한 마리 정도를 밤이 새도록 구워 교인들을 대접하기도 했다.

"예수를 깊이 생각하라"히 3:1. 김 목사와 안 사모는 하나님 중심으로 살았다. 그러다 보니 김 목사는 남미와 북가주에서 홀로 사역했고, 안 사모는 부르는 곳이면 어디든지 달려갔다. 늘 하나님의 말씀을 쓰고 읽고 묵상하면서, 밤낮 하나님을 어떻게 전할지 생각했다. 또한 인간적인 감정을 앞세우지 않고 오직 예수님을 섬길 방도만 생각했다.

이런 두 사람은 서로 다른 방법으로 사역했다. 안 사모는 간증과 찬양 사역을 했고, 집회 때마다 사람을 끄는 간증을 했다. 또 경험한 일들을 글로 옮기는 은사도 가지고 있었다. 반면에 김 목사는 제자훈련 사역에 역점을 두었다. 철저하게 듣는 사람이 납득이 가는 말씀을 전하기 위해, 묵상을 거듭하면서 말씀으로 제자를 삼고자 했다.

보통 사역자는 사모에게 설교 피드백을 많이 받는다고 한다. 안 사모도 김 목사보다 열네 살이나 많고 신앙의 선배였기에, 김 목사에게 쓴소리를 아끼지 않았다. 하나님의 말씀을 위해서라면 옆에 교인들이 있어도 개의치 않았다. 그래서 오정현 전도사(목사)가 사임했을 때, 안 사모는 김 목사에게 가서 "당신 교회인 줄 아느냐, 내 교회도 된다."고 따졌다고 한다. 또 박효정 집사는 밤늦게 김 목사에게 전화한 적이 있었다. 그때 마침 안 사모가 전화를 받았고 박 집사는 너무 늦게 전화한 건 아닌지 염려했지만, 안 사모는 태연했다. "전화 잘했어. 자정이면 어떻고, 새벽 2시면 어때? 목사가 잠은 무슨 잠." 그만큼 김 목사와 안 사모는 몸을 아끼지 않고 한마음으로 교인들을 섬겼다.

김 목사는 1989년에 홀로 팔로알토교회에 부임했다. 팔로알토교회의 청빙위원들은 김 목사가 선뜻 청빙을 수락했을 때, 내심 안 사모도 함께 와서 사역하면 좋겠다고 생각했다. 그러나 안 사모는 그 자리에서 못 간다고 못 박았다. 베이 지역이 너무 춥다는 이유에서였다. 일교차가 심하고 한여름에도 아침저녁에 냉기가 서리는 베이 지역은 안 사모에게 너무 추운 곳이었다. 안 사모는 평양 감옥에서 복역하다가 추위 때문에 고생을 많이 했기에 추운 곳을 극구 꺼렸다. 돌봐주는 손길이 많고 따뜻한 로스앤젤레스에 살고 싶어 했다. 안 사모는 로스앤젤레스에 거주하면서 이따금 팔로알토로 올라오곤 했다.

김 목사가 팔로알토교회에 부임했을 때 동행한 안 사모는, 유명세에 걸맞게 실감나는 간증과 감미로운 찬양으로 교인들에게 강한 인상을 남겼다. 특히 감옥에서 일본인 간수와 주고받은 말을 마치 연기하듯 간증하여, 보는 사람들에게 감동을 주었다. 이후 안 사모는 교인들에게 말했다. "김 목사가 늘그막에 병든 몸으로 애(교회)를 낳았는데 힘이 없으니 (애를) 업지도 못하고 안지도 못하고 어쩔 줄 모른다." 그만큼 팔로알토교회는 김 목사에게 있어서 늙어서 본 자식이나 다름없었다.

김 목사는 팔로알토교회에 부임한 후 교회 근처에 있는 아파트에서 살다가, 이후 교인이 빌려준 산 마테오 인근 집에서 혼자 살았다. 그러다 보니 교인들은 김 목사가 혼자서 어떻게 지내는지 걱정했다. 그중 식사가 제일 신경 쓰였다. 그래서 교인들이 김치라도 가져가면 김 목사는 문 앞에 놓고 가라고 하면서 집안에 들이지 않았다. 또한 김 목사는 집에서 매일 말씀을 가르쳤는데, 그때 김 목사를 찾아온 사람들은 냉동된 현미밥을 해동하고 김치와 풋고추를 반찬으로 먹는 김 목사의 모습을 보며 마음 아파했다. 그러면 김 목사는 이렇게 말했다. "내가 혼자 밥 먹고 있는 거 보니 처량해 보여? 난 밥을 먹을 때마다 눈물이 나. 하나님께 감사해서."

그 후 안 사모는 1997년 10월 소천했다. 그때 주치의인 정한규 형제와 정경자 자매의 집에서 요양하며 회복 중이었던 김 목사는 안 사모가 위독하다는 소식을 듣고 로스앤젤레스로 내려갔다. 그리고 누워있는 안 사모의 귀에 "내 양은 내 음성을 들으며 나는 그들을 알며 그들은 나를 따르느니라"요 10:27라는 말씀을 몇 번이고 반복해서 들려주었다. 그것은 40년 전 신학교를 마치고 목회 경험을 쌓기 위해 로스앤젤레스로 갈 때, 안 사모가 기도 응답으로 받은 말씀이었다.

한편, 로스앤젤스교회의 김제니 집사는 1998년 1월에 남편 김극제 집사를 암으로 갑작스레 잃었다. 그러자 주변 사람들은 김 목사에게 김 집사와 재혼하는 것에 대해 제안했고, 김 목사는 김 집사에게 청혼했다. 그리고 김 목사가 같은 교회 교인에게 청혼한 사실이 알려지자, 로스앤젤스교회의 교인들은 극구 반대했다. 존경하는 원로목사님이 자기 같은 교인과 결혼한다는 사실을 선뜻 받아들이지 못한 것이다. 김 목사는 늘 우러러보던 성자였고, 살아있는 순교자이자 독립유공자인 안 사모의 부군이었다. 안 사모는 소천했지만, 교인들은 여전히 김 목사가 안 사모의 부군으로서 안 사모의 영광스러운 그림자 아래 명예롭게 살기를 원했다. 그래서 누군가는 김 목사의 여동생인 이봉 집사에게 재혼을 말려달라고 부탁하기도 했다. 그러나 이봉 집사는 거절했다. "그 황소고집을 누가 꺾겠느냐. 안 사모와 결혼할 때는 우리가 반대를 안 한 줄 아느냐."

결국 교회에서는 김 목사의 재혼 문제로 회의가 열렸다. 회의에 참석한 사람들은 김 목사를 찾아가 결혼을 만류하기로 결정하고 강만규 집사를 비롯하여 황윤석, 최의열, 구승환 안수집사가 북가주 위마 건강센터로 찾아갔다.

요양 중이던 김 목사는 자신을 찾아온 이들에게 이야기 하나를 들려주었다. 어느 재벌이 아들이 여럿인데 아내를 잃고 홀로 되었다. 아들들은 아버지 집에 들락거리며 아버지를 돌보았다. 그러던 어느 날, 막내아들은 아버지가 외로우시니 도와줄 분을 골라 짝을 찾아 드리자고 했다. 그리고 이야기 끝에 김 목사는, 막내아들놈이 아들 중에 제일 효자가 아니냐고 물었다. 네 명의 안수집사는 그 이야기가 무슨 말인지 단박에 알아들었다.

"목사님, 그건 세상 이야기이고요. 영적 아버지는 달라야 합니다."

"목사님, 안 사모님과 사별하신지 얼마 안 되셨어요. 사람들은 아직도 안 사모님을 못 잊어 합니다. 그런데 이렇게 재혼하시면 목사님의 명예가 손상됩니다."

"명예가 뭔데?"

"목사님과 안 사모님이 우리교회를 이토록 훌륭하게 키우셨는데, 재혼하시면 두 분이 함께 하신 사역에 누가 됩니다."

"명예, 그거 다 똥이야."

"목사님, 원로목사님이 성도랑 결혼하시면 목사님과 우리교회의 명예는 어떻게 됩니까?"

"늙고 병드니까 혼자 살 수가 없어. 명예 그거 다 똥인데, 명예가 뭐가 그리 중요해?"

젊은 시절 김 목사는 어떤 난관이 있어도 혼자 잘 감당했지만, 나이가 드니 견딜힘이 없었다. 그러나 목회는 놓을 수 없다고 말했다. "죽는 날까지 하나님께 받은 목사 직분을 잘 감당해서 말씀을 전하고 싶지만, 혼자 힘으로는 할 수 없어. 나를 위해 희생할 사람이 필요한데, 나 같은 것을 끝까지 사랑으로 보살펴 줄 사람이 제니 말고 또 누가 있겠어?"

결국 안수집사들은 빈손으로 돌아갈 수밖에 없었다.

김 목사의 제자 사역자들도 재혼을 반대했다. 러시아에 있던 어떤 사역자는 네 시간 동안 전화로 만류하며, 믿음이 좋은 전도사를 소개해 주겠다고 나섰다. 대전 새누리교회의 강 호 형제(목사)도 사람을 의식하지 않고 결혼하면 믿음이 약한 지체들에게 걸림돌이 된다고 생각했기에 반대했다. 그래서 로스앤젤스교회의 안수집사 여러 명과 생각을 나누었는데, 그 이야기가 김 목사의 귀에 들어갔다. 그러자 김 목사는 강 형제에게 전화하여 다짜고짜 역정을 내면서, "나를 죽이려고 하느냐?"고 했다.

1961년부터 로스앤젤스교회에 출석한 김제니 집사는 김 목사의 취향과 성격을 속속들이 알았다. 연로한 안 사모를 대신하여 김 목사 몸에 맞는 식사를 챙긴 사람도 김 집사였다. 김 목사가 팔로알토교회에 올라와 생활할 때 먹었던 현미 냉동밥도 김 집사가 일일이 하나씩 싸서 보낸 것이다. 또한 김 목사가 로스앤젤레스에서 가벼운 중풍으로 말이 어눌해지고 글씨를 쓰지 못할 때, 아는 의사를 찾아 조치를 취하고 수술을 받게 한 사람도 바로 김 집사였다.

김 목사와 김 집사의 가정은 인연이 깊었다. 평소 김 집사는 몸이 약해서 남편의 도움을 받았는데, 안 사모는 그런 김 집사가 입덧을 할 때 옆에서 챙겨주고 아들 롤랑Roland도 열흘 동안 돌봐주었다. 또 롤랑이 대학에 합격했을 땐 "우리 롤랑"이라고 하면서 함께 기뻐했고, 롤랑이 결혼할 땐 김 목사가 뉴욕까지 가서 축하해

주기도 했다. 반면에 안 사모가 잦은 집회로 공항을 드나들 때는 김 집사가 동행하여 안 사모를 보내고 맞이했다. 또 주일에는 남편 김극제 집사가 안 사모를 교회로 모시고 다녔다. 이렇듯 김 집사 내외는 김 목사와 안 사모에게 가족과 다름없었고, 때로는 비서 역할도 맡아 했다.

남편을 여읜 김 집사에게 재혼은 큰 모험이었다. 김 목사는 이미 여러 차례 중풍을 앓았고 결혼식을 올릴 수 있을지 의심스러울 정도로 건강이 좋지 않았다. 주변 사람들은 나이가 많은 김 목사와 재혼하면 고생만 한다며 말렸다. 본인도 자기 건강에 자신이 없었다. 그래서 김 집사는 김 목사에게 믿음이 좋고 건강한 전도사를 찾아보라고 했다. 그러나 당시 김 목사는 완강했다. "나 같은 환자에게 누가 오겠느냐. 제니 하나만 내 병을 알지, 다른 사람은 모른다."

교인들이 김 목사의 재혼 문제로 설왕설래할 때, 한동대 김영길 총장 부부가 나섰다. 그리고 많은 교인이 김 목사가 안 사모의 남편으로 영원히 남기를 바랄 때, 김 총장의 장모인 이삼희 권사의 생각은 달랐다. 살아있는 김 목사를 유리로 된 전시관 안에 넣고 구경만 해서는 안 된다고 생각했다. 이 권사는 직접 김 집사를 설득했다. 김 목사와 김 집사의 가정이 오랜 세월 가족처럼 가깝게 지내다가 각자 배우자를 잃었고 또 김 목사는 병이 들었으니, 김 집사가 병든 김 목사의 돕는 배필이 되어야 한다고 말했다. "김 집사님, 목사님을 보살펴 드리는 것 그게 사역이에요. 남편을 잘 만나서 평생 사랑받고 사셨으니 이제 김 목사님께 갚아드리세요."

김 집사는 고민에 빠졌다. 김 목사와 안 사모가 하나님의 말씀을 전하기 위해 어떻게 살아왔는지 누구보다 잘 알았기 때문이다. 홀로 된 김 목사가 1년이라도, 아니 하루라도 더 말씀을 전하도록 누군가 도와야 했다. 하나님께 그리고 김 목사에게 받은 은혜를 생각하면 거절하기 어려웠다.

주빌리교회의 김흥준 장로도 김 목사의 재혼을 적극 도왔다. 목사 안수를 받은 변호사이자 사업가인 김 장로는 김 목사와 같이 사역하지는 않았지만, 가까운 사이였다. 김 장로는 이대범 형제와 함께 결혼식장을 마련하고 손님을 초대하는 등 결혼식 제반을 맡아서 했다.

1998년 7월, 김 목사는 반대를 무릅쓰고 팔로알토 골프클럽에서 김 사모와 재혼했다. 사람들은 결혼식 직전까지도 김 목사가 결혼식을 무사히 치를 수 있을지 걱정했다. 김 목사와 김 사모는 결혼식을 마치고 바로 요양원으로 갔고, 김 목사는 김 사모에게 말했다. "그동안 혼자서 참 힘들었는데, 이제야 가정을 가진 것 같다."

김 사모는 재혼하자마자 요양원에서 김 목사의 시중

김동명 목사와 김제니 사모

1998년, 일본 고베에서 강연 중인 김 목사

을 들고 대소변을 받아냈다. 문병 온 교인들이 돕고 싶어 했지만, 김 목사는 대소변 받는 일을 다른 사람에게 맡기려고 하지 않았다.

사실 김 목사가 서둘러 김 집사를 아내로 맞이한 이유는 신병 외에 또 있었다. 바로 오래 전 꿈꾸고 결행했던 일본 선교 때문이다. 일본은 부인을 동반하지 않으면 선교사에게 선교를 허용하지 않았다. 1973년에 안 사모와 함께 일본을 방문하여 집회를 열었던 김 목사는 김 사모와 재혼 후 요양원에서 생활하다가, 1998년 9월 일본에 건너가 3개월간 머물며 선교했다.

평생 복음에 빚진 자로 살았던 김 목사는 어디든 달려가서 복음을 전하고 싶어 했다. 그중 한 곳이 학창 시절을 보낸 일본이었다. 그렇기에 김 목사는 재혼 후 김 사모와 함께 일본에 가고자 했다. 1982년 즈음에 오정현 전도사(목사)가 김 목사의 사무실에서 커다란 일본 지도가 걸려있는 것을 보았을 정도로, 김 목사는 오랫동안 일본 선교를 마음에 품었다. 결혼은 김 목사가 사역할 수 있도록 도와준 또 하나의 도구인 셈이다.

김 목사의 재혼 후, 교인들은 영적 아버지인 김 목사의 뜻을 받아들였다. 재혼을 반대했던 제자들도 김 목사를 만나기 위해 하나 둘 찾아왔다. 병상에 있던 김 목사가 그들에게 말했다. "내가 결혼한 걸 보니 어때?"

김 목사를 찾아와 재혼을 만류했던 황윤석 장로도 이후 김 목사의 뜻을 받아들였다. 김 목사가 하나님의 말씀을 전하려면 옆에 돕는 배필이 있어야 했다. 김 목사가 재혼을 왜 그리 서둘렀는지 이해가 됐다.

또한 박홍자 선교사는 선교를 위해 한국으로 가는 길에, 김 목사를 만나러 간 적이 있었다. 그곳에서 김 사모가 수발드는 모습

1973년, 일본 종단 집회를 위해 하네다 공항에 도착한 김 목사와 안 사모

을 보게 되었다. 어린아이처럼 수건을 받치고 김 목사에게 밥을 떠먹이고 있었다. 그때서야 박 선교사는 김 목사가 재혼을 강행한 이유를 알아차렸다. 김 목사 옆에 김 사모가 없었다면, 혼자 지낼 김 목사를 누가 보살필 것인가. 사람을 고용해서 김 목사 옆에 두었더라면 마음이 더 편치 않았을 거라는 생각이 들었다. 우리 목사님이 현명하셨다, 생각이 들었다. 그러면서 김 목사에 비해 젊은 김 사모는 혼자서 편히 살 수 있었는데, 집에서 환자의 수발드는 모습이 안쓰럽게 보였다.

김 사모는 김 목사의 일본 선교여행에 동행했을 때 심장병을 얻어 고생하다가, 2006년에 심장이식 수술을 받았다. 수술을 받고 요양 중이던 김 사모는 그때도 떨리는 손을 붙잡고 김 목사에게 물과 필요한 것들을 가져다주었다. 또한 당뇨와 혈압이 있는 김 목사의 식사와 약을 챙기고, 큰 집은 아니었지만 정갈하고 깔끔하게 청소했다. 김 사모는 그렇게 15년 동안 김 목사를 섬겼고, 김 목사는 김 사모를 하나님이 주신 선물로 여겼다.

김 목사는 소천하기 전인 2013년 어느 날, 김 사모에게 말했다.
"나한테 와서 너무 수고가 많았다."

두 번째 은퇴

나는 이제 너희를 위하여 받는 괴로움을 기뻐하고 그리스도의 남은 고난을 그의 몸된 교회를 위하여 내 육체에 채우노라 골 1:24.

1995년 가을, 남미 부에노스아이레스교회에서 시무하던 권영국 목사는 팔로알토교회의 부목사로 부임하게 됐다. 그러자 당시 목사 안수를 받은 지 한두 달 밖에 되지 않은 팔로알토교회의 부목사는 김 목사가 자기를 내쫓는다고 생각했다. 권 목사가 담임 목회 경력이 10년인 사역자였기 때문이다. 그 일로 부목사는 사역을 중단하고 기도원으로 올라갔다. 이은수 형제가 그곳에 가서 부목사를 설득했지만 소용이 없었고, 나중에 정좌희 형제가 데리고 내려왔다.

김 목사는 떠나려는 부목사를 붙들고, 교회가 성장하고 있으니 새로 오는 권 목사와 공동 목회를 해줄 것을 설득했다. 그러나 이미 마음을 정한 부목사는 김 목사의 말을 듣지 않았다. 마침내 김 목사는 화를 냈다. "어디 가서 내 제자라는 말은 하지 말게." 그리고 그때, 교인 6십여 명이 부목사를 따라 교회를 떠나는 아픔이 일어났다.

한편, 주일학교는 남침례교의 오랜 전통으로써 김 목사는 장년 주일학교를 중요하게 생각했다. 그래서 전 교인이 예배 전에 반별로 성경공부를 했는데, 목장 체제를 도입한 후에는 목장별로 모이게 됐다. 목자가 교사를 겸하거나, 아니면 따로 세워진 교사가 목원을 가르쳤다. 말씀 중심으로 교제하는 시간이었다.

권영국 목사는 1997년 가을부터 목장 체제를 도입했다. 'cell group'이라고 불린 이 목장은 휴스턴서울침례교회의 최영기 목사가 소개한 가정교회의 모델이다. 가정교회 지침에 따라 목원들은 주중에 각 가정의 집에서 돌아가며 예배를 드렸고, 주일에 이어 주중에도 만나게 된 교인들은 자연스럽게 목장 중심으로 교제를 나누었다. 주일학교가 말씀중심의 교제였다면, 목장은 친교중심으로 모여 말씀을 나누었다.

김인환Paul Kim 목사가 시무했던 영어부는 한어부보다 먼저 목장 체제를 도입했다. UBF식 성경공부와 소감문 쓰기만으로는 부족하다고 느낀 김인환 목사는, 목장을 도입하여 평신도 목자가 목원을 돌보도록 했다. 목자 7명과 구역 목자 3명을 세워, 형제자매와 새 가족을 심방하게 했다. 그 결과, 1995년 여름에 왔던 새 가족 30명을 한 명도 잃지 않고 교회에 편입시켰다.

신앙생활, 나아가 이민생활이 목장 중심으로 재편되면서 교인들은 서로 친밀하고 긴밀하게 지냈다. 그러다 보니 목장 개편이 발표되는 날이면 교회는 아침부터 어수선했다. 교인마다 자기가 누구와 같은 목장에 배치되었는지 예민하게 반응했다. 목장은 교인들을 결속시켰지만, 신앙생활을 목장 중심으로 제한하게 만들었다.

김 목사는 정통 남침례교의 전통을 고수했기에, 주일학교 출석을 방해하는 목장 모임을 좋아하지 않았다. 교회 헌금도 목장 모임에 사용하지 못하게 했다. 그러자 교인들 사이에 김 목사가 목장 모임을 마땅치 않게 생각한다는 말이 돌았다. 김 목사가 '목장을 없애라'고 말했다는 이야기도 나왔다. 그러나 김 목사는 목장을 없애라고 한 적이 없다고 부인했다.

교인들은 목장보다 주일학교를 중시하는 김 목사의 입장을 불편하게 생각했다. 대전과 요양원을 오가느라 자주 자리를 비운 김 목사와 교인들 사이에 의사소통도 원활하지 않았다. 여러 사람이 김 목사에게 이런 저런 문제를 제기하고 해법을 제안하면, 김 목사는 끝까지 주의 깊게 들었고 대답은 간결했다. 소수의 사람을 모아 말씀을 가르쳐서 제자훈련을 하는 남침례교 전통에 천착했다. 이렇듯 교회 운영을 놓고 김 목사와 교인들 사이에 의견이 갈라지기 시작했다. 그리고 교회의 몇몇 지도자는 이제 김 목사가 그만 은퇴해야 하지 않겠느냐는 이야기를 나누었다.

그 사이 교회는 친교실에서 예배를 드리며 1998년부터 2차 건축을 시작했다. 그리고 1998년 여름에 새로 부임한 설 훈 목사가 권 목사와 함께 부목사로 시무했다. 김 목사는 두 부목사 사이에 위계를 두지 않고 권 목사는 목장, 설 목사는 교육을 담당하도록 했다. 두 부목사는 주일 설교도 교대로 했다. 자칭 '소백산 나무꾼'인 권 목사와 권 목사보다 젊은 설 목사가 번갈아 설교를 하니, 어떤 교인은 한 주는 한식을 그 다음 주는 양식을 먹는다고 우스갯소리를 하기도 했다.

김 목사는 부목사들이 협력하여 공동 목회를 하길 원했다. 목장 담당과 교육 담당으로 나누어 전문 사역을 펼치길 바랐다. 목사가 용서받은 탕자의 자세, 빚진 자의 마음으로 교인들을 이끌면 된다고 생각했다. 그러나 그 시기에 김 목사는 일본 선교 활동으로 교회를 자주 비웠고, 누가 김 목사의 뒤를 이을지 확실하지 않은 가운데 교인들은 자기 안목에 따라 자기에게 맞는 부목사 뒤로 줄을 섰다.

2000년 봄, 마운틴뷰 새누리교회는 세 차례에 걸친 건축을 마무리하고 본당을 하나님께 드렸다. 본당 헌당 예배에서 김 목사는 어느 등대지기에 관한 설교를 했다.

바닷가에 아주 오래된 등대가 있었는데 이 등대 덕분에 그곳에는 사고가 전혀 없었다. 어느 날, 동네 사람들은 등대가 오래 되었으니 보기 좋게 고치자고 했다. 그리고 마침내 새 등대가 완성되었다. 사람들은 새 등대 건축을 축하했다. 마침 그때, 배 한 대가 등대 옆을 지나가다가 사고가 났다. 등대지기가 새로 만든 등대만 믿고 자기 임무를 망각한 것이다.

김 목사는 그러면서 주의 좋은 등대지기와 같이 자기 할 일이 무엇인지 집중해야 한다고 말했다. 주님의 종이 자기가 섬기는 양에 집중하지 못하면 새 교회 건물은 무용지물이 된다고 했다. 등대지기 이야기는 잔칫집에 모인 사람들에게 교회가 해야 할 일이 무엇인지 자각하게 했다.

교회가 자리 잡은 실리콘밸리는 2000년대 닷컴 회사의 성장으로 전례가 없는 호황을 누렸다. 그와 함께 교회에는 1천5백 명 이상의 사람들이 들어오고 나갔고, 새 성전에는 새 가족들로 넘쳐서 앉을 의자가 모자랐다. 교회가 고속도로 옆에 있어서 접근성도 좋았다. 영어부의 규모가 크고 영어부 교사들이 주일학교에서 헌신적으로 아이들을 가르친다는 점도 많은 사람을 끄는 요인이 되었다. 명실공히 샌프란시스코와 베이 지역 최고의 교회가 되었다.

이후 2000년 9월에는 김 목사가 평생 강조한 '용서받은 탕자'가 책으로 묶어 나왔다. 김 목사가 쓴 유일한 책으로, 김 목사의 구술을 박지현 자매가 손으로 일일이 받아 적은 후에 워드 문서로 옮겨 완성했다.

'용서받은 탕자'는 40년이 넘는 세월동안 김 목사가 광야에서 외친 소리다. 이 소리를 들은 사람들이 모여들면서 광야에 사람이 살기 시작했고 광야는 말씀의 젖과 꿀이 흐르는 땅, 누구나 부러워하는 땅이 되었다. 사람들은 하버드가 멀다고 안 가는 사람도 있냐, 하면서 멀리서부터 찾아왔다. 하버드대 같은 교회, 박사가 많다고 소문난 마운틴뷰 새누리교회는 실리콘밸리 한가운데 지어진 아름다운 성전에서 절정을 만끽했다.

그러나 성전을 헌당한 지 얼마 지나지 않은 무렵이었다. 교회의 지도자 두 명이 김 목사를 찾아와 은퇴할 것을 종용했다. 그리고 자리에 연연하지 않았던 김 목사는 2000년 12월에 전격 은퇴한다.

김 목사가 은퇴한 다음 해에는 김 목사를 원로목사로 추대하는 안건을 놓고 제직들이 모여 설왕설래하다가 안건을 부결시켰다.

2000년 12월, 마운틴뷰 새누리교회 은퇴식

교회 제직들이 교회를 세우고 성전을 헌당한 목사를 교회에서 배제시킨 것이다. 건축위원회에서 봉사했던 한 형제는 서울에서 유학하고 돌아온 아들이 늙고 병든 아버지를 내친 셈이라며 한탄했다. 교회 안팎에서는 말이 말을 낳았다.

 김 목사가 은퇴하고 난 뒤, 권 목사와 설 목사는 함께 교인들을 돌보았다. 그러나 교인들은 자기의 안목대로 두 부목사를 각각 지지했고, 목사들은 원하지 않았지만 공동 목회가 경쟁 구조로 변했다. 결국 2001년 8월, 설 목사는 마운틴뷰 새누리교회를 떠나 팔로알토에 코너스톤교회를 개척했다. 그리고 그때 여러 가정이 설 목사를 따라 교회를 나갔다. 권 목사도 2002년 1월에 사임 인사를 했고, 그 후 하와이에 있는 열방대학YWAM을 마쳤다. 그리고 같은 해 7월에는 교인 열 두 가정과 함께 산 마테오에서 새

마운틴뷰 새누리교회 도서관에서

누리 선교교회를 개척했다. 마운틴뷰 새누리교회는 권 목사의 개척을 지원했다.

권 목사는 남미에서 처음 김 목사를 만나 목회를 시작한 후 30여 년 동안 인연을 이어왔고, 대전에서 김 목사에게 배운 설 목사는 용서받은 탕자를 평생 사역에 가장 중요한 지침으로 삼았다. 김 목사 밑에서 힘든 시간도 있었지만, 김 목사는 여전히 영적 아버지이자 가장 영향력이 있는 멘토였기에, 이후 권 목사와 설 목사가 개척한 교회는 김 목사를 원로목사로 추대했다.

권 목사와 설 목사는 3년 반 동안 함께 사역하면서 마운틴뷰 새누리교회의 부흥을 일구었고, 교회가 어려워지자 차례로 떠났다. 그리고 김 목사가 원했던 공동 목회는 이루어지지 못했다. 그 후 교회는 두 개 세 개로 나눠지면서, 전성기를 지나 시험과 연단의 시대로 진입했다.

김 목사의 영향력을 배제한 마운틴뷰 새누리교회는 스스로 지도자 찾기에 나섰다. 한어부 청빙위원회를 중심으로 담임목사 청빙을 추진했다. 그러나 영어부의 반대로 부결되었고, 한어부와 영어부 사이 감정의 골도 깊어졌다. 한어부 제직회의에서도 큰 소리가 오갔다. 교회가 영적 시험에 들면서 당장 재정이 어려워졌기 때문이다. 교역자의 사례비조차 지급하지 못할 정도로 헌금이 줄었다. 재정부는 성전 헌당 후 해체된 건축위원회를 찾아가 건축하고 남은 헌금을 쓸 수 있을지 문의했다. 그렇게 남은 건축 헌금을 일반 재정으로 돌렸다. 또한 주일에는 매번 설교자를 찾아 강대상을 메우면서 포스트 post 김동명 시대를 힘겹게 걸어갔다.

한편, 남침례회 캘리포니아주 총회는 평생 교회 7곳을 개척하고 두 번째로 은퇴한 김 목사의 공을 기리며, 2000년에 김 목사에게 공로상을 수여했다. 또한 골든게이트 신학원과 사우스웨스턴 신학원은 2002년에 김 목사의 사역을 기념하고자 'Pastor Don Kim 기념 강의실'을 설립했다

열한 번째 편지

마지막 제자

바울이 온 이태를 자기 셋집에 머물면서

자기에게 오는 사람을 다 영접하고

하나님의 나라를 전파하며

주 예수 그리스도에 관한 모든 것을

담대하게 거침없이 가르치더라

_ 사도행전 28:30-31

아버지께서 이끌지 아니하시면
아무도 내게 올 수 없으니

말씀을 가르치다가 죽겠다는 말을 종종 했던 김 목사는 은퇴 후에도 쉬지 않았다. 집으로 찾아오는 사람들에게 말씀을 가르쳤다. 두 부목사를 중심으로 나뉜 마운틴뷰 새누리교회의 교인들도 한자리에 앉아 배웠다. 사람들은 김 목사를 중심으로 바닥에 빙 둘러앉았다. 의자도 책상도 없었지만, 그 누구도 불평하지는 않았다. 수업시간에는 김 사모가 옆에 앉아서 김 목사를 살폈고, 김 목사는 연신 입에 고이는 침과 가래를 닦으며 가르쳤다.

마운틴뷰 새누리교회의 일부 지도자들은 그런 김 목사를 보면서, 김 목사가 집에서 교인들에게 말씀을 가르치며 교회에 영향력을 행사한다고 생각했다. 교회 근처에 살면서 교인들을 불러 모은

다고 했다. 그래서 어느 날은 아무개 형제가 찾아와 교회에서 먼 곳으로 이사 가라고 권한 적도 있었다. 그러나 김 목사는 대꾸하지 않았다.

제자들은 집에 있는 김 목사를 만나기 위해 찾아갔다. 대전 새누리교회의 전은석 형제는 김 목사가 신장 투석을 하기 전에 갔는데, 그때 김 목사가 그에게 물었다.

"전 형제님, 내가 투석을 받아야 할까?"

환자가 의사에게 하는 질문이었다.

"당연히 투석 받으셔야죠."

의사가 환자에게 대답했다. 그러자 김 목사가 일갈했다.

"힘이 없어서 말씀도 못 가르치는데 살아서 뭐하나?"

그만큼 김 목사에게 하나님의 말씀을 가르치는 일은 생명과도 같았다. 전 형제는 김 목사의 말에 충격을 받았다. 그리고 목사님이 말씀대로 살고 계시는구나, 생각하게 됐다. 또한 죽음을 앞둔 김 목사에게서 믿음을 보았다. 목사님이 정말 하나님을 사랑하시는구나, 전 형제의 가슴이 뭉클했다. "목사님, 투석하시고 나면 빈혈도 없어지고 지치거나 식욕이 없는 것도 다 없어집니다. 더 열심히 가르치실 수 있습니다. 꼭 받으십시오." 전 형제는 다시 의사로서 환자에게 권했다.

또 한 번은 임용재 목사가 와서 김 목사에게 물었다.

"다들 권하는데 투석 받으시면 안 될까요?"

그러자 김 목사가 그에게 조용히 말했다.

"기도하니까 하나님이 가르쳐 주시겠지. 다들 나를 과대평가해, 내가 뭐라고. 하나님이 다 하신 거지, 나는 엉터리거든. 내가 한 게 뭐 있어? 내가 겸손해서가 아니고 이건 사실이야."

2012년에 김재정 목사는 마운틴뷰에 있는 김 목사의 집을 방문했다. 그때 김 목사는 말도 잘할 수 없을 만큼 몸이 안 좋았다. 그런데도 "요한복음을 가르칠 생각만 하면 정신이 번쩍 난다."고 말했다.

서순덕 선교사는 김 목사가 소천하기 석 달 전에 찾아갔다. 김 목사는 신장 투석을 받고 있었고 많이 힘들어 보였다. 두 사람은 서로 손을 잡고 기도하면서 눈물을 흘렸다. 그런데 그때도 김 목사는 말씀을 가르치는 일이 가장 기쁘고 즐겁다고 말했다. 당시 김 목사는 젊은 목사 한 명을 가르치고 있었다. "목사님, 이제 그만 가르치세요. 목사님이 하신 일, 이제 목사님의 제자가 할 겁니다." 그러자 김 목사의 눈에 다시 눈물이 흘렀다. "그 말을 들으니 너무 기뻐."

김 목사는 50년 동안 목회하며 쉬지 않고 말씀을 가르쳤고, 많은 제자를 길러냈다. 그리고 그들 중 마지막 제자는 캘리포니아주 팔로알토에 있는 애버뉴침례교회 Avenue Baptist Church에서 사역하는 김정훈 목사 Pastor Hoonie C. H. Kim였다.

폴 김 목사와 김금하 전도사가 세운 버클랜드교회에서 자란 후니 목사는 산호세한인침례교회에서 12년간 영어부와 청소년 담당 목사로 일하다가, 2008년에 안식년을 지내고 있었다. 마침 그때

1년 전부터 멘토를 놓고 기도하던 중이었다. 그러던 어느 날, 점심 약속 때문에 외출한 후니 목사는 우연히 성경공부가 있다는 이야기를 듣게 되었다. 그리고 영문도 모른 채 따라간 곳이 바로 김 목사의 집이었다. 폴 김 목사가 스승인 김 목사를 여러 번 초청했었기에, 후니 목사는 어렸을 때 보았던 김 목사를 기억하고 깜짝 놀랐다. 그러나 김 목사는 후니 목사를 빤히 쳐다보고는 이름을 묻지 않았다. 마치 오래전부터 알고 있던 사람을 대하듯, 성경 말씀을 가지고 여러 가지 질문을 할 뿐이었다. "A 학점." 김 목사는 후니 목사의 대답에 흡족해했다.

이후 성경공부를 마치고 집으로 돌아오는 길, 후니 목사는 바로 오래 전부터 기도했던 멘토가 김 목사임을 확신하고 김금하 전도사에게 전화했다. 김 전도사도 제자인 후니 목사를 위해 같은 제목으로 기도했었기에, 이야기를 듣고는 놀라워했다.

"인사드렸니?"

"아뇨, 이름도 묻지 않으셨어요."

김금하 전도사가 소리를 질렀다.

"이런, 예의 없이. 바로 가서 제대로 인사드리고 와."

다음 날 후니 목사는 김 목사를 찾아갔다. 문이 열려있었고 김 목사는 전날처럼 정면 소파에 앉아 있었다.

"자네가 돌아올 줄 알고 있었지."

"저도 목사님이 제가 올 줄 알고 계실 거라고 생각했어요."

김 목사가 미소 지었다. 후니 목사는 예의를 갖춰 자기소개를 한 후 인사했고, 김 목사는 그의 인사를 받자마자 말했다.

"자네와 같이 교회를 세우고 싶네."

그리고 그날, 후니 목사는 자정이 다 되어 집으로 돌아왔다. 두 사람은 초면이었음에도 오랫동안 깊은 이야기를 나누었고, 후니 목사는 다시 한번 하나님의 인도하심을 느꼈다.

2008년에 시작된 만남은 매주 한번 혹은 두 번씩 규칙적으로 지속되었고 김 목사의 건강 상태에 따라 만남은 여러 차례 취소되기도 했지만, 2009년 말이 되었을 때쯤 두 사람은 서로를 잘 알게 되었다. 그리고 이때부터 김 목사는 진지하게 후니 목사를 가르칠 결심을 하고 구체적인 내용을 구상했다. 교회사와 복음서, 하나님이 자기를 사용하신 이야기까지 세세하게 계획했다.

그 후 2010년 초, 김 목사의 몸 상태가 아주 나빠지면서 집에서 호스피스를 받게 되었다. 이때쯤 후니 목사는 코너스톤교회의 부사역자로 바쁜 시간을 보내고 있었다. 그러나 시간이 얼마 남지 않았다고 생각한 두 사람은 자주 함께 시간을 보냈다.

김 목사는 후니 목사가 올 때마다 자기 목회의 실패와 실수에 얽힌 이야기를 들려주었다. 다음 세대에게 자기 경험의 공과를 물려주고 싶었던 것이다. 후니 목사는 그 시간을 통해, 김 목사의 50여 년 목회 유산을 소중하게 이어받았다.

2010년 5월에 몸 상태가 더 악화되면서 김 목사는 병원으로 옮겨졌고 후니 목사가 병원까지 동행했다. 그런데 그날 담당 의사와 함께 서류를 검토하던 후니 목사는, 그해 초 김 목사가 자기에게 알리지 않고 연명치료거부 동의서에 서명했음을 알게 되었다. 화가 난 후니 목사가 김 목사에게 항의했다.

"여기 서명하신 것 맞아요? 어떻게 이러실 수가 있어요? 이건 성경 말씀과 맞지 않아요. 생명을 주관하는 분은 하나님이세요. 생명을 빼앗을 권리는 누구에게도 없어요."

"하나님이 나를 부르셔. 이제 가야 해. 이 이상 더 버틸 수가 없어."

"목사님이 거짓말하셨네요. 저랑 같이 교회를 세우신다면서요. 약속을 지키셔야죠."

후니 목사는 소리 질렀다. 그리곤 자기 하나만이라도 말씀을 끝까지 가르쳐달라며 애원했다. 그 말에 김 목사의 마음이 움직였다.

"두 시간만 시간을 줘. 생각해 볼게."

후니 목사는 의사를 찾아가 김 목사의 상태를 다시 한번 검사해달라고 요청했다. 의사가 물었다.

"누구시죠?"

"아들입니다."

후니 목사는 주저 없이

마지막 제자인 후니 목사와 함께

대답했다. 그 후 김 목사는 검사실로 옮겨져 검사를 받았고, 검사 결과는 놀라웠다. 신장 외에 다른 장기 기능은 모두 정상이었다. 콜레스테롤 수치도 정상이었다. 투석만 받으면 살 수 있는데 삶을 포기하시다니, 결과지를 받은 후니 목사는 더 화가 났다. 검사 결과에 놀란 건 김 목사도 마찬가지였다. 그 사이, 약속한 두 시간도 모두 지났다.

"후니 목사, 투석 받을게. 단 한 가지 조건이 있어. 이제부터 내가 시키는 대로 잘 따라한다면, 내가 투석을 받지."

"물론입니다."

두 사람은 김 목사의 건강을 회복시켜 주셔서 멘토의 역할을 넉넉히 감당하게 해달라고 기도했다. 그 후 김 목사는 투석을 시작했고, 후니 목사는 집에 가지 않고 엿새 동안 김 목사 곁을 지켰다.

그해 두 사람은 자주 만나서 함께 공부했다. 용서받은 탕자를 공부했고 2000년에 발간된 책도 교정했다. 김 목사는 후니 목사에게 《용서받은 탕자》를 소리 내어 읽게 했는데, 그 덕분에 후니 목사의 한국어 실력도 늘었다.

김 목사는 신장 투석을 받으면서 일주일에 세 번 병원에 가야 했다. 새누리교회와 새누리 선교교회, 코너스톤교회의 형제들이 돌아가면서 김 목사의 병원 외출을 도왔다. 김 목사는 투석을 겨우 감당했고, 그렇게 안간힘을 쓰면서 마지막 한 방울까지 짜내어 후니 목사를 가르쳤다. 후니 목사 역시 김 목사가 전하는 하나님의 말씀을 목숨처럼 받들었다. 이후 김 목사는 후니 목사를 가르치는 일을 끝낸 뒤 사명을 다했다고 판단하고 투석을 거부했다. 그리고 나흘 만에 하나님 품에 안겼다.

김 목사는 후니 목사에게서 개척 초기에 꿈꾸었던 비전을 보았다. 한인만의 교회가 아닌 복음을 들고 전 세계로 나갈 수 있는 다양한 국적의 젊은이가 모이는 교회 말이다. 1957년 로스앤젤레스에 처음 교회를 개척하며 품었던 꿈이 후니 목사를 통해 소환되었다. 김 목사는 자기가 10년만 젊었더라도 같이 교회를 시작했을 텐데, 하며 안타까워했다.

후니 목사는 김 목사의 마지막 제자였고, 후니 목사와 애버뉴교회도 여전히 김 목사를 멘토로 섬기고 있다. 그래서 해마다 김 목사의 기일이 되면, 후니 목사는 로스앤젤레스에 있는 김 목사의 무덤을 찾아간다.

김 목사는 마지막 순간까지 선교하는 꿈을 꾸었다. 유언과 같은 영상에서는 자신의 소원을 이렇게 말했다. "내가 건강이 좋아지면 중국에 있는 조선 사람에게 제자훈련을 하면서 중국을 한 바퀴 돌고 싶어. 북한도 돌고, 그리고 죽고 싶어!"

김 목사는 미국 밖 전 세계로 복음을 전하겠다는 50여 년 전의 꿈을 끝까지 버리지 않았다.

하늘에 있는 영원한 집

만일 땅에 있는 우리의 장막 집이 무너지면 하나님께서 지으신 집 곧 손으로 지은 것이 아니요 하늘에 있는 영원한 집이 우리에게 있는 줄 아느니라 고후 5:1.

김 목사는 평소 이런 말을 했다. "내 육신은 땅에 있는 장막 집이니 무너지는 날이 오겠지. 그때 사람들이 슬퍼서 울고불고할지라도 나는 장막 집에서 슬쩍 빠져나와 더 좋은 본향, 찬란하고 영원한 집으로 이사 갈 거야."

천국을 소망한 김 목사였기에, 죽음을 앞에 둔 사람들이 흔히 가지는 아쉬움이나 두려움은 전혀 없었다. 이 땅에 연연하지 않았고, 어린 아이가 아버지 집에 가고 싶어 하듯이 오롯이 천국에 가고 싶어 했다. 천국을 내다보았기에 사람에게 가려 있는 천국의 영광을 볼 수 있었다.

김 목사가 아프다는 소식을 들은 제자들이 멀리서 찾아오면, 김 목사는 아무리 힘들어도 환하게 웃으며 반가워했다. 그리고 자주 이렇게 말했다. "나는 참 죄인인데 복을 많이 받았어. 사랑을 많이 받았어. 하나님께 감사해." 2010년 무렵에는 김 목사가 위독하다는 소식에 사람들이 모였다. 그때 그들 사이에서 장례 절차에 관한 이야기가 오갔는데, 정신이 든 김 목사가 말했다. "잘한다. 살아 있는 나를 두고 장례회의를 하다니. 이러다 내가 안 죽으면 어쩌려고 그러냐."

　임종하기 두 달 전 김 목사가 힘겹게 투석을 받고 있을 때, 새누리 선교교회의 정좌희 장로가 병원 외출을 돕기 위해 찾아왔다. 김 목사가 정 장로에게 말했다.

　"정 형제, 아무개 형제 좀 받아줄 수 없을까?"

　"예?"

　"나도 용서가 안 돼서 자다가 벌떡 일어나고 그랬는데, 생각해 보니 목사는 의사와 마찬가지야. 의사가 병자를 내치면 그 환자는 죽잖아. 그래서 내가 용서하기로 했어."

　임종 직전까지 한 형제가 교회를 떠나 방황하는 것을 안타까워했다. 이렇듯 김 목사는 마지막 몇 년간, 지나간 날을 회고하고 후회하는 일이 잦았다. 이민교회에서 사역한 시간 동안 자신이 저지른 실수와 실패를 생각하면서 힘들어했다. 김 목사는 자신의 생을 사람을 기르는 데 바쳤지만, 김 목사도 제자도 사람이기에 한결같지 않았다. 그래서 자기 자신과 사람에게 실망했고, 그럼에도 사랑했기에 슬퍼했다.

　2013년 3월 17일, 프리몬트 Fremont, CA에 있는 카이저병원 Kaiser Permanente Hospital 에서 투석을 받고 다음날 또 받아야 하는 상황이었다. 그러나 김 목사는 더 이상 교인들에게 신세지고 싶지도 생명을 연장하고 싶지도 않았다. 인간의 방법으로 삶을 연장하는 것은 하나님의 뜻이 아니라고 생각했다. 그래서 튜브를 물어뜯으며 거부했다. 사람들은 그런 김 목사의 말을 듣지 않고 투석 장치를 다시 부착했지만, 정신이 든 김 목사는 역정을 냈다. 그리고 온 힘으로 산소 호흡기를 떼어 던져버렸다. 그 다음 날인 3월 18일, 의사와 간호사 그리고 가족과 성도들이 함께 모였다. 김 목사의 뜻을 존중하고 투석을 중지하기로 했다. 김 목사는 편안해 보였고, 옆에 있는 사람들에게 고맙다고 수없이 말했다. 김 사모는 그때를 떠올리면, 언제든 그날이라도 천국에 가고 싶어 했던 김 목사의 마음을 헤아리지 못했다는 생각이 들어서 미안한 마음이 든다.

임종 무렵, 김 목사의 첫 제자이자 동역자인 문대연 목사가 찾아왔다. 문 목사가 찾아왔을 때, 김 목사는 의식이 없는 상태였다. 그리고 병원에서 집으로 온 다음 날, 김 목사의 상태가 악화되어 구급차를 부르게 됐다. 문 목사는 구급차로 옮겨지는 김 목사의 손을 잡았다. 그리곤 "눈 좀 뜨세요"라고 말했다. 그때 정말 김 목사가 눈을 떴다. 그러자 열네 살 아래의 제자 겸 동역자인 문 목사가 말했다. "저 위에서 만납시다."

그 말을 들은 김 목사는 고개를 끄덕였다. 그리고 그것이 김 목사의 마지막 모습이었다.

2013년 3월 22일 저녁 9시 5분, 김 목사는 하나님 품에 안겼다. 김 목사가 아흔 살을 넘기고 넉 달이 지난 때였다. 김 목사를 환송하는 예배는 마운틴뷰와 로스앤젤레스, 그리고 대전에서 각각 열렸다. 한 사람의 죽음을 추모하는 예배가 세 번이나 따로 드려진, 흔치 않은 경우였다.

마운틴뷰 새누리교회에서 열린 추모예배에는 새누리 선교교회의 권영국 목사가 설교했고 로스앤젤스교회에서는 골든게이트 신학원 총장인 제프 로그 박사 Dr. Jeff Lorg가, 그리고 대전 새누리교회에서는 지구촌교회의 이동원 원로목사가 설교했다. 권 목사는 김 목사를 "평생 한 영혼을 구원하기 위해 헌신한 분"이라고 회고했고, 로그 박사는 "복음이 세상을 변화시킬 수 있다고 믿고 실천했던 사람"이라고 했다. 또 이 목사는 "사도 바울과 같이 달려갈 길을 마친 김 목사가 의의 면류관을 쓰고 특유의 수줍은 표정으로 천국에 도착했을 것"이라고 추모했다.

김 목사의 장례 예배에서는 찬송가 85장이 불러졌다. 평소 김 목사가 자주 부르며 하나님의 사랑을 묵상했던 찬송이다. 김 목사가 이 땅의 장막을 떠나 하늘로 가는 길에 찬송가 85장보다 더 어울리는 찬양은 없었다.

구주를 생각만 해도 이렇게 좋거든
주 얼굴 뵈올 때에야 얼마나 좋으랴
만민의 구주 예수의 귀하신 이름은
천지에 있는 이름 중 비할 데 없도다
(찬송가 85장 1~2절)

김 목사는 생전에 찬송가 492장도 좋아했다. 그래서 이 찬송을 인도할 때는 혼자서 배운 피아노도 곧잘 쳤다.

잠시 세상에 내가 살면서 항상 찬송 부르다가
날이 저물어 오라 하시면 영광 중에 나아가리
열린 천국문 내가 들어가 세상 짐을 내려놓고
빛난 면류관 받아쓰고서 주와 함께 길이 살리

(찬송가 492장 1절)

김 목사는 특히 후렴구에 '열린 천국문'이라는 가사가 나오면 감격어린 표정을 지으며, '여어어어어얼린'으로 아주 길게 늘여 불러야 한다고 강조했다. 그리고 이 대목이 나올 때마다 환한 표정을 지으며 하나님이 천국 문을 활짝 열고 기다리신다고 말했다. 김 목사는 그 열린 문으로 입성했다.

새누리교회에서 열린 장례예배에는 김 목사에게 헌화하는 시간을 가졌다. 줄을 서서 기다리던 정경자 자매는 관 속에 누워 있는 김 목사를 보면 눈물이 날 것 같았다. 그동안 김 목사에게서 받은 사랑과 은혜가 생각나서, 이제 다시는 볼 수 없다는 사실이 슬펐기 때문이다. 그런데 막상 관 앞에서 바라본 김 목사의 모습은 너무나 평온하고 고왔다. 순진한 아기의 모습이었다. 그 모습을 보니 눈물도 쏙 들어갔다. 그리고 목사님이 천국에 입성하셨구나, 생각이 들었다.

문대연 목사는 하관예배에서 구십 평생을 주님께 드린 김 목사를 기렸다.

2013년 3월 30일, 하관예배

"지금 우리는 우리 곁을 떠나신 김동명 목사님께 마지막 예의를 표합니다. 저는 지난 50년간 목사님의 삶을 흉내 낸 제자 중 한 사람입니다. 김동명 목사님이 살아계셨을 때, 이곳 장지에 여러 번 오셔서 하관식을 집전하셨습니다. 오늘은 목사님 당신이 땅 속에 안장되는 날입니다. 이곳에 계신 분과 목사님은 구면입니다. 목사님이 평생 전도한 성도와 친지가 여기 계시니 지하로 입성하셔도 목사님은 조금도 생소하거나 불편하지 않으실 것입니다. 지상에도 선후배가 있듯이 지하에도 선후배가 있을 테니, 새로 입주하신 초년생 목사님께서 조용히 쉬시면서 지하 선배에게 잘 보이시기를 바랍니다.

하나님께서 김동명 목사님을 두 번 부르셨습니다. 먼저 사역자로 부르셨고, 두 번째로 천국 문으로 입성하라고 부르셨습니다. 목사님은 사명을 충성스럽게 잘 감당했고, 예수님께서 기다리시는 그곳으로 가기를 간절히 원했습니다.

목사님은 구십 평생 충만한 삶을 살았습니다. 일본 식민지 시대에 한국에서 출생한 목사님은 일본에서 공부한 후, 서울 공대를 졸업하고 65년 전 도미했습니다. 목사님은 재미 한인 이민 역사를 만든 분입니다. 로스앤젤레스에 첫 한인침례교회를 개척한 목사님은 미주 한인사회의 큰 별입니다. 남미 각 나라를 다니면서 이민사회에 복음을 전하고 많은 교회를 개척했습니다. 목사님은 가는 곳마다 불철주야 주님의 말씀을 가르쳤습니다. 복음의 핵심, '용서받은 탕자'를 들고 광야에서 한결같이 외쳤습니다. '나는 빚진 자라' 하며 하나님께 조건 없이 받은 사랑의 빚을 갚기 위해 열심히 다녔습니다. 그 결과, 많은 제자를 양육했습니다.

주님의 사자로서 주님의 꿈을 가지고 사명을 완수한 김동명 목사님, 이제 선한 싸움에서 승리자로 구십 평생을 마쳤습니다. 목사님이 이 세상과 작별하고 천국으로 입성했으니, 이제 여기 모인 성도가 '빚진 자, 용서받은 탕자'를 외칠 차례입니다. 목사님이 양육한 양이 대신 외칠 것입니다. 한목소리가 두 목소리가 되고 두 목소리가 네 목소리가 되어, 열방을 향하여 외칠 것입니다. 그리고 며칠 후 저희도 목사님이 계신 그곳으로 갈 것입니다. 아멘."

청년 김동명은 자기 삶을 하나님께 드렸다. 신앙의 선배인 안이숙 선생의 발과 입이 되어, 그 길을 평탄하게 했다. 그리고 김동명의 헌신 덕분에 안이숙 선생은 집회와 집필로 하나님이 하신 일을 증거 했다. 또한 김동명 목사는 영육을 다 채워준 목자였다. 안 사모와 함께 사람들에게 실질적인 도움을 주려고 노력했다. 동명식당을 열어 한국음식을 먹이고 결혼과 직장을 주선하면서, 외로운 유학생과 이민자의 영육을 함께 돌보았다. 평생 말씀과 삶으로 양을 돌보면서 그들에게 착한 양이 되고, 착한 목자가 되라고 외쳤다. 착한 양이 되고 착한 목자가 되면, 천국이 이루어진다고 주장했다.

사람들은 김 목사를 보내며 김 목사에게 받은 사랑을 한목소리로 증언했다. 한 사람 한 사람을 어떻게 도왔는지 말했다. 그리고 갖은 정성을 쏟아 부은 김 목사를 통해, 자신이 김 목사의 사랑을 받는 존재이고 나아가 하나님의 사랑을 받는 존재라는 자각과 자부심을 얻었다고 했다. 그들은 이구동성으로 김 목사를 만나게 된 것은 하나님의 큰 축복이었다고 했다. 김 목사처럼 양을 사랑한 목자를 어떻게 또 만나겠느냐고 했다. 김 목사는 그들의 아버지였다.

교인들의 말처럼, 김 목사는 하나님을 사랑하고 교회를 사랑하는 데 평생을 바쳤다. 철저하게 복음에 빚진 자로 살았다. 하나님의 사랑을 전한다는 사명 외에는 아무것도 생각하지 않았다. 교회 안이든 밖이든 정치에 무관심했고, 오히려 정치를 뛰어넘었다. 세계 최대 교단인 남침례교단은 그런 김 목사의 열정을 높이 샀고, 교단의 지도자로 삼았다.

미국 텍사스주 포리스트커뮤니티교회의 김인환 목사는 김동명 목사만큼 신학을 깊이 공부한 사람은 드물다고 말했다. 그러면서 김 목사는 논문을 마치지 않았지만, 당대 어느 한인 신학자보다 조직신학을 깊이 이해했다고 덧붙였다. 사랑의교회의 오정현 목사는 김 목사를 천재라고 불렀다. 서로 다른 교단에서 온 목사가 모여 신학 논쟁을 벌이면, 김 목사는 칠판에 써 가면서 설명했다고 말한다. 마치 엊그제 신학교를 졸업한 사람처럼 신학 이론을 생생하게 기억했다고 했다. 지구촌교회의 이동원 원로목사는 1975년 첫 번째 유학을 마치고 귀국하는 길에, 김장환 목사의 소개로 김 목사를 찾아갔다. 김 목사는 처음 만난 이동원 목사를 친절하게 맞아 주었다고 한다. 그 후 이 목사는 로스앤젤스교회에서 부흥회를 네 차례 인도했는데, 그때마다 김 목사는 "이 목사, 나랑 얘기 좀 해." 하면서 밤늦게까지 함께 신학 논쟁을 벌였다. 또 다음 날 새벽에 설교할 이 목사를 붙잡고 "내가 다른 사람하고 이런 얘기 안 해." 하면서 신학 논쟁을 즐겼다고 한다. 두 사람은 우찌무라 간조에 대해 나누고, 칼 바르트의 신학을 이야기하곤 했다.

김 목사는 일본의 무교회주의자인 우찌무라 간조와 야나이하라 다다오의 책을 애독했고, 스위스 신학자 칼 바르트Karl Barth,1886-1968의 영향을 받았다. 보수주의 신학자 사이에서 급진적 성향으로 분류되는 칼 바르트는 하나님의 사랑을 강조한 인물이다.

김 목사는 한국과 미국의 보수주의 신학을 비판했다. 보수주의 신학은 누가복음 15장에 나오는 맏아들이자 바리새인과 같아서, 하나님의 마음을 모른다고 비판했다. 그러나 보수주의자니 혹은 복음주의자니 하고 섣불리 구별하는 것 또한 경계했다. 같은 세대의 목사가 흔히 보수주의 시각에 갇혀 있기 마련이지만, 김 목사는 고정된 틀과 시각에서 자유로웠고 신학적으로 자유인이었다. 오정현 목사의 말에 따르면, 어떤 교단이나 교회도 김 목사의 신학과 역량을 다 담지 못했다.

사람 몇 명을 모아놓고 말씀을 가르치는 데 몰두했던 김 목사는 교회를 부흥시켜 교회 몸집을 불리는 것을 원치 않았다. 교회를 키워서 "패거리를 크게 짓는 일"을 하나님이 기뻐하지 않으신다고 믿었다. 또한 교회 조직에 기대어 목회하지 않고 사람을 기르고자 했고, 대형교회의 조직을 짜고 운영하는 일에는 무관심했다. 예배나 설교 시간을 적절하게 안배하는 데도 서툴렀다.

김 목사는 제자훈련과 선교에 집중했다. 양을 훈련시켜 목자로 만드는 데 온 힘을 다했다. 개척 초기부터 가정마다 직접 찾아가서 말씀을 전했고, 대형교회 담임목사가 되어서도 찾아가는 성경공부는 멈추지 않았다. 시간이 여의치 않아 새벽 3시에 수업한 적도 있었다. 우리 안에 있는 아흔아홉 마리의 양을 지키기보다 잃어버린 한 마리를 찾아 대학으로, 선교지로, 개척 교회로 달려갔다. 그로 인해 교회를 오래 비워서 애써 기른 교인들을 잃은 일도 많았다. 하루아침에 교인 2백 명을 잃은 일도 있었다. 그러나 대형교회 강대상에 굳건히 서 있었다면 피할 수 있던 진통과 고통을 감수하면서도, 김 목사는 말씀을 들고 나갔다.

김 목사는 담임목사로 재직하던 시절에도, 그리고 은퇴 후 거동을 하지 못할 때도 말씀으로 양을 양육하는 일을 자기 생명처럼 여겼다. 그리고 말씀을 전하지 않으면 살 의미가 없다고 생각했다. 2002년 4월 코너스톤교회의 어수관 형제가 세상에서 제일 하고 싶은 일이 무엇인지 김 목사에게 묻자, 그때도 "물이 바다 덮음 같이 하나님을 아는 것이 전 세계를 덮도록 남은 인생을 바치는 것"이라고 대답했다.

김 목사가 목회한 곳은 주로 명문대 주변이었고 로스앤젤스교회와 마운틴뷰 새누리교회, 대전 새누리교회에는 고학력자 교인들이 많았다. 그들은 분명하고 납득이 가면서도 생각하게 하는 김 목사의 성경공부에 환호하고 감동했다. 양은 다 미련하지만, 김 목사는 미련한 양 중에서 "미련한 똑똑이"를 훈련시켜 복음을 널리 전파하기를 원했다.

거침없는 말과 사람 눈치를 보지 않는 성격 때문에, 김 목사는 존경과 오해를 동시에 받았다. 또 때로는 사람의 상식을 뛰어넘는 생각을 이해받지 못했다. 강한 카리스마와 박력 있는 태도는 사람을 끄는 힘이 있었지만, 몇몇 성도의 반발을 불러 일으키기도 했다. 또한 김 목사는 양을 사랑했지만, 훈계와 질책도 많이 했다. 양을 먹이는 부사역자에게 엄했고, 사역자에게 성도와 다른 기준을 적용했다. 그래서 오래 버티지 못하고 성도를 데리고 인근에 교회를 개척한 부사역자도 많았다. 그런데 그 결과, 한인교회의 숫자가 늘어났다.

김 목사는 누구의 말이든 주의 깊게 들었다. 성도들끼리 하는 얘기도 잠자코 들었다. 그러나 말씀을 가르칠 때는 말을 아끼지 않았다. 중요한 말씀은 몇 번이고 반복해서 가르쳤고, 듣는 사람이 지루한 기색을 내비쳐도 개의치 않았다. 목사의 권위도 내세우지 않았다. 성도에게 대접받으려고 하지 않았고, 다른 교회의 교인을 전도해서 교세를 늘리려고 하지 않았다. 또한 일신의 안위를 구하지 않았고 자기 사역의 열매를 내세우지 않았다. 겸손하면서도 당당했다. 자기 약점과 부족함을 감추지 않았고, 변명하지 않았다. 교인의 비위를 맞추거나 타협하지 않았다. 사람에게 인정받으려고 하지 않았다.

평안북도 철산에서 태어난 김동명은 신의주, 일본 고베, 그리고 서울을 거쳐 미국에 왔다. 장로교 목사의 아들이 공학도로 미국 유학을 왔다가 침례교 목사가 되었다. 그 후에는 미국에 교회를

김동명 목사의 묘비

세우고, 코리아타운의 역사를 만들었다. 그러나 그의 발걸음은 미국에 머물지 않고 남미 네 나라에 복음의 씨를 뿌렸으며, 한국에 교회를 세우고 일본을 거쳤다. 그리고 죽기 직전까지도 중국과 북한에 복음을 전하고 싶어 했다.

평범하지 않은 김동명의 궤적은 그를 보기 드문 그릇으로 만들었다. 그의 삶과 신앙은 어느 한 곳에 매이지 않았고 다만 한 가지, 하나님의 사랑에 매였다.

김동명은 묘비명에 자기 자신을 "하나님의 은혜를 보답하고자 허우적거리다가 죽은 사나이"라고 소개했다. 그리고 그 말처럼 그는 하나님의 은혜를 눈물로 고백한 '용서받은 탕자'였다.

이 책이 나오기까지

　20여 년 전 저자는 미국 캘리포니아주 마운틴뷰에 있는 새누리교회에 다녔다. 마운틴뷰는 인터넷 기업인 구글Google 캠퍼스가 있는 곳으로, 구글 캠퍼스에서 멀지 않은 실리콘밸리의 교통 요지에 위치한 새누리교회는 널찍한 주차장과 아름다운 성전을 가진 교회다. 닷컴.com 회사의 호황과 함께 교회는 주일마다 새 가족을 맞이했고, 인근 스탠퍼드대에서 공부하는 한국인 학생들과 IT계열 회사에 다니는 한국계 1, 2세들도 교회를 채웠다.
　새누리교회를 담임하던 김동명 목사님은 2000년에 은퇴하셨다. 목사님의 두 번째 은퇴였고, 일흔이 가까운 나이에 작은 유학생 교회에 와서 사역하신지 10년 만이었다. 그때 저자가 몇몇 분의 증언을 토대로 교회 소식지에 목사님의 목회 특집 기사를 썼는데, 기사를 읽은 목사님이 저자를 만나고 싶어 하셨다. 그리고 그렇게 만난 목사님은 여름인데도 카디건을 입고 목도리를 두른 채 맞은

편에 앉아 계셨다. 첫눈에도 건강이 안 좋아 보이셨다.

목사님은 《용서받은 탕자》에 이어 요한복음을 책으로 쓰고 싶어 하셨다. 그리고 목사님의 구술을 적고 정리할 사람이 필요했다. 목사님의 집필을 돕기 위해선 먼저 말씀을 듣고 알아야 했기에, 저자는 목사님을 뵈러 갈 때마다 몇 시간동안 말씀을 배웠다. 그러나 요한복음은 끝내 출판되지 못했다.[50] 필자가 목사님이 전하신 말씀의 행간을 읽지 못했기 때문이다. 받기만 하고 갚지 못한 마음의 빚이 무거웠다. 그 후 저자는 미국 생활을 정리하고 한국에 왔고, 그 사이 목사님은 남은 생명의 심지를 태워 한 사람 한 사람을 양육하시다 하나님께로 가셨다.

목사님은 슬하에 자식이 없었고 책도 한 권만 남기셨다. 그러나 많은 제자를 남기셨다. 그렇다. 제자를 키워 전 세계에 복음을 전하고 싶어 하셨던 목사님의 사역의 증거는 바로 제자였다. 그렇기에 저자는 제자들의 목소리를 담아 목사님의 삶을 되돌아보고 싶었다. 평생 하나님의 심정을, 하나님의 애타는 사랑을 외쳤던 목사님의 목소리를 담고 싶었다. 그리고 한국인의 미국 이민 역사와 다름없는 목사님의 삶을 복원하여, 목사님을 기억하지 못하는 세대와 교회에 남기고 싶었다.

하지만 능력은 소원을 따라가지 못했다. 그래서 목사님이 평생

---

[50] 박영춘 하심 대표가 2011년에 김동명 목사의 말씀 해설집 《요한복음》을 출간했다.

부르짖으신 탕자의 비유가 나올 때마다 빚진 자의 마음이 무거웠다. 또한 목사님이 애창하셨던 찬송가 85장, "구주를 생각만 해도 이렇게 좋거든 주 얼굴 뵈올 때에야 얼마나 좋으랴"라는 가사를 부를 때는 목사님의 모습이 어른거렸다.

그 후, 하나님께서는 코로나19 바이러스가 창궐하는 상황 속에서 저자가 1년간 미국에 머물도록 허락하셨다. 그리고 미국으로 출발하기 전에는 중단한 작업을 여러 경로로 생각나게 하셨다. 더는 변명할 여지가 없었다.

저자가 머문 시애틀에서 로스앤젤레스, 팔로알토, 애틀랜타, 보스턴, 댈러스, 라스베이거스, 부에노스아이레스, 서울, 대전, 포항, 그리고 멀리 러시아와 에티오피아까지 연락이 닿았다. 그로 인해 이 책에 칠십여 분의 증언을 담을 수 있었다. 작업을 중단한 사이에 소천하신 故김영길 총장님의 간증을 담지 못해 아쉬운 마음이지만, 김 총장님의 사모님이신 김영애 권사님이 증언해주셨다. 또한 인터뷰를 약속하고 기다리던 중에 故김흥준 장로님이 돌아가셨다. 목사님과 가까웠던 분들이 이미 소천하셨거나 증언하기 어려운 형편이었다. 목사님의 전기가 늦어도 너무 늦었다.

사역자, 평신도 지도자의 증언을 모아 정리하는 과정에서 목사님 삶의 궤적은 드러났지만, 그분의 깊은 속을 표현하기는 더 어려워졌다. 아니, 애초부터 버거운 작업이었다. 목사님의 제자 중 저자는 가장 작은 자가 아닌가. 제자들의 기억을 퍼즐 맞추듯 맞춘다고 해도 영적 거장의 구십 평생을 온전히 재현하지는 못할 것이다. 그러니 혹 사실과 맞지 않은 부분이 있다면 모두 저자의 책임이다.

부족한 글에도 불구하고 이 책의 한 글자 한 글자는 평생 하나님을 사랑한 김동명 목사님의 마음을 가리킨다. 영적 거인의 삶을 소소한 글로 표현하는 동안, 죽어도 갚지 못할 하나님의 은혜라며 울먹이시던 목사님의 모습이 자주 떠올랐다. 영적 자식을 숱하게 길러낸 목사님이셨지만 하나님 앞에서는 어린 아이였다.

인터뷰에 응해주신 모든 분께 감사드린다. 몇 번이고 증언해주신 분도 있다. 임용재 목사님과 강 호 목사님이 옛 자료를 찾아서 보내주지 않으셨다면 이 책은 나오지 못했다. 저자가 맡겨 놓은 물건을 찾듯 두 분에게 귀찮도록 여쭤보았다. 또한 강 호 목사님과 김정우 목사님, 박지현 자매님이 초고를 읽어주셨다. 나보다 목사님을 더 사랑하는 세 분이 책을 내는 수고를 함께 하셨다.

목사님을 알지 못하는 사람과 교회에 목사님의 삶과 메시지를 하루빨리 전하고 싶은 마음이 간절했지만, 책을 내는 일은 쓰는 일보다 더 어려웠다. 그 가운데 사랑의교회의 오정현 담임목사님이 같은 마음으로 흔쾌히 출판에 동의해주셨다. 또한 국제제자훈련원의 박주성 목사님이 책 제목을 정하는 데 큰 도움을 주셨고, 국제제자훈련원 편집부는 책을 꼼꼼하게 읽고 구석구석 살펴주셨다.

증언과 더불어 추천사를 써주신 분들께도 감사드린다. 한국교회의 지도자 김장환 목사님, 이동원 목사님, 오정현 목사님, 이상학 목사님 그리고 김 목사님의 제자인 김영애 권사님과 박영춘 형제님은 김 목사님을 잊지 않고 추억을 나누어주셨다.

  많은 분의 도움으로 부족한 글이나마 김동명 목사님의 흔적이 세상에 남았다. 책이 나오기를 기다려주신 분들과 함께 "사랑만 남긴 김동명 목사"님의 삶이 기억되기를 소망한다.

  이 책의 기획자이신 하나님께 감사드린다.

도와주신 분 (가나다순)

강만규 장로	도리스 서 자매	이대범 장로
강철신 목사	문대연 목사	이동원 목사
강 호 목사	박홍자 선교사	이홍수 장로
권영국 목사	방 융 장로	임용재 목사
권영주 사모	방경자 권사	임혜자 사모
권혁태 안수집사	박동선 안수집사	전은석 형제
김만종 권사	박문혜 권사	정경애 권사
김문자 집사	박성근 목사	정경자 권사
김미리 사모	박영주 자매	정승희 권사
김부열 형제	박영준 장로	정좌희 장로
김성현 목사	박영춘 형제	정지봉 장로
김영애 권사	박지현 자매	제임스 정 선교사
김옥경 권사	박효정 권사	조앤 리 권사
김 욱 장로	서순덕 선교사	조이스 김 자매
김인환(폴 김) 목사	설 훈 목사	차재영 형제
김장환 목사	성백인 형제	최미경 사모
김재정 목사	손상희 자매	최의열 장로
김정애 권사	송문수 선교사	최장희 권사
김정우 목사	안젤라 엄 사모	최진옥 권사
김제니 사모	안진섭 목사	한병숙 권사
김종길 형제	오성환 형제	한정자 집사
김한나 집사	오정현 목사	허종수 목사
김현숙 자매	여명미 권사	황윤석 장로
김혜경 자매	윤귀원 자매	황옥희 권사
故김흥준 장로	이계호 형제	후니 김(김정훈) 목사

부록

- 김동명 목사가 남긴 흔적 1, 2
- 김동명 목사를 기억하며
- 김동명 목사와 함께한 사람들

김동명 목사가 남긴 흔적 1_칼럼

나는 빚진 자라

7월이면 내가 섬기는 교회가 교포사회의 중심지인 올림픽가와 버렌도가 사이에 새 예배당을 지어 하나님께 바친 지 한 돌이 된다. 새 예배당 주춧돌에는 "나는 빚진 자라"는 사도 바울의 말씀이 새겨져 있다. 본 교회당 안에 들어서는 사람은 누구나 '나는 빚진 자라'는 의식 속에서 살기를 바라는 마음이다.

 '빚진 자'라는 의식은 압박감과 비굴함, 그리고 어두운 느낌을 준다. 인간들은 이런 의식 속에서 도피하기를 원하리라. 그러나 정말 알찬 봉사를 하고, 이 어두운 세상에서 참 기쁨을 누리며 통쾌하게 용감한 생애를 살았던 인물들은 모두 "나는 빚진 자라"는 의식에 사로잡힌 사람들이 아니었던가!

 바울을 보라. 초대 교인들을 보라. 루터, 리빙스턴, 슈바이처를 보라. 이들은 모두 십자가에 나타난 하나님의 놀라운 사랑에 붙들려 '나는 빚진 자'라고 몸부림 친 사람들이다. 그리고 하나님께 빚을 갚고자 하나님이 사랑하시는 사람을 위해 분골쇄신한 빛과 소금이다. 이들이 사자에 찢겨도 불에 태움을 당해도 감사하며 기뻐했던 이유는, 그리고 용감한 사랑의 일꾼으로 살고 죽은 이유는 하나님의 크신 은혜를 갚기에는 자기 몸을 찢어 바쳐도 부족하다는 사실을 알았기 때문이다. 이들은 할 일을 다 하고도 "나는 무익한 종이니이다"라고 외친 종들이다.

반면에 하나님의 은혜 가운데 살면서도 빚진 자라는 의식은커녕 자기 욕심에 혈안이 되어 사는 사람의 기름지고 꾸며놓은 얼굴을 보라. 얼마나 비루하고 비굴하고 불쌍한가?

아, 나와 같은 죄인을 사랑하시는 하나님을 알게 되어 "나는 하나님께 정말로 빚진 자라"는 사실을 재발견할 때 북받쳐 오르는 기쁨과 감사와 용기! 예수의 십자가는 나에게 이 축복을 준다.

교회의 우선적 사명은 뭇사람에게 이 귀한 사실을 발견하게 하는 것이라고 믿는다. 그래서 나는 동포 사회에 횡행하는 "예수 믿고 병 고치고, 부자 되고 축복 받자!"는 식의 마치 하나님을 내 욕심대로 이용하려는 부흥회를 싫어하고 슬퍼한다. 하나님은 죄인인 나를 위해 이미 독생자까지 주신 분이다. 이러한 하나님께 나는 무엇을 더 달라고 하기보다는, 그저 미안하고 죄송하고 감사해서 없는 정성이라도 바치지 못하여 몸부림칠 뿐이다.

그리스도인이 욕심과 이기심에 꽉 찬 이 사회를 위해 순수하고 끈질긴 봉사를 하려면, 먼저 이 '구속의 은혜'를 깨닫고 끓고 끓는 빚진 자의 의식 속에 잠기지 않으면 절대로 안 된다고 확신한다. 또한 나는 이것이 주님의 가르침이라고 믿는다.

언젠가 나는 내 묘비에 무엇을 써주기를 원하느냐는 질문을 받았다. 무슨 말로 이 짧은 인생을 표현할까 생각하던 중 "하나님의 은혜를 보답하고자 허우적거리다가 죽은 사나이"라고 써달라고 했다. 못난 나는 하나님과 사회에 빚을 지기만 하고 가지만, 내가 사랑하는 교회는 하나님께 진 빚을 하나님께, 그리고 교포 사회와 전 세계에 조금이라도 갚기를 바란다.

"나는 빚진 자라." 이것은 나의 신앙 고백이자 나의 주장이며, 또 늙어가는 나의 유언이기도 하다. (나성춘추, 1978년)

예수 부활의 진정한 뜻

그리스도인 신앙과 다른 종교들과의 본질적인 차이점은 무엇일까? 윤리 도덕이나 요사이 유행하는 신비스러운 이적, 신유 등이 아니다. 참 그리스도인 신앙의 특징은 하나님의 독생자 예수 그리스도께서 죄인을 위하여 십자가에 달려 죽으시고 장사되었다가 사흘 만에 부활하셨다는 엄청난 사실의 의미를 바로 깨닫고 감격하여, 이 사실을 자랑하고 전하는 것이다. 아무리 예수의 이름으로 설교를 잘하고 이적을 행하여도 예수 부활을 잘 알지 못하면, 주님께서 "내가 너희를 도무지 알지 못하니 불법을 행하는 자들아 내게서 떠나가라"마 7:23고 하신다.

착잡하고 혼돈한 세계의 문제를 해결하고자 전지전능하신 하나님께서 내놓으신 해결책이 무엇인가? 자기의 독생자 예수 그리스도의 십자가와 부활이 아니었던가? 사랑하는 주님이 타락한 종교와 부패한 정치, 무질서한 사회에서 무지와 빈곤과 질병으로 시달리는 인생에게 해결책으로 내놓으신 방안은 무엇인가? 돌을 빵으로 만들어 우선 빵 문제를 해결하는 길이었는가? 이적으로 군중의 인기를 끌어 큰일을 시도하는 것이었는가? 아니다. 이것은 모두 악마가 제시한 길이었다. 주님의 해결책은 단 한 길, 자기 십자가였다.

초대교회는 무식하고 가난했다. 그러나 그들은 십자가를 바로 깨닫고 그 위력을 체험한 진짜 그리스도인이었다. 그렇기에 그들은 미친 듯이 "십자가의 도가 멸망하는 자들에게는 미련한 것이요 구원을 받는 우리에게는 하나님의 능력이라"고전 1:18고 외치며 주님을 증거 했다. 진실로 그들은 "그리스도의 십자가 외에 결코 자랑할 것이 없(다)"갈 6:14고 했다. 또한 "예수 그리스도와 그가 십자가에 못 박히신 것 외에는 아무것도 알지 아니하기로 작정(했다)" 고전 2:2고 하면서, 십자가를 증거 하여 혼란하고 어두운 사회를 복된 하나님 나라로 바꾸어 놓았다.

아! 그러나 현대인은 말할 것도 없고 십자가를 믿지 않는 현대 교회도 너무나 많다. 입으로는 십자가를 부르나 마음으로는 십자가를 실감하지 못하여, 미친 듯이 십자가를 자랑하는 마음이 없다. 따라서 영혼을 거듭나게 만들고 사회를 개조하는 능력도 없다. 맛을 잃은 소금이 되어 불신자의 멸시의 발에 짓밟히고 있다. 아! 현대 교회는 하나님보다 더 현명해져서 하나님의 지혜이자 능력이신 십자가를 버리고, 미련하고 무능한 존재가 되었다.

현대처럼 십자가의 말씀을 긴급히 필요로 하는 시대는 없다. 과학의 발달로 지식은 고도로 증진되었고 과학의 응용으로 물질세계의 정복은 별나라에 이르렀으나, 인간 자체의 타락은 극도에 달했다. 또한 인류사회는 푹푹 썩어 그 죄 안으로, 멸망의 구렁텅이로 빠져 떨어질 찰나에 놓여있다. 진실로 하나님의 진노의 심판이 노한 밀물같이 닥쳐온다.

이때 주님은 우리에게 무엇을 원하실까? 광야에 높이 들린 놋뱀 같이 속히 십자가에 달리신 주님을 높이 들어 올리라고 하신다. 왜 그러한가? 십자가 상의 주님을 우러러 보아야 극도로 썩어버린 인간 개조의 기적을 체험할 수 있기 때문이다. 이 십자가만이 하나님의 진노의 심판을 피할 은신처가 되기 때문이다.

우리는 속히 그리고 감격과 감사로, 십자가를 자랑하고 전해야 한다. 그러나 정말로 주님의 십자가에 감격하는 진짜 그리스도인은 십자가를 문자 그대로 지면서 주님의 십자가를 자랑하고 증거하리라. 인간의 죄와 하나님의 사랑이 대결하는 곳에는 반드시 십자가가 있는 법이다. 유명한 교회의 지도자에게 십자가가 없는 이유는 이들이 하나님의 참 사랑을 느끼지 못하며 죄와 대결하지도 않기 때문이다.

아! 그러나 십자가가 있는 곳에 부활이 있는 법이며, 한 알의 밀알이 되어 죽어야 많은 열매를 맺고 영원히 사는 것이다. 고난 주간을 맞아 주님께서 우리에게 "너도 십자가를 지고 나를 따르라"고 말씀하신다.

오! 보좌에 앉으신 어린양 예수여, 이 고난 주간에 나도 완전히 십자가에 죽고 사는 자가 되게 하소서. 사랑하는 동포도 십자가의 주님을 우러러 보아 주님의 포로가 되게 하소서.

(미주 한국일보, 1978년 3월 24일)

주님의 신부다운 교회

10월 9일은 본 교회의 창립 18주년 기념일이다. 새 예배당에 입당하고 처음 맞는 창립 기념일이므로 특별히 감회가 깊다. 18년을 회고하면서, 하나님은 과연 무에서 유를 이루시며 자기를 의지하는 자에게 놀라운 은혜로 임하시는 선하신 분임을 절감한다.

나는 교회 창립일을 맞을 때마다 이날은 교회의 생일이라기보다 결혼기념일이라고 느껴진다. 성경은 교회가 주님의 신부라고 가르치기 때문이다. 그리고 나는 주님이 못나고 보잘것없는 우리를 강하게 부르셔서 자기의 신부로 삼으신 18년 전 오늘을 회상하며, 나의 첫사랑이 혹시 식지 않았는지 스스로를 살핀다.

18년 전, 2년 반 동안 전도한 끝에 신앙고백을 하고 침례를 받은 정회원 60여 명이 있었다. 건물도 있었고 아침 예배와 저녁 예배와 주일학교는 물론이고, 삼일예배와 새벽기도회까지 있었다. 그러나 우리는 주님의 신붓감으로는 너무도 못나고 부족하다고 느껴서 감히 교회의 간판을 걸 용기도 없었고, 누가 교회로 발족하라고 하면 뒷걸음만 쳤다. 그러나 남침례교단 국내선교부와 교단 어른의 강권에 못 이겨 교회 간판을 달았다. 나는 이 사실을 회고할 때마다 주님의 사랑에 감격하지 않을 수 없다. 높으신 주님이 뒷걸음만 치고 있는 못난 우리를 강하게 이끄셔서 자기의 신부로 삼아 주셨기 때문이다. 뿐만 아니라 주님은 지난 18년 동안 계속 주저하기만 하는 나를 강한 사랑의 손으로 이끌어 주셨다.

18년이 지난 오늘, 본 교회는 좀 더 조심성과 뜨거운 사랑을 겸한 신부다운 신부가 되었는지 점검해야 한다. 현대 교회는 주님의 신부가 아니라 뻔뻔스러운 과부와 같다. 나는 본 교회가 1백만 불의 값어치가 나가는 치마를 휘감은 뻔뻔스러운 과부가 되지 않도록 스스로 살피며 애쓴다.

내가 이상으로 삼는 교회는 주님의 신부다운 교회다. 큰 사업을 휘두르는 교회나 거창한 교회가 아니다. 주님의 심장에 가까이 밀착되어 주님의 뜻을 면밀히 깨닫고 그분을 진정으로 사랑하며, 그분의 남은 고난에 동참하는 교회다. 사랑하는 주님은 우리에게 너무도 과분한 아름다운 새 예배당을 주셨다. 아름다운 서재에 들어설 때마다 죄책감을 느낄 정도다. 주님의 은혜가 너무나 크고 너무도 많은 사랑의 빚을 져서, 나는 다음과 같이 이 빚을 조금이라도 갚아야 한다고 믿는다.

첫째, 교포사회를 섬겨야 한다. 교포사회를 위한다고 무슨 큰일을 시도하는 것은 아니다. 우리는 자라나는 어린이들을 모아 말씀을 전한다. 기다리던 탁아소는 하나님의 뜻이면 11월 중에는 열릴 예정이다. 사랑하는 어린이들을 잘 키우면 그것이 부모님에게 가장 큰 기쁨이 될 것이다. 또 이들을 주님께 인도하는 것이 교포사회를 가장 확실하게 건설하는 것이라고 나는 믿는다.

둘째, 전 세계를 위한 봉사다. 선교사를 보내는 거창한 일이 아니다. 우리 2세를 위해 영어목회를 확립하고, 영어목회를 통해 우리 가운데 있는 수천 명의 외국인 학생에게 산 신앙과 따뜻한 사랑을 나누는 것이다. LA에는 전 세계 각국에서 온 귀하고 유능한 유학생들이 수천 명이나 있다. 이들은 모두 자기 나라의 지도자감이다.

남의 것을 받기만 하던 한국인이 금은보다 귀한 예수 그리스도의 생명을 줄 수 있음을 생각하면 나의 피가 끓는다. 더욱이 우리에게는 퇴폐한 형식적 신앙이 아니라 핍박을 통하여 연단 받은 산 신앙이 있다. 나는 산 신앙이 전 세계에 전달될 때, 참된 세계 평화가 이루어질 것을 믿는다.

미천한 내가 로스앤젤레스 한 구석에서 이런 꿈을 꾸며 이를 위해 살고자 허우적거릴 수 있게 된 것도, 모두 억지로 나를 납치하여 자기 신부로 삼은 내 남편 예수님 덕분이다.

오! 주여, 나로 또한 본 교회로 당신께만 진실케 하소서. 오직 당신께만, 아멘. (미주 한국일보, 1977년 10월 6일)

교회의 필수 조건과 사명

교포사회의 특징 중 하나는 우후죽순 솟아나는 교회다. 교회 하나하나가 주님의 신부다운 교회로 그 사명을 잘 감당한다면 우리 사회는 얼마나 밝아지겠으며, 하나님은 얼마나 기뻐하실까. 그러나 교회라는 간판을 붙였다고 교회가 되는 것은 아니다. 엉터리 교회도 있다. 참된 교회는 다음의 네 가지 조건을 구비한다.

첫째, 교회는 거룩해야 한다. 세상과 달라야 한다. 속되어서는 안 된다. 예배당 안에 들어서면 자연히 모자를 벗게 되고 머리를 숙이게 된다. 하나님의 임재를 느끼기 때문이다. 그런데 교회가 거룩해야 한다는 것은 건물을 거룩하게 꾸미고 얼굴 표정이나 목소리를 거룩하게 꾸미라는 것이 아니다. 교회를 구성하는 한 사람 한 사람이 주님을 모시고 살아서 주님의 임재를 느끼도록 해야 한다는 뜻이다.

둘째, 교회는 예수님이 주인이 되어야 한다. 누가 교회의 주인 노릇을 하는가. 목사인가? 돈이 많은 장로인가? 말썽부리는 집사인가? 교회의 주인은 예수님이시다. 그러므로 목사나 장로나 교인은 자기를 주장하기보다, 모두 겸손하게 주님 앞에 엎드려 그분의 뜻을 찾아 순종해야 한다. 주님의 뜻을 바로 알기 위해 성경공부에 힘써야 한다. 성경도 모르고 기도도 하지 않는 자들이 세상 상식으로 교회를 다스리면 그것은 주님의 교회가 아니다.

교회는 주님께 순종하기 위해 존재한다. 교회가 아무리 가난해도 주님의 뜻에 순종했을 때, 어두운 세상을 찬란하게 비추며 가장 힘찬 생명력을 발휘했다. 오늘날 교회가 썩은 냄새를 피운다면, 그것은 썩은 인간이 주님을 밀쳐내고 교회를 주장하기 때문이다.

셋째, 교회는 주님의 사랑으로 넘쳐야 한다. 주님께서 말씀하시기를 "너희가 서로 사랑하면 이로써 모든 사람이 너희가 내 제자인 줄 알리라"요 13:35 하셨다. 사랑이 그리스도인의 표라는 것이다. 그러나 그리스도인의 사랑은 보통의 사랑과는 다르다. 그리스도인의 사랑은 십자가의 사랑이다. 잘못하지 않은 사람이 잘못한 사람을 위해 희생하며 구원하는 사랑이다. 중생한 성도만이 할 수 있는 사랑이다.

교포사회에서 가장 메마른 것이 바로 십자가의 사랑이 있는 정치가, 십자가의 사랑이 있는 교육자, 십자가의 사랑이 있는 사업가, 십자가의 사랑이 있는 가정이다. 샘물과 같이 솟아오르는 주님의 사랑, 이런 사람을 창조하는 곳이 바로 교회가 아닌가.

마지막으로, 교회는 사명에 살아야 한다. 무엇이 교회의 사명인가. 그것은 주님의 지상명령인 세계 복음화를 실천하는 것이다. 초기 교회의 교인들은 전 세계 복음화를 위해, 사자에게 찢기고 불에 타 죽으면서도 찬송을 불렀다.

교회가 고귀한 사명을 위해 살면, 비천한 욕심이나 저열한 감투싸움을 배설물과 같이 여기고 고상한 삶을 살게 된다. 바라기는 성령께서 에스겔의 해골 골짜기에 역사하셨듯이 각 교회에 역사하셔서 주님의 교회다운 교회로 만들어 주시기를…. (미주 한국일보)

김동명 목사가 남긴 흔적 2_목자실에서

어머니 주일에

어머니 주일입니다. 어머니의 크신 사랑과 수고를 되새기며 감사를 드립니다. 하나님의 크신 위로와 기쁨이 충만하시길 빕니다. 어머니의 사랑과 수고를 치하하는 이날, 하나님은 어머니에게 무엇을 원하실까요? 두말할 것 없이 어머니의 일을 잘했으면 하십니다. 그런데 과연 어머니는 하나님께서 주신 어머니의 일이 무엇이며, 또 어머니의 일이 얼마나 중요한지 알고 있을까요? 어머니는 어머니의 일보다 다른 일에 더 열중하고 있지는 않은지요?

일국을 다스리는 대통령에게도 어머니는 어머니이고, 포악한 강도에게도 어머니는 역시 어머니입니다. 그만큼 어머니의 위력은 큽니다. 더욱이 자라나는 자녀들에게 어머니의 영향은 그들의 일생동안 지속됩니다. 오늘 하나님께 경배하면서 어머니를 되찾는 날이 되기를 바랍니다. (로스앤젤스한인침례교회, 1976년 5월 9일)

행복한 결혼생활

결혼 후에 부부의 사랑이 식는 이유는 사랑을 가꾸지 않기 때문이다. 내버려 두어도 진정한 사랑이 계속 자라는 줄 아는 것은 오해이다. 사랑은 불 같아서 연료를 넣고 부채질을 해야 더 커지고 뜨거워진다. 그 연료와 부채질은 다음 세 가지다.

첫째는 따뜻한 말이다. 결혼 전에 주고받은 이야기를 기억하자. "그대가 없는 삶은…" "사랑해요" "행복해요" 이런 말을 자주 쓰지 않았던가. 이런 사랑의 논제는 아무리 되풀이해도 피곤치 않다. 고달픈 미국생활에서 따뜻한 말을 주고받고 칭찬을 아끼지 않는다면, 우리의 결혼생활은 윤택해질 것이다.

둘째는 접촉이다. 결혼 전에는 얼마나 손을 잡고 다니고 포옹하고 접촉을 원했던가. 결혼 후에도 이런 접촉은 극히 중요하다. "다 늙은 우리가 쑥스럽게" 같은 한국식 사고방식은 결혼생활에 긴장감을 없애고 사랑의 불을 끄는 것이다. 사랑은 표현해야 더 자라고 더 뜨거워지는 것임을 기억하자.

셋째는 몸치장을 깨끗이 하고 아름답게 하는 것이다. 결혼 후에도 배우자에게 계속 매력을 주는 것은 행복한 결혼생활에 필수 요건이다. 배우자의 인격에서 흘러나오는 매력이 제일 중요함은 물론이나, 눈에 보이는 미적 매력도 중요한 것이다. 연애시절에 얼마나 거울을 자주 들여다보았고, 목욕을 자주 했는지 말할 나위 없다.

피곤한 미국생활에 여유가 없다고 하는가. 싸늘한 바람이 벌써 불고 있는가. 신앙으로 인격을 단장하며 위의 세 가지 연료와 부채질을 서로 해보라. 모든 것은 우리의 마음 자세에 달린 것이다.

형제여, 자매여, 어머니 주일에 아름답게 정장하고 아내의 손을 꼭 잡고 어린 아이들을 예쁘게 입혀 앞세우고 교회에 나오는 형제의 모습을 그려보라. 한 폭의 그림이 아닌가.

새 성전에 관하여

우리가 특별히 새 성전을 건축한 이유는 교포사회 중심지에서 교포사회를 위해 구체적이고 알찬 봉사를 할 수 있는 시설을 갖추기 위해서입니다. 새 성전에는 예배당, 주일학교 교실, 노인 휴게실, 성가대 연습실, 여러 사무실, 부엌, 어린이 72명을 수용할 탁아소와 기타 부속시설 등이 있고 어린이 놀이터와 청소년 운동장, 주차장도 마련되어 있습니다. 대지의 크기는 1,329평이고 총 건평은 250평씩 2층으로 500평이며, 총 공사비는 대지 값 2십만 불을 포함하여 1백만 불이 넘습니다.

새 성전은 참으로 아름답습니다. 손으로 지은 건물도 아름답지만, 그 밑에 깔린 희생과 사랑은 더욱 아름답습니다. 10불을 드린 이도 있고 5천 불을 낸 젊은이도 있으며, 1만 불을 바친 젊은 어머니가 있는가 하면 1천 불을 드린 할머니도 계십니다. 심지어 돈을 꾸어서 낸 분도 있고, 옷을 팔아 바친 분도 있습니다. 어린 자녀에게 고기 한번 주지 않고 밥과 김치만으로 생활을 꾸려가며 주님께 수천 불을 바친 가정도 있습니다. 많은 사람이 자신의 향락을 위해 달음질치고 있을 때, 우리 교인들은 묵묵히 남을 위해 수고하고 희생했습니다.

하나님께서는 손으로 지은 집에 계시지 않고 이런 귀한 심령의 전에 계시기를 원하십니다. 할렐루야, 할렐루야.

(로스앤젤스한인침례교회 헌당 예배, 1977년 7월 31일)

은퇴 예배를 앞두고 I

10월 8일 주일은 본 교회의 창립 30주년 기념일이고, 또 저의 은퇴 예배를 드리는 날입니다. 저는 오랫동안 하나님의 마음에 합한 후계자를 본 교회에 보내달라고 기도해왔습니다. 또 사랑하는 교회 식구들과 제 마음에도 드는 목자를 보내주시기를 원했습니다. 이것은 여러분의 기도 제목입니다. 담임목사 청빙위원회와 제직회가 교회에 추천한 박성근 목사님이 우리 모두의 기도 응답으로, 저는 하나님께서 보내주신 종이라고 확신합니다.

여러분이 아시는 바와 같이, 지난 3월 교회는 안수집사 열네 분께 담임목사를 선정하여 교회에 추천하도록 위탁했습니다. 안수집사님들은 여러 목사님을 놓고 6개월이라는 긴 시간동안 많은 기도와 진지한 토의를 거쳐 박성근 목사님을 추천했습니다. 또 여러분은 지난 주일에 박 목사님의 설교를 친히 들으셨고, 많은 은혜를 받으셨습니다. 많은 교인과 제직이 제 나름대로 자기에게 맞는 분을 모시려고 했다면 교회는 걷잡을 수 없는 혼란을 겪었을 것입니다.

다음 주일 아침 예배 시간에는 신도총회가 소집됩니다. 저는 전 교인이 하나 되어 만장일치로 박성근 목사님을 본 교회의 담임목사님으로 모시도록 가결해 주시기를 바랍니다. 이것이 30여 년의 목회를 마치고 은퇴하는 저희 부부에게 안겨주는 최고의 선물이 될 것입니다. (로스앤젤스한인침례교회, 1989년 9월 17일)

은퇴 예배를 앞두고 II

저희의 간절한 소원은 첫째로 제 자신이 정말로 하나님의 마음에 드는 사람이 되는 것이고, 둘째는 그와 같은데 본 교회가 하나님의 마음에 드는 교회가 되는 것입니다. 32년의 삶을 바친 본 교회는 생명을 걸고 키운 외아들과 같습니다 고전 4:15.

좀 외람된 말씀이지만, 새 담임목사님을 모신다는 것은 오래 키워온 외동딸을 시집보내는 심정입니다. 지혜 있는 아버지는 딸을 자기 마음대로 붙들고 있으려고 하지 않습니다. 좋은 신랑을 구해서 시집을 보내려고 합니다. 사위를 선정할 때도 독재하지 않고 성숙한 분의 의견을 존중합니다. 또 시집을 보낸 후에는 무지한 시어머니와 같이 새 가정에 간섭하지 않을 것입니다. 저는 좋은 아버지가 되고 싶어서 벌써부터 외동딸을 시집보내려고 노력했습니다.

이번에 교회에서 택한 성숙한 열네 명의 안수집사님이 추천해 주신 박 목사님 부부를 친히 만나 설교도 듣고 외모도 보고(!) 대화도 해보니, 두 분 모두 보기에 드문 실력자인데 겸손하고(두 분

모두 박사학위를 끝냈지만 냄새를 피우지 않고) 참신하면서도 성숙한 분들이라고 느꼈습니다. 더욱이 우리의 보배요 소망인 젊은이들을 위해 귀하게 쓰임 받을 분들로 느껴져, 좀처럼 구하기 어려운 분으로 생각되어 흐뭇했습니다.

저는 많은 기도 후 교회에서 맡긴 안수집사님들이 절대 다수로 추천하는 분이면, 어떤 분이라도 하나님께서 보내주신 분으로 받아들이기로 작정했습니다. 그리고 안수집사님들의 마음을 통해 원목을 작정해달라고 열심히 기도했습니다. 여러분도 저와 같이 간절히 기도하셨습니다. 저는 박성근 목사님이 우리의 기도 응답이라고 믿습니다. 저는 감사가 넘칩니다.

(로스앤젤스한인침례교회, 1989년 9월 24일)

은퇴 예배를 앞두고 Ⅲ

오늘 오후에 드릴 은퇴 예배를 앞두고 사랑하는 본 교회에 제가 남기기를 원하는 말씀은, 위대한 사도 바울이 그렇게도 강조한 십자가 중심의 신앙입니다. 그는 선언하기를 "유대인은 표적을 구하고 헬라인은 지혜를 찾으나 우리는 십자가에 못 박힌 그리스도를 전하니 유대인에게는 거리끼는 것이요 이방인에게는 미련한 것이로되 오직 부르심을 받은 자들에게는 유대인이나 헬라인이나 그리스도는 하나님의 능력이요 하나님의 지혜니라"고전 1:22-24라고 했습니다.

진실로 십자가는 착잡한 이 세상의 백만 가지 문제를 해결하기 위해, 전지전능하신 하나님께서 내어놓으신 하나님의 방법입니다. 사도 바울이 왜 "내가 너희 중에서 예수 그리스도와 그가 십자가에 못 박히신 것 외에는 아무것도 알지 아니하기로 작정하였음이라"고전 2:2고 했는지 알 수 있습니다.

그런데 십자가 신앙이란, 십자가를 머리로 알고 입으로 말하는 것이 절대로 아닙니다. 십자가 신앙을 가진 사람은 하나님의 놀라운 사랑을 체험하여, 제가 입버릇처럼 강조해온 '용서받은 탕자'의 심정을 가지고 '나는 빚진 자라'는 깊은 의식 속에서 하나님의 은혜를 보답하고자 "죽으면 죽으리라" 하고 몸부림치며 매일 십자가를 지는 사람입니다.

또한 이 은혜에 보답하는 최선의 길은 양을 위해 십자가에 달리신 선한 목자 예수님의 '목자의 심정'을 본받아 사는 것입니다. 용서받은 탕자는 반드시 목자의 심정을 갖게 됩니다. 목자의 심정을 가진 성도는 안일함을 구하지 않습니다. 양을 위해 기쁨과 감사로 십자가의 길을 걷습니다. 저는 본 교회가 이 십자가의 신앙을 계승하고 견지해서 전 세계에 물려주는 교회가 되기를 바랍니다.

본 교회는 자랑할 것이 많습니다. 미국 교포사회의 선구자로서 십여 년 전 한인사회 최초로 1백만 불이 넘는 성전을 건축했습니다. 현재 시가로는 1천만 불이 넘는다고 합니다. 또 최초로 어린이학교를 창설하여, 교포사회에 봉사하며 어린이교육의 선구자가 되었습니다. 우리는 32년 전 본 교회를 개척할 때부터 오늘까지

2세를 위한 복음사업을 계속해오고 있습니다.

본 교회는 고국과 미국에 있는 교회 수십 곳을 지원했습니다. 사도 시대의 세계 선교센터인 안디옥 교회를 본받아, 담임목사를 남미에 파송하여 남미 네 나라에 교회 네 곳을 창립했습니다. 또한 불쌍한 막까 인디언을 위해 예배당을 건축해주고 남미 인디언 선교에 확고한 기반을 닦았습니다. 여러분의 충성으로, 저는 캘리포니아주 총회뿐만 아니라 1천4백만 남침례회 전국총회의 부총회장으로 피택되어 소련과 중공, 북한을 위시하여 문자 그대로 전 세계에 복음을 선포했습니다.

그러나 우리는 이런 것을 자랑하지 않습니다. 하나님의 은혜를 세어보는 것뿐입니다. 우리의 자랑은 오로지 주님의 십자가뿐입니다. 본 교회가 큰일을 했다고 해도 우리에게 용서받은 탕자의 심정이 없다면, 주님 앞에서 라오디게아 교회같이 '너는 부자라 하나 사실은 곤고하고 가난하고 눈멀고 벌거벗은 자라'(계 3:17)는 꾸중을 들을 것입니다.

하나님께서는 귀한 종 박 목사님을 보내주셨습니다. 바라기는 본 교회가 십자가의 신앙을 구체적으로 실천하여 '용서받은 탕자', '나는 빚진 자라', '죽으면 죽으리라', '목자의 심정'을 가지고 오늘의 안디옥 교회가 되고 오늘의 사도 바울을 많이 양육하는 교회가 되기를 바랍니다. (로스앤젤스한인침례교회, 1989년 10월 8일)

주보를 잘 읽읍시다

교회에 실질적인 도움이 되기를 원하십니까? 교회의 참된 부흥을 원하십니까? 주보를 잘 읽읍시다. '알립니다'와 '기도 제목' 그리고 '새 식구 소식'에 관심을 두고 협력할 때, 우리는 본 새누리 공동체의 유기적인 지체가 되고 하나님 나라의 건설에 동참하는 기쁨을 누리게 됩니다.

제반 교회활동이나 계획은 주보를 통해 교회 식구들에게 전달됩니다. 내일(1/15)부터는 우리 예배당 보수가 시작됩니다. 이 일을 위해 헌신한 형제자매들의 노고가 큽니다. 새누리 모든 형제자매가 동참해야 하겠습니다.

예배당 준비를 위해서는 많은 것이 필요합니다. 많은 비품(강대상, 성찬대, 150개 의자 및 50개 탁자, 복사기)이 구비되어야 합니다. 보수공사가 시작되면 시간을 내서 보수공사에 참여해야 합니다. 물질적으로 참여하지 못하면 간절한 기도로 참여하고 또는 보수공사에 직접 참여하여 공사감독, 청소, 페인트칠 등으로 협력하여 동참하면 됩니다. 교회의 모든 형제자매가 주보를 잘 읽고 마음이 하나 되고 기도를 통하여 하나가 될 때, 하나님은 강하게 역사하십니다.

하나님은 갓 태어난 새누리교회를 오늘날까지 이적과 기사로 인도하셨습니다. 지하 예배당도 기적적으로 허락하셨습니다. 이제 우리는 새누리 제단을 하나님의 영광으로 가득히 채워, 하나님의 은혜를 보답해야 하겠습니다. 본 주보가 이런 일을 달성하기

위해 귀하게 사용되기를 바랍니다. (대전 새누리교회, 1996년 1월 14일)

십자가의 복음

사랑하는 새누리 가족 여러분! 하나님의 은혜를 보답하기 위하여 이 시대에 우리가 시급히 해야 할 일은 무엇일까요? 그것은 복음의 확립입니다. 이 시대는 복음이 흐려진 시대입니다. 오늘날 교회의 숫자가 많음에도 힘이 없고 도처에서 혼란을 일으키는 근본 이유는 변질된 복음을 전하기 때문입니다. 악마는 교회 문제의 원인을 엉뚱한 곳에서 찾게 만듭니다.

사랑하는 새누리 가족 여러분, 타락하고 혼잡한 이 세상의 해결책으로 전지전능하신 하나님께서 내어놓으신 것이 무엇입니까? 자기의 독생자 예수 그리스도의 십자가에 나타난 복음, 기쁜 소식이 아닙니까? 이 복음이 하나님의 능력이며 지혜인데, 교회는 이것을 모르고 인간의 지혜를 내세웁니다. 그렇기에 교회는 인간적인 것으로 꽉 차 있습니다.

사랑하는 새누리 가족 여러분, 우리는 바울 형님과 같이 이 시대에 예수 그리스도와 그분의 십자가에 못 박히신 것 외에는 아무것도 알지 아니하기로 작정하고, 십자가의 주님을 아는 일에 몰두해야 합니다. 십자가의 주님만 알면 그밖에 모든 것은 다 제대로 되는 것입니다. 초대 교회는 이 한 가지로 썩은 시대에 꽃을 피우고 생수를 샘솟게 했습니다. 본 교회가 앞으로 이 한 가지를 잘

하면 은혜를 끼치는 교회가 될 수 있고, 이 한 가지를 소홀히 하면 잎사귀만 무성할 것입니다.

주님의 십자가를 안다는 것은 주님의 안타까운 심정을 알아드리는 것입니다. 주님의 깊은 심정을 알아드린다는 것은 하나님 아버지의 깊은 심정을 알아드리는 것입니다. 주님의 심정을 알면 주님을 뜨겁게 사랑하고 죽도록 순종하지 않고는 못 견디게 됩니다. 그러므로 주님의 심정만 바로 알면 됩니다. 주님의 십자가만 알면 됩니다.

교회는 주님의 신부입니다. 신부는 다른 재주가 없어도 신랑의 심정만은 알아드려야 하지 않겠습니까? 그러면 신랑을 진정으로 사랑하는 신부다운 신부가 될 것입니다.

사랑하는 새누리 가족 여러분, 주님의 신부로서 감사와 감격으로 신랑 예수님의 깊은 심정을 알아드리고 사랑으로 그 뜻을 이루고자 헌신해야겠습니다.

(마운틴뷰에서 김동명 목사, 대전 새누리교회, 1996년 8월 18일)

성숙한 그리스도인이 되자!

한 가정에 아기가 출생하면 큰 기쁨이 있습니다. 이와 같이 한 영혼이 거듭나면 하나님 나라와 교회에도 큰 기쁨이 있습니다. 우리는 누가복음 15장에서 이 사실을 배웠습니다.

이전에 큰 기쁨이 되었던 어린 아이가 어떤 이유로 자라지 못하고 계속 어린 아이의 상태에 머물고 있다면, 이것은 가정에 큰 슬픔과 근심이 될 것입니다. 이와 같이 거듭난 그리스도인이 성숙한 그리스도인으로 자라지 못한다면, 이것은 또한 하나님께 큰 슬픔이 됩니다.

성숙한 그리스도인이란 어떤 그리스도인입니까? 성숙한 사람이란 여러 가지로 말할 수 있겠으나, 성장하여 자녀를 낳고 잘 키울 수 있는 사람을 의미합니다. 마찬가지로 성숙한 그리스도인이란 한 영혼을 주님께 인도하여 거듭나게 하고, 또 그를 말씀으로 양육하여 그 영혼도 또 다른 영혼을 양육할 수 있도록 만드는 그리스도인을 의미합니다.

하나님의 가장 간절한 소원은 바로 우리가 성숙한 그리스도인이 되는 것입니다. 본 교회의 제일 큰 소원도 바로 이것이며, 이 한 가지를 잘하기 위해 존재합니다.

감사한 것은 이 일을 가정과 인근에 사는 이웃에게 실천하여 해산의 기쁨을 누리는 분들이 본 교회에 계십니다. 본 교회의 "새 생명" 또는 "신앙핵심" 공부를 착실히 하신 분들은 누구나 이 귀한 천국건설 사업에 동참할 수 있습니다. 전 교인이 열심히 씨를 뿌리고 물을 주는 착한 목자가 되도록 기도합시다.

(대전 새누리교회, 1996년 9월 16일)

문제는 인간 개조!

하나님의 큰 은혜로 무사히 일본 선교여행을 마치고 돌아왔습니다. 사랑하는 교우님들의 기도와 사랑에 다시 감사드립니다.

이번 여행의 목적은 인생의 말년에 도달한 저를 향하신 하나님의 뜻이 무엇인가를 찾기 위한 것이었습니다. 늙은이의 주제넘은 생각일지 모르나, 죽기 전에 우상숭배의 본산인 일본에 가서 내가 사랑하는 예수님의 깃발을 내 손으로 꽂아보고 싶었습니다.

일본은 저와 인연이 깊은 나라입니다. 저는 젊은 시절에 일본에서 공부하여 일본어에 익숙하고, 더욱이 1973년과 1974년에는 제 아내와 함께 일본교회 연합회의 초청으로 전국적인 집회를 대성황으로 인도했습니다.

일본은 제 아내와 한국 그리스도인들을 모질게 핍박하여 무수한 순교자를 냈고, 또 우리나라와는 가장 가까운 이웃이지만 가장 먼 나라요 가장 먼 민족입니다. 이러한 여러 가지 사실을 고려하면서 저의 총사령관님에게 제 뜻만 보여드렸습니다.

일본 전도도 중요하지만, 조국에 돌아와 보니 조국의 상황이 더욱 긴박합니다. 그리스도인이 전 인구의 25%가 넘는다고 자랑하는 조국이 더욱 무서운 혼돈과 공허와 흑암에 휩싸여 파멸로 치닫고 있습니다. 소돔과 고모라에서 의인 열 명을 찾으시는 하나님을 우러러보며, 우리 자신이 참 빛이 되고 짜고 짠 소금이 되도록 기도하여 회개하고 헌신해야 합니다.

조국을 파멸에서 구원할 길이 무엇이겠습니까? 인간이 새로워

져야 합니다. 조국의 문제는 인간의 문제이므로 인간 개조 밖에 다른 길은 없습니다. 그런고로 우리 각자가 그리스도의 사랑에 붙들려 새로워져서 주님의 산 증인이 될 때, 조국 강산에도 찬란한 평화의 빛이 비춰게 될 것입니다. (대전 새누리교회, 1997년 1월 19일)

쉐마

"이스라엘아 들으라 우리 하나님 여호와는 오직 유일한 여호와이시니 너는 마음을 다하고 뜻을 다하고 힘을 다하여 네 하나님 여호와를 사랑하라 오늘 내가 네게 명하는 이 말씀을 너는 마음에 새기고 네 자녀에게 부지런히 가르치며 집에 앉았을 때에든지 길에 갈 때에든지 누워 있을 때에든지 일어날 때에든지 이 말씀을 강론할 것이며 너는 또 그것을 네 손목에 매어 기호를 삼으며 네 미간에 붙여 표로 삼고 또 네 집 문설주와 바깥문에 기록할지니라"신 6:4-9. 이 말씀은 "쉐마"들으라라고 불리는데, 참된 이스라엘은 이 말씀을 매일 암송하며 실천하려고 투쟁했습니다.

쉐마에는 두 가지 명령이 강조되어 있습니다. 첫째는 마음을 다해 진정으로 하나님을 사랑하라는 것이고, 둘째는 우리가 자녀에게 전심을 다해 이 신앙을 가르쳐 물려주라는 것입니다. 이 두 가지를 순종하는 자가 하나님의 참 백성다운 백성입니다.

하나님을 전심으로 사랑하지 않는 자는 참 이스라엘이 될 수 없습니다. 또 이 신앙을 물려주지 않으면 이스라엘은 변질되고, 하나님의 뜻은 이루어지지 못합니다. 그런고로 이 두 가지를 잘 지키는 사람이 참 이스라엘이고, 이 두 가지를 실속 있게 잘 가르치는 교회가 참 교회다운 교회입니다.

하나님을 전심으로 사랑하려면 거듭나야 합니다. 분명하고 확실한 거듭남의 길을 가르치고 착한 목자의 심정으로 신앙을 물려주는 교인을 실속 있게 양성하는 것이 본 교회의 존재 목적입니다. "쉐마"에 순종하고자 애쓰는 본 교회를 하나님께서 기적적으로 축복하셨습니다.

1997년도 교회 예산을 심의하고 채택하는 오늘, 우리 모두가 새롭게 쉐마에 나타난 하나님의 지상명령을 마음에 새기고 다시 헌신해야 하겠습니다. 그러면 지금까지 내리신 축복 이상의 놀라운 축복이 준비되어 있을 것을 확신합니다.

(대전 새누리교회, 1997년 2월 2일)

> 김동명 목사를 기억하며

김장환 목사, 극동방송 이사장

코리안 디아스포라의 빛: 김동명 목사

김동명 목사님은
그 크신 하나님의 은혜를 자랑하며
코리안 디아스포라와 세상의 빛으로 살다 가셨다.

《죽으면 죽으리라》의 저자인 안이숙 사모님과 함께
수많은 믿음의 자녀를 제자로 양육하셨고
천천만만의 사람들이
목사님의 삶과 사역을 통해
사랑의 하나님을 만나게 되었다.

외로운 유학생이었던 나를 불러
따스한 식사를 대접해주시고
성경책도 제일 먼저 건네주셨던
그날의 기억이
아직도 생생하다.

목사님과의 만남과 감동을
기억하고 기록하여
소중하게 엮어주신 분들의 수고에 감사드린다.
목사님의 이야기가 책으로 출간된다는 소식에
얼마나 기뻤는지 모른다.
모든 분이 꼭 이 책을 읽으시기를 추천한다.

> 김동명 목사를 기억하며

이동원 목사, 지구촌교회 원로목사

코리안 디아스포라의 빛
적절한 그의 삶의 그림이다.
그는 미주 이민사회의 개척자이셨다.
그리고 남미 선교의 거룩한 빛이셨다.
잃은 양들에게 착한 빛의 목자이셨다.

그는 문자 그대로 잃은 양 하나를 찾고자
산을 넘고 들을 건너 캠퍼스와 동네를 찾으셨다.
미국과 남미, 한국이 모두 그의 목장이었다.
그리고 작은 목장 안에서 그의 가슴을 쏟으셨다.
목자의 심정을 말하고 가르치고 사셨다.

목사님과 더불어 밤을 새우며 나눈 신학논쟁
그는 울타리 밖의 양인 내게도
목자의 심정을 전달하고자 애쓰셨다.
세 번씩이나 그의 목회지에 찾아가 집회하면서
그는 실상 나에게 목자론을 전달하고자 하셨다.

이제 그는 우리 곁을 떠났지만
그의 목자론과 그의 목장 제자들은
아직도 그를 대신하여 탕자들에게 손짓한다.
돌아와 용서받은 탕자의 심정을 고백하라고.
이 책이 그런 목자들의 교과서가 되리라 믿는다.

> 김동명 목사를 기억하며

오정현 목사, 사랑의교회 담임목사

미국 한인 이민교회와 주류 교단에 큰 족적을 남기신 김동명 목사님의 생애가 책으로 나왔다. 김 목사님은 많은 한국교회 지도자들의 스승이시다. 나는 젊은 시절 김 목사님을 만나 사랑의 빚을 진 이후 목사님과 평생 영적으로 교류하며 사랑과 존경을 주고받는 축복을 누렸다. 그렇기에 그동안 한국교회에 김 목사님이 거의 알려지지 않아서 안타까운 마음이 컸다.

김 목사님은 내게 아버지 같은 분이다. 내가 1982년 유학길에 올랐을 때, 이동원 목사님은 꼭 로스앤젤스한인침례교회에 가서 김동명 목사님 밑에서 일해야 한다고 당부하셨다. 그리고 당시 로스앤젤스교회는 청년 사역을 맡아서 할 목회자를 물색 중이었다. 장로교 집안에서 자란 나는 침례교회 전도사로 일한다는 것이 선뜻 내키지 않았다. 그러나 막상 로스앤젤레스에 당도하니, 호탕한 풍모와 거침없는 말투를 가진 김 목사님은 나를 아들처럼 대해 주셨다. 그 후 침례교회를 떠나 장로교로 돌아가기까지 2년 반이라는 시간 동안 나는 김 목사님과 허물없이 가까이 지냈고 사역에도 복을 받았다. 1982년 7월에 전도사로 부임할 당시 35명이던 청년의 수가 6개월 만에 120명으로 불어났다.

김 목사님은 큰 가르침을 주신 스승이시다. 내가 청년부 전도사로 일할 무렵, 목사님은 남미 선교에 마음을 쏟고 계셨다. 그러던 어느 날 남미에 다녀오신 목사님이 내게 제자훈련을 하자고 하셨다. 내가 가르친 대학부 청년 리더들과 함께 하자고 하신 것이다. 스물여섯 살 전도사는 깊은 고민에 빠졌다. 대학부는 이미 부흥하고 있었고 제자훈련에도 위계가 있지 않은가. 그러나 기도 끝에, 신앙이란 자아를 실현하는 것이 아니라 자기를 부인하는 것이라는 깨달음이 왔다. 이후 나는 청년들과 나란히 앉아 매주 3시간씩 1년 동안 말씀을 배우고 소감문을 썼다. 1년이 10년 사역과 같았다. 그리고 제자들과 함께하는 말씀공부는 짐이었지만 특혜이기도 했다. 나를 치장하는 껍질을 주님 앞에 모두 내려놓아야 했고, 그로 인해 자유로워졌다.

그때 배운 말씀공부는 평생 목회의 자양분이 되었다. 김 목사님께 목자의 심정과 십자가 신학을 배웠다. 김 목사님은 예수를 믿는다고 다 예수를 믿는 것이 아니며 성경말씀을 믿어야 한다고 하셨다. 또 말씀을 믿는다고 모두 크리스천이 아니라 말씀에 담긴 하나님의 심정을 알아야 한다고 강조하셨다. 아버지의 마음을 모르면서 자식이 어떻게 효도할 수 있느냐고 하신 목사님의 말씀은 내 신앙과 목회의 기초를 닦은 말씀이었다.

김 목사님은 교단이나 나라를 넘어서는 자유로운 영성의 소유자이셨다. 장로교 목사의 아들로서 유학 후 침례교 목사가 되신 김 목사님은 깊은 말씀 묵상으로 복음에 천착하셨고, 복음 앞에서 목회자의 영적 권위를 앞세우는 법이 없었다. 또한 한 선교단체의 제자훈련을 수용하여 공학도의 지혜를 가미하고 교회 실정에 맞게 변형해서 사용하셨다.

김 목사님의 영적 반경은 미국이나 한국에 그치지 않았다. 일제강점기에 평안북도 철산에서 태어난 목사님은 일본, 서울을 거쳐 미국에서 목회를 시작하여 남미 네 나라에 교회를 세우셨다. 김 목사님은 누구도 따를 수 없는 보기 드문 역량을 가진 그릇이자 큰 어른이셨다. 1982년 어느 날 목사님 방에 들어갔더니 일본 지도가 걸려 있었다. 목사님께 여쭈었더니 목사님은 1973년에 안이숙 사모님과 함께했던 일본 종단 집회 이후 일본 선교를 위해 기도하고 있다고 하셨다. 그 기도는 헛되지 않아서 목사님은 소원을 이루셨고, 목사님의 염원은 임종을 앞두고도 식지 않았다. 참으로 목사님의 목회는 세계 표준(global standard)을 추구했다.

김 목사님은 어린아이와 같이 순수하면서도 멋쟁이셨다. 또 교단이든 교회든 도무지 정치를 알지 못하셨고 오히려 정치를 초월하셨다. 운동을 잘하시고 사람도 좋아하셨던 목사님은 삶과 신앙의 조화를 실천하셨다.

포스트 코로나 시대 갈 길을 찾는 한국교회에 김 목사님의 신앙과 자세를 권면하고 싶다. 김 목사님은 목회를 시작한 지 25주년이 지난 시점에 새로 시작하는 마음으로 제자훈련을 시작하셨다. 그분의 삶과 메시지, 그리고 사람을 키우는 제자훈련 방법을 배운다면 포스트 코로나 시대 회복을 염원하는 한국교회에 새로운 전기가 마련될 것이다. 이 책에 담긴, 김동명 목사님의 단순하고 명쾌하면서도 정결하고 순수한 신앙과 자세가 한국교회 성도들의 삶 속에 되살아나기를 기도한다.

> 김동명 목사를 기억하며

이상학 목사, 새문안교회 담임목사

김동명 목사님의 전기 출간을 진심으로 축하드린다. 장로교회의 목사인 내가 미국 남침례교 신앙의 큰 어른이자 한 세대를 앞선 선배인 김동명 목사님과 아무 인연이 없을 것인데, 추천사를 쓰게 된 것에 의아해하는 분들이 많을 것이다.

나는 미국 버클리연합신학대학원에서 박사과정을 공부할 때, 마운틴뷰새누리교회에서 3년 반 동안 설교전담 목사로 섬겼던 적이 있다. 김 목사님이 퇴임하신 후 후임 목회자의 리더십 공백이 있을 때, 두 차례에 걸쳐 각각 1년 8개월 정도를 섬겼다. 야구로 치면 구원투수 역할이다. 그때 맺은 인연으로 김 목사님의 발자취에 대해 조금이나마 알게 되었고, 목사님 사역의 면류관이라 할 수 있는 새누리교회 성도들을 통해 간접적으로 경험할 수 있었다.

처음에는 김 목사님을 안 사모님의 부군으로만 알았다. 그러나 그분이 세운 교회에서 성도들과 교제하면서, 김 목사님의 카리스마와 목회 자취가 교인들에게 절대 지워지지 않는 선연한 향취로 남아있던 것을 기억한다. 또한 목회를 마무리하실 나이에 복음에 대한 불같은 열정으로 마운틴뷰에서 개척하신 것과, 한인교회로서는 지역에서 가장 큰 대형교회를 세우신 믿음이 대단하게 느껴졌다.

그러나 가장 인상적인 것은 만나는 성도마다 말하는 "하나님의 심정" 신앙이었다. 당시 한국교회는 말할 것도 없고, 한인교회는 전반적으로 이신칭의 신앙의 토대 위에 삶의 윤리를 강조하는 '신율법주의' 성향의 신앙이 편만한 때였다. 그런데 목사님은 영성신앙을 주장하시며 하나님의 마음을 들여다보고, 이민생활로 메마른 성도들의 가슴에 하나님의 사랑을 보고 느끼고 만질 수 있도록 심어주셨다. 그리고 이를 통해 실리콘밸리로 몰려든 지성 있고 교양 있는 고학력 전문직 종사자인 한인들에게 엄청난 영적 변화를 가져다주었다. 지금 생각해보면, "하나님의 심정" 신앙은 하나님이 김 목사님에게 부어주신 보물 같은 영감이었다. 지금 내가 섬기고 있는 새문안교회의 한 장로님도 그곳에서 1년간 머물며 "하나님의 심정" 신앙에 터치를 받아 회심을 체험한 경험을 나눈 적이 있다.

새누리교회에서 설교전담 목사로 사역할 때, 목사님을 한 번 뵌 적이 있다. 후임 목사님들이 잘 안착하지 못하여 목회 리더십이 계속 바뀌는 것을 무척 안타까워하셨고, 교회를 위해 기도하고 있다고 하셨다. 그 기도가 이제 응답을 받아, 새로 부임한 목사님이 14년째 사역을 하시면서 실리콘밸리에서 가장 든든히 서 있는 좋은 교회로 세우고 옛 명성을 회복해가고 있다는 얘기를 듣는다. 목사님의 기도가 헛되지 않았다는 증거다.

이번에 김동명 목사님의 전기가 나오게 된 것은 참으로 의미가 크다. 디아스포라 한인들 속에 일하셨던 하나님의 섭리를 되짚어 보는 데 소중한 자료가 되고, 한민족 디아스포라의 신앙을 남긴 큰 어른의 족적을 잃어버리지 않게 한다. 또한 한국교회 역사 안에 바르게 자리매김하는 계기가 된 것 같아 새문안교회의 담임목사로서 무척 뜻 깊게 생각한다.

바라건대 이 전기가 많은 분에게 읽혀져서 하나님의 심정을 누구보다 잘 알게 되고, 하나님께 충성했던 아름다운 선배의 삶이 선한 도전이 되기를 기도한다.

김동명 목사를 기억하며

김영애 권사, 《갈대상자》 저자

1984년 당시 카이스트 교수였던 남편(김영길 한동대 총장)은 안식년을 맞아 UCLA에 교환교수로 갔다. 로스앤젤스한인침례교회는 집에서 한 시간 거리였는데, 그곳은 한국을 떠나올 때 지구촌교회의 이동원 목사님이 강력하게 추천했던 곳이다. 또 몇 년 전 뉴저지주에서 살 때 안 사모님의 집회에서 큰 은혜를 받기도 했다. 그렇기에 그 교회에 가지 않을 이유가 없었고 그곳에서 김동명 목사님을 처음 만났다.

그렇게 만난 김 목사님은 우리에게 성경공부를 권하셨다. 성경공부는 우리 집에서 시작되었는데 목사님은 일 년 동안 목요일마다 한 주도 빠짐없이 한 시간 길을 운전해서 오셨다. 오후 4시에 오신 목사님은 먼저 요한복음을 가르치시고 저녁 식사 후에 밤 11시가 넘도록 창세기를 가르치셨다. 저녁 식사 후 쉬는 시간에는 피아노를 치며 찬송을 부르시기도 했고, 잠시 눈을 붙이며 우리와 함께 계셨다. 그리고 그 시간 동안 목사님은 하나님의 말씀으로 우리 가족을 세워주셨다.

성경공부에서 우리 부부와 중학생, 초등학생 남매 그리고 친정어머니는 모두 같은 반 학생이었다. 나이도 학벌도 다르고 신앙 경력과 성경 지식 등 무엇 하나 같은 게 없는 사람들이 한자리에 앉아서 배웠다. 생각해보면 이런 학교와 학생들이 또 어디에 있을까 싶다. 목사님은 그런 다섯 명의 학생 앞에서 온 정성을 다해 가르치셨고 이후 가까이 사는 이웃들도 소문을 듣고 찾아왔다.

물론 성경공부는 쉽지 않았다. 목요일만 되면 온 집에 비상이 걸렸다. 남편은 아예 출근도 하지 않았고 서재에서 나오지 않았다. 청강생이었던 어머니도 숙제한다고 방에서 나오지 않았다. 아이들은 학교 후 한 눈으로는 TV를 보고 한 눈으로는 연필을 붙들었다. 웃지 못할 이 장면은 모두 소감문 때문이었는데, 일방적으로 전달되는 성경공부만 하다가 소감문을 써야 했으니 처음에는 큰 부담이었다. 그러나 우리는 소감문을 쓰며 하나님 말씀에 부딪혔고, 말씀을 통해 부족한 우리의 모습을 적나라하게 마주했다.

목사님은 용서받은 탕자, 하나님의 심정을 우리 마음속에 깊이 새겨주셨고 그 해 우리 가족은 말씀에 젖어 살았다. 짧고도 긴 시간 동안 목사님은 가정교사처럼 우리를 위해 특별한 말씀 과외를 해주셨다. 또 우리가 귀국할 때는 친필로 "나는 빚진 자라"고 쓴 액자를 선물로 주셨는데, 그 액자는 현재 한동대 본관 (현동홀) 4층 기도실에 걸려 있다.

남편은 목사님을 뵙기 위해 일부러 출장길을 돌아간 적도 있다. 또 한동대가 격랑을 헤쳐가고 있을 때, 출근하자마자 기도실에 들러 "나는 빚진 자라" 말씀 액자 아래에서 무릎을 꿇고 기도했다. 목사님도 남편이 한동대 초대 총장으로 부임했을 때 포항까지 와서 축하해 주셨다. 그만큼 목사님과의 인연은 끈끈했고, 그 인연은 목사님이 소천하실 때까지 이어졌다. 목사님은 우리 가족에게 평생 스승이셨다.

김동명 목사님을 만나 하나님의 엄청난 사랑을 알게 된 것은 더할 수 없는 축복이다. 또한 그때 그 시절, 목사님과 함께 한 성경공부는 우리 인생에 잊을 수 없는 추억으로 남아있다. 이 책을 읽으며 목사님의 족적과 말씀이 되살아나, 새로이 은혜를 받았다. 부디 많은 성도가 이 책을 읽으며 이 시대에 보기 드문 목자를 기억하고 본받았으면 좋겠다. 목사님을 만난 지 40년이 다 되어 가지만 최고의 멘토이자 스승이신 김동명 목사님이 지금도 그립다.

김동명 목사를 기억하며

박영춘 교수, 한동대 교수, 하심 대표

김동명 목사님! 나의 영적인 아버지이자 너무도 그리운 이름이다. 1989년 가을 유학생 시절에 목사님을 처음 만난 후, 나의 인생은 완전히 달라졌다. 그때 목사님을 통해 예수 그리스도가 하나님의 심정 그 자체이시며 하나님의 심정이 바로 복음이요, 태초부터 항상 동일했음을 배웠다. 그 후 나는 하나님의 심정에 매여 사람을 낚는 교수가 되었고, 한동대에는 '하심 공동체'가 만들어졌다.

하나님의 심정으로 거듭난 새로운 세대를 키우는 일은 목사님의 평생의 사역을 뒤따르는 제자의 몫이다. 그리고 지난 20년간 7천여 명의 하심 제자들이 양성될 수 있었던 것은 오로지 하나님의 심정이 역사했기 때문이다. 목사님이 전해주신 이 놀라운 복음의 증인은 바로 나를 비롯한 제자들이다.

"그리스도 안에서 일만 스승이 있으되 아버지는 많지 아니하니 그리스도 예수 안에서 내가 복음으로써 너희를 낳았음이라"고전 4:15는 사도 바울의 고백처럼, 내게 수많은 스승이 있었을지라도 아비는 오직 김동명 목사님 한 분뿐이었음을 고백한다.

마지막 몇 년 동안 중풍 후유증으로 거동이 자유롭지 못하셨지만 마음만은 늘 용서받은 탕자의 감사와 감격으로 은혜가 넘치셨던 목사님을 기억하며, 시간이 지날수록 목사님의 가르침이 참으로 귀하고 영향력이 있음을 절감한다.

내게 하나님의 심정을 전해주시고, 나를 한동으로 부르신 하나님의 뜻을 확인해주신 목사님께 감사하다. 또한 인생의 마지막에 목사님처럼 주님의 은혜를 눈물로 감사하며 고백할 수 있기를 기도한다.

김 목사님의 값지고 축복된 삶의 행적을 정리해주신 송미경 자매님께도 깊은 감사를 드린다. 모쪼록 목사님이 평생 외치신 "하나님의 심정"이 이 책을 읽는 이들의 가슴 속에 분명히 새겨지고, "용서받은 탕자" 그 자체이셨던 김 목사님을 기억하는 소중한 시간이 되기를 간절히 소망한다.

김동명 목사와 함께한 사람들

- 로스앤젤스한인침례교회(Berendo Street Baptist Church, 남가주 새누리교회) 출신 사역자 (김동명 목사 재임 기간)

이름	직분	소속
박근서	목사	BSBC 평신도 출신, 롱비치한인침례교회, 작고
문대연	목사	BSBC 평신도 출신, 전 남침례교단 국내선교부 동양인 자문위원
박은식	목사	BSBC 평신도 출신, 샌디에고한인침례교회 은퇴
박청직	목사	BSBC 평신도 출신, 얼바인한인침례교회 은퇴
조성신	목사	교육목사, 로고스침례교회 은퇴
이계안	목사	BSBC 평신도 출신, GGBTS CLD 아나하임 센터 디렉터 및 교수
권영국	목사	아르헨티나 부에노스아이레스교회 시무
이용범	목사	BSBC 평신도 출신, 임마누엘침례교회 은퇴
조광혁	목사	음악목사, 필그림침례교회, 작고
Paul Kim	목사	교육목사, 영어부 담당, 버클랜드침례교회 설립
김금하	전도사	BSBC 평신도 출신, 하버드대학교 교목
김재정	목사	BSBC 평신도 출신, 애틀랜타한인침례교회 은퇴
이우하	목사	BSBC 평신도 출신, 몬테리한인침례교회
홍경표	목사	BSBC 평신도 출신, 캔사스시한인침례교회 은퇴
김경천	목사	BSBC 평신도 출신, 기쁨침례교회 은퇴
최수영	목사	BSBC 평신도 출신, 랭케스타한인침례교회 은퇴
정홍기	목사	BSBC 평신도 출신, 가든그로브침례교회 은퇴
심영건	목사	부임 동역, 어빙중앙침례교회
심태섭	목사	부임 동역, 미네소타한인제일침례교회 은퇴

이름	직분	소속
윤영준	목사	부임 동역, 샌프란시스코제일침례교회 은퇴
김동두	목사	부임 동역, 새크라멘토한인침례교회, 김동명 목사 동생, 작고
김정원	목사	부임 동역, 오로라한인침례교회
임성도	목사	BSBC 평신도 출신
이재명	목사	BSBC 평신도 출신, 작고
박의식	선교사	BSBC 평신도 출신, 작고
최스데반	목사	김동명 목사 남미교회 출신
박지웅	목사	김동명 목사 남미교회 출신
임용재	목사	BSBC 평신도 출신, 전 남침례신학대학 대학원 학감
이정진	목사	BSBC 평신도 출신, 브라질 상파울로 주사랑침례교회
김재록	목사	BSBC 평신도 출신
김재현	목사	남침례교단 북미선교부 Service Ministry
정종신/정상연	목사/선교사	IMB(International Mission Board) 선교사
황병무	목사	BSBC 평신도 출신
서순덕	선교사	BSBC 평신도 출신, IMB 선교사, 은퇴
박홍자	선교사	BSBC 평신도 출신, IMB 선교사, 은퇴
차청자	선교사	BSBC 평신도 출신
홍로경	선교사	BSBC 평신도 출신
고창한	선교사	BSBC 평신도 출신
정왕호	선교사	BSBC 평신도 출신, 작고
이지균	목사	BSBC 평신도 출신
김인환	목사	BSBC 평신도 출신, 텍사스포리스트커뮤니티교회 시무
유대호	목사	BSBC 평신도 출신
이주덕	목사	BSBC 평신도 출신

• 새누리교회에서 훈련받은 사역자 명단 (김동명 목사 재임 기간)

이름	직분	소속
Chris Kim	선교사	N국 선교사
박영춘	평신도사역자	하심 공동체 대표
장경혁	선교사	N국 선교사
김정우	목사	발렌시아 새누리교회
송문수	선교사	N국 선교사

• 대전 새누리교회에서 훈련받은 사역자 명단

이름	직분	소속
강호	목사	대전 새누리교회
강철신	목사	에티오피아 과학기술대 교수
고석웅	목사	세종 새누리교회
김은주	목사	서울 여디디야교회
김수복	목사	필리핀 선교사
안진섭	목사	부임 동역, 대전 새누리2교회
조용호	목사	공주 새누리교회
임혜재	목사	행복한교회
박재호	선교사	이스라엘 선교사
남보현	목사	세종 베다니교회
김태봉	목사	세종 새누리교회
임진산	목사	대전 새누리3교회
이보현	목사	경북 청송 영광교회
백호익	목사	새누리 대동교회
유성한	목사	벧엘침례교회
윤대성	목사	대전 새누리교회

이름	직분	소속
이 웅	목사	대전 새누리교회
박용호	목사	지구촌사랑교회
김진천	목사	세종중앙침례교회
이창록	목사	꿈이있는교회
김중혁	목사	중국 연길 S교회
정태호	목사	텍사스 킬림중앙침례교회
이종현	목사	새생명교회
김윤호	목사	세종 은혜와영광교회
김덕정	목사	동광제일성결교회
이동관	선교사	V국 선교사
박누리	선교사	중앙아시아 K국 선교사
조나단	선교사	대만 선교사
김요한	선교사	NK 선교사(은퇴)
양승돈	선교사	C국 선교사(은퇴)
전지한	선교사	C국 선교사(은퇴)
한의주	선교사	T국 선교사

참고문헌

- 김동명. 〈나는 빚진 자라〉, 나성춘추, 1978
- ㅡ. 〈내가 이를 위해 왔노라〉, 대전 새누리교회 자료, 1997
- ㅡ. 〈눈물로 각 사람을〉, 대전 새누리교회 자료, 1999
- ㅡ. 《용서받은 탕자》, 요단출판사, 2000
- ㅡ. 〈말씀이 육신이 되어〉, 대전 새누리교회 자료, 1995
- ㅡ. 〈주의 영광이 두루 비치매〉, 한예, 2001
- ㅡ. 〈폭풍 중의 신앙〉, 대전 새누리교회 자료, 1999
- 나기수. 〈새누리교회 10년 발자취: 착한 양 착한 목자 10년〉, 대전 새누리교회 자료, 2005
- 박상익. 〈야나이하라와 日 양심세력〉, 국민일보, 2019년 7월 24일
- 박성근. 〈열방을 향하여: 로스앤젤스한인침례교회 50년사〉, 로스앤젤스한인침례교회 50주년위원회, 2007
- ㅡ. 〈빚진 자 11호〉, 로스앤젤스한인침례교회, 1997년 5월 15일
- 안이숙. 《그럴 수도 있지》, 요단출판사, 1990
- ㅡ. 《당신은 죽어요 그런데 안 죽어요》, 요단출판사, 1989
- ㅡ. 《죽으면 죽으리라 상, 하》, 기독교문사, 2016
- ㅡ. 《죽으면 살리라》, 기독교문사, 1990
- 이대범 외, 김동명 목사 칠순기념 영상, 팔로알토: 팔로알토버클랜드침례교회, 1992
- 임용재. 〈故김동명 목사 천국 환송 예배 추모사〉, 2013년 3월 30일
- ㅡ. 〈故김동명 목사 1주기 추모사〉, 2014년 3월 22일
- ㅡ. 〈故김동명 목사 2주기 추모사〉, 2015년 3월 22일
- Chen, David W. "Church Trend Continues P.A. Congregation En Route to Mtn View Industrial Zone" The Mercury News April 9, 1994.
- Heo, Jongsu. *The Koreans Are Coming!: Reverse Christian Mission in North Texas*. Southwestern Baptist Theological Seminary, PhD dissertation, 2019.
- Loucks, Celeste. American Montage: *The Human Touch in Language Missions*. Atlanta: The Home Mission Board Southern Baptist Convention, 1976.
- Rutledge, Arthur B. and William G. Tanner. *Mission to America: A History of Southern Baptist Home Missions*. Nashville: Broadman, 1969.

❙국제제자훈련원은 건강한 교회를 꿈꾸는 목회의 동반자로서 제자 삼는 사역을 중심으로
❙성경적 목회 모델을 제시함으로 세계 교회를 섬기는 전문 사역 기관입니다.

사랑만 남긴 김동명 목사

초판 1쇄 인쇄 2022년 6월 15일
초판 1쇄 발행 2022년 6월 27일

지은이 송미경

펴낸이 오정현
펴낸곳 국제제자훈련원
등록번호 제2013-000170호(2013년 9월 25일)
주소 서울시 서초구 효령로68길 98(서초동)
전화 02)3489-4300 **팩스** 02)3489-4329
이메일 dmipress@sarang.org

저작권자 (C) 송미경, 2022, *Printed in Korea*.
이 책은 저작권법에 의해 보호를 받는 저작물이므로 저자와 출판사의 허락 없이
내용의 일부를 인용하거나 발췌하는 것을 금합니다.

ISBN 978-89-5731-854-6 03230

※ 책값은 뒤표지에 있습니다. 잘못된 책은 구입하신 곳에서 교환해드립니다.